그들이

그렇게

연애하는 까닭

사랑에 대한
낭만적 오해를 뒤엎는
애착의 심리학

아미르 레빈,
레이첼 헬러 지음

이후경 옮김

저자 서문

《그들이 그렇게 연애하는 까닭》의 개정판용 서문을 쓰는 동안 우리는 크나큰 설렘을 느꼈다. 이 책이 처음 출간된 지 15여 년이 지난 지금, 많은 것이 달라졌다. 오늘날 우리는 생애 전반에 걸쳐 친밀한 애착과 의존 관계가 필요하다는 사실을, 그리고 안정형·불안형·회피형이라는 세 가지 주요 애착 유형을 이전보다 훨씬 분명하게 인식하고 있다. 실제로 이러한 용어들은 널리 알려져 이제는 주류 언어의 일부가 되었으며, 전통 미디어와 소셜 미디어에서도 자주 언급되고 있다.

그간 수많은 독자가 이 책을 진정한 '계시', 즉 자신의 삶을 전환하는 계기로 경험했다고 우리에게 전해 왔다. 그중 많은 이들은 친밀함을 원하는 자신의 욕구가 정당하며, 받아들여도 되는 생물학적 사실임을 깨닫고 깊은 안도감을 느꼈다고 말했다. 우리가 받은 여러 반응들 속에서 독자들은 종종 이렇게 외쳤다.

"특별한 관계를 맺고자 하는 사람이라면 반드시 읽어야 할 책이다.” “내 인생이 바뀌었다.” “새롭게 눈을 뜨게 해준 책이다.” “몇 년 전에 이 책을 읽었더라면, 그렇게 많은 고통을 겪지 않아도 됐을 텐데.”

애착 유형을 이해하게 되면 자신의 타고난 생물학적 본성을 거스르지 않고, 오히려 그것이 스스로에게 유리하게 작동하도록 활용할 수 있다. 이는 관계 속에서 왜 특정한 감정을 느끼는지에 대해 완전히 새로운 관점을 제공할 뿐 아니라, 그러한 감정을 잘 다룸으로써 친밀한 관계 속에서 한층 더 행복하고 만족스러워질 수 있는 방법론을 제시한다.

우리가 처음 《그들이 그렇게 연애하는 까닭》을 쓰자는 생각을 떠올렸을 당시, 사회적 분위기는 지금과 매우 달랐다. 당시 널리 퍼져 있던 인식, 그리고 오늘날에도 여전히 영향력을 지니고 있는 관점은 의존성(소위 '공동 의존')을 경계해야 할 것으로 여기고, 자기 충족성과 자립을 장려해야 할 가치로 간주해 왔다. 그러나 이러한 관점은 인간의 사회적 뇌가 어떻게 설계되어 있는지에 관한 몇 가지 기본적 원칙과 정면으로 충돌한다. 인간은 본래 친밀하고 강력한 유대 관계를 형성하고, 정서적 안녕을 위해 타인에게 의존하도록 프로그래밍되어 있기 때문이다.

이러한 생각들은 당시의 일반적인 믿음과 너무나도 극명하게 대비되었기에, 우리에게 한 가지 우려를 불러일으켰다. 어떻게 하면 우리의 주장을 충분히 설득력 있게 전달해, 독자들이 널리 퍼진 오해를 꿰뚫어 보게끔 도와줄 수 있을까? 15년이 훌쩍 지난 지금도, 의존성을 결함이나 약점으로 보는 인식은 여전히 사회 전반에 남아 있지만, 우리는 서서히 흐름이 바뀌기 시작했다고 느낀다.

지금 와서 돌이켜보면, 의존성과 자기 충족성이라는 폭넓은 주제를 다루는 일은, 다양한 애착 유형에 관한 연구 데이터를 바탕으로 실질적인 심리학적 도구를 만들어내는 작업에 비하면 비교적 쉬운 과제였다. 이 책의 집필 과정은 흩어져 있던 방대한 데이터 조각들 속에서 일상의 해결책을 길어 올리는 작업이었다. 이 작업을 시작할 당시 우리는 이것이 얼마나 거대한 과업이 될지 충분히 인지하지 못했다.

우리는 수십 년에 걸쳐 축적된 연구 논문들을 샅샅이 뒤졌는데, 각각의 논문은 애착 유형이 일상생활에 어떤 영향을 미치는지에 대해 단편적인 정보만을 제공하고 있었다. 친밀한 관계를 개선할 수 있는 통합된 지침이나 체계적인 방식은 존재하지 않았다. 오히려 우리는 수년에 걸쳐 수많은 연구 결과를 흡수하고, 독자들이 실제로 활용할 수 있는 일관되면서도 실용적인 체계를 만들어내기 위해 고군분투해야 했다. 이는 연구 데이터에 충실하면서도, 그 안에서 실질적인 의미를 끌어내되 해석의 범위를 넘어서지 않도록 균형을 유지해야 하는 까다로운 작업이었다.

애착 유형을 사람들이 일상에서 활용할 수 있는 도구로 번역하는 과정은 우리로 하여금 일종의 대담한 도약을 가능케 했다. 우리는 자신의 애착 유형을 평가할 수 있어야 할 뿐만 아니라, 타인의 애착 유형을 파악하는 데에도 능숙해져야 한다는 결론에 이르렀다. 그래야만 소중한 관계의 온갖 과정들을 더 잘 헤쳐 나갈 수 있기 때문이다.

이로 인해 우리는 타인의 애착 유형을 평가할 수 있는 최초의 도구를 개발하게 되었다(67~74페이지 참조). 이 도구를 통해 독자들은 자신의 상대가 삶과 관계에 접근하는 방식을 평가하고 이해할 수 있었고, 상대의 신념과 기대, 친밀함을 바라보는 관점에 대응해 자신을 조율하는 방법을 배우게 되었다. 타인의 애착 유형을 해독하는 일은 첫 데이트 단계에서부터 지속 중인 관계는 물론, 나아가 과거의 관계를 이해하는 데 이르기까지, 모든 단계에서 더 큰 안정감을 구축하는 길잡이가 되어준다.

아마도 이러한 새로운 관점들 덕분에 《그들이 그렇게 연애하는 까닭》은 다양한 삶의 배경을 가진 독자들에게 일종의 계시처럼 받아들여졌을 것이다. 그러나 우리에게 가장 큰 보람을 주는 지점은, 18개 이상의 언어로 번역된 이 책의 내용이 전 세계적으로 매우 다른 문화권에 속한 사람들에게도 깊이 공명했다는 사실이다. 페루의 작은 마을에 살든, 도쿄나 맨체스터의 고층 건물에 살든, 그리고 성별·성적 지향·인종을 초월해 애착에 대한 메시지는 여전히 유효하게 작동한다.

일부 독자들은 이 책에 LGBT 관계의 사례가 부족하다는 점을 지적하기도 했다. 사실 더 많은 사례를 담지 못한 점에 대해서는 우리 역시 아쉬움을 느낀다. 그러나 애착의 언어는 그만큼 보편적이기에, 책 속 예시에서 등장인물의 성별을 바꾸어 읽더라도 핵심 메시지는 그대로 유지된다. 이는 우리 모두가 사용하는 언어이며, 감정적 뇌가 작동하는 본질적인 방식에 깊이 뿌리내리고 있기 때문이다.

이제 페이지를 넘겨, 관계에서 '안정적'이라는 단어가 무엇을 의미하는지에 대한 발견의 여정을 시작해 보길 바란다. 이 책은 우리의 삶뿐 아니라, 십수 년에 걸쳐 우리가 만났던 수많은 독자들의 삶 또한 변화시켰다. 이제 당신의 삶에도 긍정적인 변화를 가져다주기를 진심으로 바란다.

아미르 레빈, 레이첼 헬러

Prologue

헤어지지 못하는 여자, 떠나가지 못하는 남자

○ 이 남자와 데이트를 시작한 지 2주밖에 되지 않았는데도 난 벌써 그에게 내가 매력 없는 사람으로 비칠까 봐 걱정이다. 오늘도 마음을 졸이며 그의 연락을 기다리고 있다. 이번에도 내가 그에게 부족한 사람일지 모른다는 괜한 염려 때문에 그와 잘될 기회를 날려버릴까 두렵다.

○ 뭐가 문제일까? 난 객관적으로 잘생긴 데다 일에서도 성공한 훌륭한 조건의 남자다. 지금까지 만난 여자들도 하나같이 아름답고 능력 있는 멋진 여자들이었다. 하지만 몇 주만 지나면 상대방에 대한 흥미가 떨어지고 자꾸만 얽매여 있다는 느낌이 든다. 내 마음에 쏙 드는 사람을 만나는 일은 왜 이렇게 어려울까?

○ 결혼 생활을 오래한 편이지만 난 항상 혼자인 듯한 외로움을 느낀다. 남편은 우리의 관계나 자신의 감정에 대해 말을 극도로 아끼는 사람이다. 하지만 상황은 계속 나빠지고만 있다. 그는 매일같이 야근을 하고 주말에는 친구들과 골프장에 가거나 TV로 스포츠 중계를 본다. 우리가 함께할 수 있는 일은 없다. 이런 것이 결혼 생활이라면 혼자인 편이 더 나을지도 모르겠다.

♥

위의 세 가지 경우는 모두 인간의 삶에서 가장 중요한 부분과 관련된 문제라 마음이 쓸쓸해진다. 어떤 논리적인 설명이나 해결책도 이들을 만족시킬 수 없을 것이다. 모두 독자적이고 개인적인 문제들이며 거기에는 여러 근본적인 원인이 존재할 것이다. 그 원인에 대해 분석하려면 문제가 있는 사람의 모든 인간관계에 대해 알아야 한다. 그 사람의 지나간 과거, 옛 연인 관계, 성격 유형 외에도 정신과 전문의가 알아야 할 요인은 매우 광범위하다. 정신과 전문의들은 그간 이렇게 배웠고 믿어왔다. 새롭게 발견된 이론이 알려지기 전까지는 말이다. 이 이론은 복잡한 이성 간의 문제에 명쾌한 해답을 제시한다. 이 책은 그 발견의 과정과 이후의 이야기를 다룰 것이다.

사랑한다는 감정만으로 충분한 걸까?

처음 그렉을 만난 건 친구의 집에서 열린 칵테일 파티에서였다. 나에게 유혹의 눈빛을 보내는 잘생긴 그에게서 눈을 뗄 수 없었다. 며칠 후 우리는 다른 친구들과 함께 저녁 식사를 하게 되었고 난 그의 시선을 거부할 수 없었다. 하지만 무엇보다 날 사로잡았던 점은 그가 내게 했던 달콤한 말들과 그 말 속에 숨어 있었던 '함께하자'는 암묵적인 약속이었다. 그는 "타마라, 집에 혼자 있지 말고 우리 집에 와서 같이 일해", "언제든 원하면 연락 줘"와 같은 말을 자주 하곤 했다. 그렉의 말 속엔 위안이 담겨 있었다. 누군가와 함께한다는 위안, 세상에 나 혼자가 아니라는 위안이었다. 하지만 그의 말들을 제대로 귀담아들었다면 그 속에 위안이나 약속과는 전혀 다른 메시지가 담겨 있었다는 것을 알아차렸을 것이다. 그런 위안의 말들은 누군가와 지나치게 가까워지는 것을 두려워하며, 한 사람에게만 전념해야 하는 관계를 불편하게 여기는 사람이라는 것을 여실히 알려주는 증거였다. 그는 여러 번 이야기했다. 자신은 안정된 연인 관계를 유지해 본 적이 없으며 어떤 이유에선지 항상 여자 친구에게 싫증을 느끼고 그때마다 관계를 정리해 왔다고 말이다. 난 이런 점들이 언젠가 우리 관계에 문제가 되리라 생각했다. 하지만 당시에는 그런 말들이 무엇을 암시하는지 제대로 이해하지 못했다. 평생 나는 사랑은 모든 것을 이겨낸다는 보편적인 생각만 믿어왔다. 그래서 사랑이 나를 정복하도록 내버려두었다. 나에게 그와 함께하는 시간보다 중요한 건 없었다. 그가 나에게만 전념하지 못할 것이란 경고의 메시지도 계속 들려왔지만 별로 걱정하지 않았다. 그가 나에게만은 다르게 대할 것이라 자신했기 때문이다. 물론 내 생각은 완전히 틀렸다. 사이가 가까워질수록 그는 애매모호한 말들을 하기 시작했다. 그리고 그때부터 모든 것이 망가지기 시작했다. 매일같이 그는 너무 바빠서 만나기 어렵다고 했다. 가끔은 주중에는 너무 바쁘기 때문에 주말에만 만나자고 말하기도 했다. 나도 그 말에 동의하긴 했지만 속으로는 뭔가 잘못되어가고 있다는 생각에 가슴이 내려앉았다. 어디서부터 잘못되었던 것일까?

그 후로 계속 불안했다. 그렉의 행방에만 정신이 팔려 있었고 사소한 일에도 그것이 이별을 암시하는 건 아닐까 하고 지나치게 예민해졌다. 그렉은 우리 관계가 불만족스럽다는 사실을 내가 충분히 눈치챌 수 있도록 행동했다. 그러면서도 내가 헤어지자고 하지 않을 정도로만 호의를 베풀거나 변명을 늘어놓으면서 날 멀리했다.

얼마 후, 그로 인해 감정 기복이 심해지면서 나도 내 감정을 제어하지 못하는 지경에 이르렀다. 어떻게 행동해야 할지 갈피를 잡을 수 없었다. 평소의 냉철한 판단력을 잃은 채 그의 연락만 기다렸으며 친구들과 약속을 잡는 일도 기피하게 되었다. 내가 지금까지 중요하게 여겨왔던 다른 모든 일에도 흥미를 잃어버렸다. 며칠이 지나지 않아 나와 그렉의 관계는 갈등의 무게를 견디지 못한 나머지 모든 것이 삐걱대는 상태에서 끝을 맞았다.

♥

처음에 우리는 친구인 타마라가 사랑하는 남자를 만나게 된 것이 기뻤다. 하지만 관계가 깊어질수록 그렉을 향한 타마라의 집착이 심해지는 것 같아 걱정스러웠다. 타마라는 초조함과 불안 때문에 이전의 생기도 잃어버렸다. 그녀는 대부분의 시간을 옛날처럼 친구들과 즐겁게 보내는 대신, 그렉의 연락을 기다리거나 그와의 관계를 염려하고 집착하는 일에 소비했다. 권고사직 대상자가 될 것 같다는 그녀의 말을 들으니 직장에서의 상황도 점점 악화하고 있는 것 같았다. 이 일이 있기 전까지는 항상 타마라가 다재다능하고 당당한 성격이라고 생각했지만 사실은 그녀에 대해 잘 모르고 있었던 건 아닌가 하는 생각이 들었다. 타마라는 자신의 행복을 위해서라도 그렉을 만나지 않는 편이 낫다는 것을 알았지만, 그를 떠날 용기가 없었다. 그가 아무리 진지한 연인 관계를 유지하지 못하는 사람이고 예측 불가능한 성격의 소유자라고 해도 말이다.

우리는 정신과 전문의로서 타마라처럼 똑똑한 여성이 평상시와 전혀 다른 모습으로 변해 가는 과정을 쉽게 받아들일 수 없었다. 왜 그토록 성공한 여성이 사랑 앞에서는 쉽게 무너지는 것일까? 이 방정식의 나머지 반쪽도 쉽게 풀리지 않는 건 마찬가지였다. 그렉은 우리가 보기에도 타마라를 사랑하는 것 같은데 왜 그렇게 헷갈리는 메시지들을 보내온 것일까? 이런 물음들에 여러 복잡하고 심리학적인 답을 제시할 수도 있을 것이다. 하지만 우리는 예기치 못한 곳에서 그보다 훨씬 명쾌하고 폭넓은 통찰력을 얻게 되었다.

애착의 세 가지 유형

흔히 부모와 아이들의 관계에서 나타나는 애착Attachment은 성인의 연인 관계에서도 나타난다. 또한 친밀감을 느끼고 반응하는 방식에 따라 크게 안정형secure, 불안형anxious, 회피형avoidant의 세 가지 애착 유형으로 나뉜다.

기본적으로 안정형은 친밀감을 편안히 받아들이는 따뜻하고 다정다감한 사람들이다. 불안형은 친밀감을 갈망하고 연인 관계에 지나치게 몰두하며 자신이 파트너를 사랑하는 만큼 파트너 역시 자신을 사랑해 줄 수 있을지에 대해 걱정한다. 회피형은 파트너와의 친밀감이 높아지면 자신의 독립성이 줄어든다고 여겨 끊임없이 파트너와의 친밀감을 줄이려고 애쓴다. 덧붙여 각각의 유형은 다음에서 차이를 보인다.

▶ 친밀감과 유대감을 바라보는 시각

▶ 갈등을 극복하는 방식

▶ 섹스에 대한 태도

▶ 자신의 바람과 욕구를 표현하는 방식

▶ 파트너와의 관계에 가지는 기대치

방금 사귀기 시작한 연인이든 결혼한 지 40년이 넘은 부부든 관계없이 모든 사람들은 위의 세 유형 중 하나에 속하며, 드물게 불안형과 회피형을 섞어놓은 유형에 속하는 사람도 있다. 50퍼센트가 조금 넘는 사람들이 안정형, 20퍼센트 정도가 불안형, 25퍼센트 정도가 회피형, 나머지 3~5퍼센트 정도가 가장 흔치 않은 불안과 회피의 복합형에 속한다.

이 애착 유형을 이해하면 연인 관계에서 상대방이 어떤 행동을 할지 쉽게 예측할 수 있다. 사실 이 이론이 전달하려는 가장 중요한 메시지 중 하나가 일반적으로 사람들은 연인 관계에서 예정된 태도를 보이도록 프로그래밍되어 있다는 사실이다.

애착 유형을 결정짓는 몇 가지 요인들

초기에 많은 학자들은 성인의 애착 유형이 유아기 때 어떤 보살핌을 받았느냐에 따라 결정된다는 가설을 세웠다. 항상 아이와 가까운 곳에서 많은 관심을 쏟는 섬세한 성격의 부모 아래에서 자란 아이는 안정형, 부모로부터 지속적인 관심을 받지 못한 아이는 불안형, 아이를 멀리하고 큰 관심도 쏟지 않는 엄격한 부모의 아래서 자란 아이는 회피형으로 자란다는 것이었다. 그러나 오늘날에는 성인기에 나타나는 애착 유형이 부모님의 양육 방식뿐 아니라 삶의 경험을 포함한 여러 요인에 의해 결정된다는 이론이 설득력을 얻고 있다.

애착 유형은 어떻게 결정되는가?

다시 타마라의 이야기로 돌아가 완전히 새로운 시각으로 둘의 이야기를 살펴보자. 애착에 관한 연구들은 그렉과 같은 회피형에 관해 상세히 알려준다.

연구에서는 그가 생각하고, 행동하고, 세상에 반응하는 방식이 잘 요약되어 있었다. 타마라와 거리를 두려 하고, 그녀의 흠을 찾아내려고 하며, 둘의 관계를 발전시킬 수 없도록 싸움을 일으키고, 사랑한다는 말을 극도로 꺼리는 그렉의 모습들도 연구를 통해 예측할 수 있었다. 그 결과 아주 흥미로운 사실을 발견했다. 그렉은 타마라와 가까워지고 싶은 마음과는 별개로 그녀를 밀어내야 할 의무감 또한 느꼈을 것이라는 사실이다. 이는 그녀를 진정으로 사랑하지 않아서도, 그보다 그녀가 모자란 사람이어서도 아니었다. 그렉이 타마라를 밀어낸 이유는 그 스스로 그녀에 대한 친숙함과 친밀감이 증가했다고 느꼈기 때문이다.

애착 이론에 따르면 타마라의 행동, 생각, 반응은 불안형의 전형적인 모습과 놀라울 정도로 일치했다. 거리를 두려는 그렉에게 오히려 계속 집착했던 그녀의 행동도 예견할 수 있었다. 그녀가 직장에서 일에 집중하지 못하게 된 점, 그렉과의 관계에 대해 지나치게 생각이 많아진 점, 그렉의 일거수일투족에 지나치게 민감해진 점, 이 모든 것을 애착 이론으로 예측할 수 있었다. 또한 그렉과 헤어지겠다고 아무리 마음을 먹어도 타마라는 결코 그와 헤어질 용기를 내지 못할 것이라는 사실도 예고되어 있었다. 애착 이론에 따르면 그녀가 평소에 보여주었던 냉철한 판단력이나 주변 친구들의 애정 어린 조언 역시도 그렉에게 더 가까이 다가가려는 그녀의 노력을 막을 수는 없었다. 그리고 무엇보다도 중요한 것은 이 이론이 타마라와 그렉이 서로 사랑하는 사이인데도 왜 그토록 서로 함께하기 어렵다고 느꼈는지 그 이유를 밝혀 준다는 점이었다.

타마라와 그렉은 사용하는 언어가 달랐다. 그러다 보니 육체적·정신적 친밀감을 추구하는 타마라의 기질과, 친밀감을 기피하고 독립성을 선호하는 그렉의 기질을 서로 더 악화시키고만 것이다. 애착 이론에서 두 사람과 같은 커플을 '언캐니uncanny'(정신분석학적 개념으로 친숙함과 낯섦을 동시에 의미한다—옮긴이)라는 용어로 설명한 것은 아주 정확했다. 마치 연구자들이 커플의 가장 은밀한 순간과 사적인 생각을 들여다보기라도 한 것 같다. 심리학적 접근 방식은 모호하거나 해석의 여지가 다양한 경우가 많았다. 하지만 애착 이론은 겉보기에는 유별나 보였던 관계에 대해 정확하고 설득력 있게 설명해 준다.

애착 유형을 바꾸는 일이 불가능한 것은 아니지만—평균적으로 네 명 중 한 명꼴로 4년에 걸친 유형 변화가 일어난다—변화가 일어나도 대부분의 사람은 그런 변화가 언제 일어났는지, 또는 왜 일어났는지 알아차리지도 못하고 지나가 버린다. 인생을 변화시킬 정도로 막대한 영향력을 지닌 이러한 변화를 스스로 제어할 수 있다면 얼마나 좋을까? 만약 사람들이 삶의 풍파에 자신을 내맡기는 대신 의식적으로 안정적인 애착 유형이 되고자 노력할 수 있다면 얼마나 큰 변화가 생길까?

세 가지 애착 유형에 관해 연구하는 일은 굉장히 놀라운 경험으로, 자신의 행동뿐만 아니라 주변 사람들이 사랑에 빠졌을 때 보이는 행동도 완전히 새롭게 보였다. 환자, 동료, 친구들의 관계를 훨씬 정확하게 해석할 수 있었다. 그들이 보이는 어떤 행동도 당황스럽거나 복잡해 보이지 않았다. 오히려 상황에 따라서는 그들의 행동을 예측해 볼 수도 있었다.

사랑받고 싶은 욕망은 본능이다

애착 이론은 친밀한 관계에 대한 욕구가 인간의 유전자에 새겨져 있다는 주장에 근거한다. 존 보울비John Bowlby(1907~1990, 영국의 정신분석 임상의로 프로이트의 영향 아래 진화론, 대상관계 이론, 체계 이론 등을 통합한 애착 이론을 구축했다-옮긴이)는 인간은 자기 삶에 존재하는 사람들 가운데 일부를 선택해 그들을 특별히 아끼도록 진화론적으로 프로그래밍되어 있다는 획기적인 발상을 내놓았다. 인간은 선천적으로 반려자에게 의지하게 된다는 주장이었다.

애착에 대한 욕구는 어머니의 배 속에서 시작되어 죽을 때까지 계속된다. 보울비는 애착이 생존 가능성을 높이기 때문에 진화에 있어서도 애착을 가진 사람들의 유전자가 후대에 전해질 확률이 더 높다고 주장했다. 선사시대에 자신을 보호해 줄 무리에 속하지 못하고 독립적으로 생활했던 사람은 먹잇감이 되기 쉬웠다. 반면 자신을 매우 소중히 여기는 사람들과 함께한 사람은 대체적으로 수명이 길었으며 친밀한 유대감을 선호하는 유전자를 자손에게 물려줄 수 있었다.

우리의 뇌 속에는 부모나 자식, 파트너와 같은 애착 대상과의 관계를 생성하고 유지하는 일만을 관장하는 생물학적 메커니즘이 따로 존재한다. 그만큼 특별한 누군가와 가까이 지내고 싶은 욕구는 인간에게 중요한 것이다. 애착 체계attachment system라고 부르는 이 메커니즘에는 사랑하는 사람들과 가깝게 지냄으로써 그들로부터 안전과 보호를 보장받고자 하는 행동 방식과 감정들이 포함된다. 부모와 떨어져 있는 아기가 극도로 흥분된 상태가 되어 우는 이유가 바로 이 메커니즘과 유관하다. 아기들의 이런 반응을 항의 행동protest behavior(애착 대상과의 친밀감을 회복하기 위해 과도하거나 적대적인 행동을 하는 경우를 말한다-옮긴이)이라고 부른다. 물론 성인들도 항의 행동을 보인다. 만일 당신의 파트너가 탄 비행기가 사고로 추락했다는 뉴스가 보도된다고 생각해 보자. 아마 다리에 힘이 풀려 그 자리에 주저앉고 말 것이다. 그런 느낌이 드는 것은 당신의 애착 체계가 정상적으로 잘 작동하고 있다는 의미다. 이때 미친 듯이 공항에 전화를 걸어대는 동작이 바로 항의 행동이다.

진화에서 극히 중요한 부분은 이질성heterogeneity(한 종의 개체들이 서로 다른 유전자를 가짐으로써 변이 가능성을 높이는 것-옮긴이)이다. 인간은 외모, 태도, 행동에서 다양한 차이를 보이는 이질성이 매우 높은 종이다. 이는 인간이 지구상의 어떤 생태 환경에도 적응할 수 있는 뛰어난 능력을 지녔음을 뜻한다. 만약 모든 사람이 유전적으로 동일하다면 환경이 조금만 변해도 인류는 멸종해 버릴 것이다. 하지만 인간의 유전자는 형질이 다양하고 변이가 가능하다. 그래서 다수에게 불리한 환경에서도 생존 확률이 높은 유전자를 가진 일부 사람들은 살아남을 수 있었다. 애착 유형은 인간의 이런 여러 형질 중 하나다. 인간은 누구나 기본적으로 친밀한 유대 관계를 형성하고자 하는 욕구를 느낀다. 하지만 그 관계를 만들어가는 방식은 각자 다르다. 매우 위험한 환경에서는 누구나 곧 죽거나 사라질 수 있기 때문에 단 한 사람에게만 시간과 에너지를 쏟으면 불리해진다. 그렇다면 상대에게 애착을 덜 갖는 편이 상대를 빨리 잊을 수도 있고 생존에도 더 합리적이다(회피형). 위험한 환경에서 선택할 수 있는 또 다른 방법은 앞서 말한 방법과는 정반대로 애정 대상 가까이에 끈질기고 집요하게 붙어 있으면서 극도의 경계심을 유지하는 것이다(불안형). 하지만 좀 더 평화로운 환경에서는 특정한 사람에게 시간과 노력을 들여 친밀한 유대감을 얻는 편이 자신과 그 자손들에게도 더 많은 이익을 가져다줄 것이다(안정형).

현대사회의 인간은 인류의 조상들처럼 포식자로부터 도망 다닐 필요는 없다. 하지만 진화론적으로는 여전히 약육강식의 법칙 아래 살아가고 있다. 현대 인간의 감정적인 뇌는 수십만 년 전에 살았던 호모 사피엔스로부터 물려받은 것으로 그들이 살았던 방식이나 그들이 위험에 대처했던 방식을 여전히 따르고 있다. 그래서 오늘날 사람들이 인간관계에서 감정을 드러내고 행동하는 방식은 선사시대 사람들의 방식과 크게 다르지 않다.

애착 유형이 일상생활과 얼마나 밀접한 관계가 있는지를 깨닫고 나면 사람들의 행동이 이전과는 다르게 보이기 시작한다. 애착이란 관점에서 보면 단순히 성격 혹은 과장된 제스처라고 생각했던 누군가의 행동을 더 분명하고 정확하게 이해할 수 있다. 자신에게 절망감을 안겨 주었던 남자 친구 그렉을 떠나기 위해 타마라가 겪은 어려움도 새로운 시각으로 바라볼 수 있다. 타마라는 나약했던 게 아니다. 그녀가 불안형의 기질을 갖고 있었기 때문에 무슨 수를 써서라도 애착 대상과의 접촉을 유지하려는 그녀의 본능이 더 강화되었던 것이다.

그렉이 떠나거나 그와의 관계가 잘못될 것 같은 조짐이 조금만 보여도 그렉과 계속 함께하고 싶다는 타마라의 욕구는 급격히 증가했다. 그런 상황에서 타마라가 그렉를 떠난다는 것은 진화론적으로 보면 말이 안 되는 이야기였다. 계속해서 전화를 걸거나 그렉의 질투심을 일으키려고 한 타마라의 항의 행동도 논리적으로 이해가 된다.

애착 이론의 좋은 점은 수많은 사람들의 이야기를 근거로 했다는 데 있다. 보통 다른 심리학적 방법론들은 상담을 받으러 오는 커플들만을 근거로 결론을 이끌어낸다. 하지만 애착 이론은 행복한 관계를 맺고 있는 사람들이나 그렇지 못한 사람들, 또는 상담 치료를 여러 번 받아본 사람들과 한 번도 받아보지 않은 사람들 모두로부터 이끌어낸 결론이다. 그래서 애착 이론은 관계를 맺을 때 잘못된 점뿐만 아니라 잘된 점도 가르쳐 줄 수 있다.

애착 이론은 어떤 행동도 정상이나 비정상으로 분류하지 않으며 또한 어떤 애착 유형도 병리학적으로 다루지 않는다. 오히려 이전에는 이상해 보였거나 잘못 인식되었던 연인 관계에서의 행동을 이해하고 예측할 수 있도록 설명해 준다.

그가 당신을 사랑하는지는 잘 모르겠지만 헤어질 수는 없다고 생각하는가? 이제 그런 당신을 이해한다. 그와 헤어지고 싶다가도 몇 분만 지나면 계속 만나고 싶다고 생각이 바뀌는가? 그런 당신도 충분히 이해한다.

하지만 그런 행동이 효과적이고 가치 있는 행동이라고 볼 수는 없다. 안정형 사람들은 항의 행동을 하지 않고도 효과적으로 자신의 기대치를 표현하고 파트너의 욕구를 수용할 줄 안다. 하지만 나머지 유형의 사람들은 지금부터가 시작이다.

과학적인 연애의 기술, 애착

성인 애착에 대한 연구 결과들은 사람마다 친밀감과 친숙함에 대한 욕구가 다르며 그 차이 때문에 갈등이 생긴다는 사실을 이해시킴으로써 연인 관계를 새로운 방식으로 바라볼 수 있게 해 주었다. 하지만 이론을 통해 연인 간의 소통 방식을 더 잘 이해하게 되었다고 해서 연인 관계가 얼마나 변할 수 있을까?

애착 이론이 사람들 사이의 유대감을 향상시켜 줄 것이라는 기대가 컸지만 연구실에서 나온 결과물들은 일반 독자들이 이해하고 실제 삶에 적용시키기에는 어려움이 많았다. 그래서 이 책은 좀 더 실질적인 도움이 되고자 세 가지 애착 유형에 관한 정보를 최대한 많이 싣고자 노력했다. 이 유형들이 일상에서는 어떻게 나타나는지 최대한 많은 예시를 들어 설명했다.

우리는 전문의 동료, 환자, 다양한 환경과 나이의 비전문가까지 여러 분야, 여러 계층에 속한 사람들을 인터뷰했다. 그리고 그들이 털어놓는 과거의 연애 경험들을 요약해 적었다. 또한 실제로 사귀고 있는 커플을 관찰하기도 했다. 그들의 말, 태도, 행동을 분석해 그들의 애착 유형을 판단해 보았고 때때로 애착 이론에 기초해 특정한 방식으로 그들 사이에 개입해 보기도 했다. 그 외에도 사람들이 비교적 짧은 시간 안에 다른 사람의 애착 유형을 파악할 수 있도록 돕는 기술을 개발했다. 그리고 사람들이 자신의 애착 유형에 저항하지 않고 애착 본능을 활용하도록 가르쳤다. 불행한 관계에 빠지지 않고 자신의 내면에 숨겨져 있던 원석을 찾아내 다듬을 수 있길 바랐다. 결과는 성공적이었다.

성인 애착 이론은 모든 단계의 연인들에게 유용하기 때문에 더욱 중요하다. 막 데이트를 시작한 연인들, 오래된 연인들, 이별 중인 연인들, 이미 연인을 떠나보내고 슬퍼하는 사람들까지도 애착 이론을 활용할 수 있다. 어느 경우에나 성인 애착 이론은 강력한 영향력을 발휘할 수 있으며 사람들이 더 나은 관계를 맺으며 살아가도록 도와줄 수 있다.

어느새 주변 사람들도 애착 이론과 관련된 용어들을 아주 자연스럽게 사용하게 되었다. 사람들은 상담 시간이나 저녁 식사 자리에서 "그 사람이랑 더 못 만나겠어. 그는 확실히 회피형이야"라거나 "내가 불안형인 거 알잖아. 잠깐 재미로 만날 사람은 필요 없어"라고 말했다. 얼마 전까지는 애착 유형이란 말을 들어본 적도 없던 사람들의 말이었다.

타마라 역시 애착 이론에 관해 배울 수 있는 건 모조리 다 흡수했다. 그녀는 대화 중에도 항상 애착 이론을 입에 올렸다. 그렉과의 삐걱거리던 관계를 정리할 용기도 얻었다. 얼마 지나지 않아 그녀는 복수심에 차 다른 남자들과 데이트를 시작했다. 애착 이론에 관해 새롭게 얻은 지식으로 무장한 그녀는 회피형으로 추측되는 남자들은 자신과 맞지 않는 사람이라고 판단해 피했다. 대체 무슨 생각을 하고 있는지, 오늘은 자신에게 전화를 걸 생각인지, 자신을 진지한 상대로 여기는지 분석하게 만들며 이렇게 자신을 매일 고민에 빠트릴 남자들은 더 이상 그녀의 관심을 받지 못했다. 대신 타마라는 새로 만난 남자가 자신이 원하는 만큼의 친밀감과 사랑을 허락할 수 있는 사람인지를 판단하는 데 초점을 맞췄다.

시간이 흘러 타마라는 완벽한 안정형 남자인 톰을 만났고 둘의 관계는 순조롭게 발전했다. 우리에게 톰과의 관계를 의논하는 일도 없었다. 친구들에게 은밀한 내용까지 털어놓기 싫어서 그랬던 것은 아니었다. 둘의 관계가 충분히 안정적이다 보니 친구들과 의논할 만큼 위태롭거나 극적인 일이 발생하지 않았기 때문이었다. 타마라와의 대화 주제는 이제 그녀와 톰이 재밌게 보낸 시간, 그들의 미래, 활기를 되찾은 그녀의 직장 생활로 바뀌었다.

앞으로 나아가려면

이 책은 애착 이론에 대한 연구를 실천에 옮긴 결과물이다. 우리의 친구나 동료, 환자들처럼 독자들도 이 책을 통해 자신의 삶에서 더 나은 결정을 할 수 있기를 바란다. 이어지는 장들에서는 성인 애착 유형 세 가지와 연인 관계에서 보이는 유형별 행동과 태도에 대해 더 자세히 배우게 될 것이다. 그러고 나면 지나간 과거도 새롭게 보일 것이며 자기 자신이나 상대방이 왜 그렇게 행동하는지도 더 명확히 알 수 있다. 스스로에게 어떤 욕구가 있는지, 행복해지기 위해서 자신이 어떤 유형의 사람과 함께해야 하는지 알게 될 것이다. 만약 이미 자신의 애착 유형과 맞지 않는 유형의 파트너와 함께하고 있다면 서로가 생각하고 행동하는 방식을 더 깊이 이해하게 될 것이다. 또한 연인 관계의 만족도를 높이기 위한 전략도 터득할 수 있다. 어떤 경우든 이 책을 읽고 난 후에는 변화를 겪게 될 것이다. 물론 이 모두가 긍정적인 변화다.

애착은 자연스러운 감정이다

커플들이 주어진 미션을 해결하며 세계 일주 시합을 벌이는 리얼리티 쇼가 화제를 모은 적이 있었다. 거기서 캐런과 팀은 환상의 커플이었다. 둘 다 아름답고 수려한 외모를 가졌으며 똑똑하고 성공한 사람들이었다. 하지만 여러 모험을 거치면서 두 사람의 속마음이 드러나기 시작했다. 캐런은 결혼을 원했지만 팀은 결혼을 원하지 않았다. 또한 캐런은 팀과 더 가까워지고 싶어 했지만 팀은 자신의 독립성을 중요하게 생각했다. 시합 중 긴장감이 극에 달했을 때나 말다툼을 벌이고 난 뒤면 캐런은 팀에게 손을 잡아달라고 했지만 팀은 그 부탁을 들어주고 싶어 하지 않았다. 손을 잡아주는 일이 팀에게는 너무 친숙한 행동으로 느껴졌고 매번 캐런의 기분을 맞춰 주는 것처럼 느껴졌기 때문이다. 시합은 막바지에 이르렀고 팀과 캐런은 선두를 달리고 있었다. 하지만 결승점에서 그들은 거액의 상금을 눈앞에 두고도 지고 말았다. 최종회에서 사회자는 그들에게 만약 시합 때로 돌아간다면 어떤 점을 고치고 싶은지에 대해 물었다. 캐런은 이렇게 대답했다.

"제가 너무 애정에 굶주려 있었기 때문에 시합에서 진 것 같아요. 돌아보니 제 행동이 과했던 걸 알았어요. 시합 중에 여러 번 팀이 제 손을 잡아줘야만 했잖아요. 그때는 그게 왜 그렇게 중요했는지 모르겠어요. 하지만 이번 경험을 교훈 삼아 앞으로는 그러지 않겠다고 다짐했어요. 왜 그렇게 그 사람 손을 자주 잡고 싶었을까요? 정말 바보 같았어요. 팀에게 그런 행동을 요구할 게 아니라 저 자신이 냉정을 유지했어야 했는데 말이에요."

반면 팀은 말을 아꼈다.

"이런 시합은 실제 삶과는 너무 달라요. 제 평생 이렇게 강렬한 경험은 처음이에요. 시합 중에는 서로에게 화낼 시간조차 없었죠. 미션의 연속일 뿐이었어요."

하지만 캐런과 팀 둘 다 번지점프 도전에서 팀이 갑자기 겁을 먹고 거의 시합을 그만두려고 했던 중요한 사실은 잊어버리고 있었다. 그때 캐런은 자신도 함께 뛰어내리겠다며 팀에게 용기와 확신을 주려고 했다. 그런데도 팀은 계속 점프를 거부했다. 사태는 팀이 장비를 모두 벗어던지고 떠나버리려는 지경까지 이르렀다. 결국 팀은 다시 용기를 내어 도전에 응했지만 망설였던 시간 때문에 선두를 빼앗기고 말았다.

♥

성인 애착 이론은 캐런의 가정이 완전히 잘못된 것이라고 가르친다. 캐런은 스트레스를 받는 상황에서도 평정심을 유지하고 감정적 욕구를 조절할 줄 알아야 한다고 생각했다. 그러므로 애정에 굶주려 있었던 자기 자신이 문제라고 가정했다. 하지만 실제 연구 결과에 따르면 사실은 정반대다. 애착을 느낀다는 것은 뇌가 파트너의 지지를 확보할 때까지 파트너와 심리적·육체적으로 가까워지려고 한다는 의미다. 만약 파트너가 자신을 안심시켜 주지 못하면 뇌는 안심할 수 있을 때까지 계속해서 친밀감을 얻으려고 노력하도록 프로그래밍되어 있다.

만약 캐런과 팀이 이를 알았더라면 캐런은 전국적으로 방송되는 시합에서 팀의 손을 잡고 싶어 하는 자신의 욕구를 부끄러워하지 않아도 되었을 것이다. 팀도 캐런의 손을 잡아주는 단순한 제스처만으로도 시합을 이기는 데 필요한 에너지를 얻을 수 있다는 사실을 알았을 것이다. 확실히 팀이 그 사실을 알고 캐런의 욕구에 일찍 반응해 주었다면 나중에 캐런의 스트레스가 심해졌을 때 그 화를 잠재우기 위해 불필요한 시간을 소비하지 않아도 되었을 테다. 어쩌면 그는 캐런이 요구할 때까지 기다리는 대신 그녀가 불안해하는 모습이 눈에 띄면 바로 손을 잡아줄 수 있었을지도 모른다. 팀 역시 기꺼이 캐런의 격려를 받아들였더라면 번지점프에 그만큼 시간을 들이지 않아도 되었을 것이다.

애착 원리에 따르면 대부분의 사람들은 자신의 욕구가 충족되지 않았을 때 애정에 굶주리게 된다고 한다. 감정적인 욕구는 빨리 충족될수록 좋다. 충족되고 나면 그 사람은 다른 곳에 집중할 수 있기 때문이다. 이를 흔히 애착 이론서들에서는 의존역설dependency paradox이라고 부른다. 즉 서로 더 효과적으로 의존할수록 더 독립적이고 거리낌 없는 사이가 된다는 이야기다. 결국 캐런과 팀은 서로에게 가진 감정적인 유대감을 시합에서 유리한 방향으로 사용할 줄 몰랐을 뿐이다.

캐런이 애정에 굶주린 자신에게 자책감을 느끼는 것과 팀이 자신의 애착 역할을 망각하고 있는 것은 별로 놀라운 일이 아니다. 그리고 그것은 누구의 잘못도 아니다. 결국 문제는 독립성은 높이 사지만 친밀감이나 가까움, 특히 의존에 대한 욕구는 경멸적으로 바라보는 문화에 있다. 하지만 사람들은 자신을 괴롭히면서까지 그런 문화적 태도를 진리로 받아들이기 위해 노력한다.

사람은 누구나 감정적인 면에서 자존적이어야 한다는 그릇된 믿음은 전혀 새로운 것이 아니다. 수십 년 전까지만 해도 서구사회에서는 아이를 행복한 사람으로 키우려면 아이 스스로 해결책을 찾고 흥분을 가라앉히도록 내버려둬야 한다는 믿음이 일반적이었다. 이런 인식은 애착 이론이 나오면서 적어도 아이들을 대할 때만큼은 완전히 바뀌게 되었다.

1940년대에 전문가들은 응석을 받아주다 보면 아이가 애정에 굶주리고 심리적으로 불안정해지기 때문에 어른이 되어서 정서 장애를 겪고 사회에 잘 적응하지 못하게 된다고 경고했다. 그래서 부모들은 아기가 몇 시간 동안 울어도 내버려두고 식사 시간을 정확히 지키도록 훈련시키며 아기에게 지나친 관심을 베풀지 말라고 배웠다. 병원에서도 아이는 부모와 떨어져 있어야 했기 때문에 부모는 아이를 유리창 너머로밖에 볼 수 없었다. 사회복지사들은 아이가 조금만 문제 행동을 보이면 바로 위탁 보호 시설로 보내버렸다.

부모와 아이 사이에는 적당한 거리가 필요하며 육체적인 접촉은 되도록 아껴야 한다는 것이 보편적인 믿음이었다. 1920년대, 발달심리학의 대가인 존 브로더스 왓슨John broadus Watson은 어머니의 지나친 사랑의 위험성을 경고했다. 그는 엄격한 어머니 밑에서 자란 아이는 자주적이고 용감하며 독립적일 뿐만 아니라 적응력도 뛰어날 것이라고 생각했다. 공부할 때는 열심히 공부하고, 놀 때는 열심히 놀 줄 알고, 어떤 장소나 어떤 사람에게도 지나친 애착을 보이지 않을 것이라고 생각했다.

1950년대와 60년대에 애착 이론을 창안한 메리 에인스워드Mary Ainsworth와 보울비의 획기적인 연구가 이루어지기 전까지 심리학자들은 부모와 아이 사이의 유대감의 중요성을 인정하지 않았다. 아이가 엄마에게 느끼는 애착은 단순히 아이가 살아가는 데 필요한 음식 및 기타 조건을 엄마가 제공해 주기 때문에 생겨나는 부수적 감정으로 여겨졌다. 아이는 영양분을 얻고자 엄마와 친해지려고 하며 결과적으로 엄마의 친밀감을 얻으려 애쓰게 된다는 것이었다. 하지만 보울비는 보육 기관에서 길러지거나 제2차 세계대전으로 부모와 떨어지게 된 아기들처럼 애착 대상을 상실한 채 영양 공급만 계속 받고 있는 아기들이 정상적으로 발육하지 못한다는 사실을 발견했다. 애착 대상이 없는 아이들은 육체적·지적·감정적·사회적 면을 비롯한 모든 면에서 발육이 느렸다.

에인스워드와 보울비의 연구는 아기와 보호자 사이의 유대가 물이나 음식만큼이나 아이의 생존에 중요한 역할을 한다는 사실을 분명히 알려주었다.

애착, 아이만의 전유물이 아니다

보울비는 항상 애착이 인간 행동에 필수적인 부분으로 인생 전체에 걸쳐 나타난다고 주장했다. 심리학자인 메리 메인Mary Main

은 어릴 적 보호자와의 관계에 따라 성인들의 애착 유형도 구분할 수 있다는 사실을 발견했다. 부모가 되었을 때 아이를 양육하는 방식 또한 어릴 적 보호자와의 관계에 따라 결정되었다. 하잔과 셰이버Hazan & Shaver 역시 성인도 연인 관계에서 뚜렷한 애착 유형을 보인다는 사실을 발견했다. 그들이 이 사실을 처음으로 알게 된 것은《러브 퀴즈Love Quiz》란 책을 냈을 때였다. 그들은 설문조사를 통해 사람들에게 다음 세 문장 중 연인 관계에서의 자신의 감정과 태도를 가장 잘 묘사하는 한 문장을 선택하도록 했다. 세 문장은 다음과 같았다.

○ 비교적 쉽게 사람들과 친해진다. 다른 사람들에게 의지하는 것이 편하고 다른 사람들도 나에게 편하게 의지한다. 누군가에게 버림받을까 봐 두려워하거나 누군가와 너무 가까워질까 봐 걱정하지는 않는다. (안정형의 기준)

○ 지나치게 가까워지는 관계는 좀 불편하다. 누군가를 완전히 신뢰하거나 의지하는 일이 어렵다. 다른 사람이 나를 가깝게 대하면 불안하다. 이제까지 사귀었던 사람들도 내게 불편할 정도로 높은 친밀감을 요구했다. (회피형의 기준)

○ 사람들은 내가 원하는 만큼 나와 가까워지고 싶지는 않은 모양이다. 파트너가 나를 별로 사랑하지 않거나 헤어지고 싶어

할까 봐 자주 걱정에 빠진다. 난 누군가와 완전히 하나가 된 느낌을 받고 싶은데 이런 욕망 때문에 사람들이 날 멀리하기도 한다. (불안형의 기준)

성인과 영유아에게서 나타나는 애착 유형은 놀라울 정도로 비슷한 양상을 띤다. 성인도 영유아와 마찬가지로 안정형에 해당하는 응답자가 제일 많았고 나머지 응답자들은 불안형과 회피형으로 나뉘었다. 또한 연구자들은 각각의 유형에 대한 설명이 응답자와 파트너 간의 관계, 친밀감에 대한 응답자의 고유한 태도나 믿음과 대체로 일치하는 것을 확인할 수 있었다.

이후 하잔과 셰이버를 비롯한 다른 학자들의 연구에서도 같은 사실이 확인되었다. 이제 보울비의 주장대로 애착이 인생 전반에 걸쳐 중요한 역할을 한다는 사실이 명백해졌다. 하지만 성인이 영유아와 다른 점이 한 가지 있다. 바로 성인은 추상화 능력이 발달했기 때문에 애착 대상의 물리적 현존을 갈망하는 이 멈출 수 없는 욕구를 가끔은 지식 같은 정신적 가치로 대체할 수 있다는 점이다. 그런 방식으로 성인은 애착 대상의 심리적·감정적 친밀감을 대신할 수 있다. 하지만 어느 경우에나 핵심은 친밀한 관계나 파트너가 나와 함께해 준다는 것을 확인받고 싶은 욕구다. 이런 욕구는 인생 전반에 걸쳐 중요한 역할을 한다.

불행하게도 과거에 부모-자식 간의 유대감이 지니는 중요성이 무시되었던 것처럼, 오늘날에도 성인의 애착은 온전히 인정받지 못하고 있다. 성인이 지나치게 상대방에게 의존적이면 부정적으로 생각하기도 한다.

불행의 시작, 너무나 완벽한 감정적 독립

상호 의존codependency을 장려하는 경향이나 현재 유행하는 여러 자조自助, self-help적 접근법이 성인들의 관계를 묘사하는 방식은 20세기 전반기에 부모-자식 간의 유대감을 바라보았던 방식과 놀라울 정도로 비슷하다. 당시에는 불필요한 애착은 느끼지 않는 "행복한 아이"라는 말이 있을 정도였다. 전문가들은 다음과 같이 조언했다.

　"당신의 행복은 당신 자신 안에서 나와야 합니다. 결코 애인이나 친구에 의지하면 안 됩니다. 당신의 행복은 그들의 책임이 아니며 그들의 행복도 당신의 책임이 아닙니다. 자기 자신을 돌볼 수 있어야 합니다. 당신의 내적 평화가 당신이 가장 친밀하게 여기는 사람 때문에 무너지지 않도록 노력해야 합니다. 만약 파트너가 당신의 안정을 무너뜨리려 한다면 그 상황으로부터 감정적인 거리를 두고 자신에게만 집중하며 평온한 상태를 유지하려고 하십시오. 만약 그럴 수 없다면 당신 잘못입니다. 당신이 파트너에게 지나치게 얽매여 있거나 의존적인 상태이기 때문입니다. 당신은 좀 더 명확히 선을 긋는 법을 배워야 합니다."

　이런 관점에서 가장 이상적인 관계란 자족적인 두 사람이 명확한 경계를 유지하며 성숙하고 예의 바른 방식으로 결합하는 것이라고 전제한다. 파트너에 대한 의존도가 높은 사람은 어딘가 결핍된 부분이 있다는 의미다. 그러므로 상대로부터 자신을 좀 더 분리할 줄 알아야 하고 강한 자의식을 기를 수 있도록 노력해야 한다. 최악의 경우 이러한 사람은 파트너가 없으면 못 살 정도로 파트너에게 중독될 수도 있다. 중독이 가장 어두운 결말이라는 것은 누구나 다 아는 사실이다.

상호 의존 이론은 약물 중독자를 가족으로 둔 사람들에게는 굉장한 도움이 되었다. 하지만 같은 논리를 일반적인 관계에 무차별적으로 적용한다면 많은 오해가 발생할 수도 있고, 해로운 영향력을 미칠 수도 있다. 리얼리티 쇼에서 본 캐런 역시 상호 의존 이론에 많은 영향을 받았음이 분명하다. 하지만 생물학적 차원으로 들어가면 이야기는 전혀 달라진다.

여러 연구 결과에 따르면, 서로에게 애착을 가지게 된 두 사람은 생리학적으로 연결된다고 한다. 즉 서로의 혈압, 심장박동 수, 호흡, 호르몬 수치를 조절하게 된다는 뜻이다. 그러므로 두 사람은 더 이상 서로 다른 개체라고 할 수 없다. 몇몇 심리학적 접근 방식들은 성인 관계에서 개인 간의 분리를 강조하지만 생물학적인 관점에서 보면 이치에 맞지 않는 이야기다. 의존은 실재하는 사실이지 선택이나 선호의 대상이 아니다.

버지니아 대학의 감정 신경 연구소Affective Neuroscience laboratory 소장으로 있는 제임스 코언James Coan 박사의 연구에서 이러한 사실이 분명히 드러난다. 그는 실험을 통해 친밀한 사회적 관계와 폭넓은 사회적 네트워크 중 어느 쪽이 감정 반응을 조절하는 메커니즘인지 살펴보았다. 리처드 데이비슨Richard Davidson, 힐러리 셰이퍼Hillary Schaefer와의 공동 연구에서 코언은 기능적 자기공명영상fMRI을 사용해 결혼한 여성들의 뇌를 촬영했다. 촬영이 이루어지는 동안 코언 박사와 그의 동료들은 여성들에게 가벼운 전기 충격을 받게 될 것이라는 말을 함으로써 스트레스를 유발했다.

스트레스를 받는 상황에서는 보통 시상하부(뇌의 기저부에 위치한 자율신경계의 중추로 내분비계를 통제하며 종의 생존과 관련된 행동들을 조직화하는 부분-옮긴이)가 활성화된다. 여성들이 홀로 실험실에서 다가올 충격을 기다리도록 한 첫 실험의 결과도 똑같았다. 스트레스를 받은 그들의 시상하부는 밝게 빛났다. 두 번째 실험에서 그들은 충격을 기다리는 동안 모르는 사람의 손을 잡고 있었다. 이번에는 시상하부가 전보다 덜 활성화되었다. 그렇다면 남편의 손을 잡고 한 실험에서는 어떤 결과가 나왔을까? 시상하부 활성도는 두 번째 실험보다도 훨씬 낮아졌다. 스트레스를 거의 감지할 수 없을 정도였다. 그뿐만 아니라 세 번째 실험에서 가장 뚜렷한 결과를 보인 사람들은 결혼 생활에 매우 만족한다고 말한 여성들이었다.

이 연구는 친밀한 관계인 두 사람이 서로의 심리적·감정적인 행복 수준을 조절한다는 사실을 입증한다. 파트너와의 육체적인 접촉이나 파트너의 존재감이 스트레스 반응에도 영향을 미치는 것이다. 이렇듯 신체적 생리 반응마저 파트너의 영향을 받는데 어떻게 파트너를 분리된 개별적 존재로 여길 수 있을까?

앞서 예로 들었던 캐런은 스트레스를 받는 상황에서 파트너의 손을 잡음으로써 얻을 수 있는 치유 효과를 본능적으로 알고 있었다. 안타깝게도 나중에는 잘못된 통념에 굴복해 자신의 본능을 나약하고 부끄러운 것으로 여겼지만 말이다.

뇌 촬영 기술이 개발되기 훨씬 전에 보울비는 자애심이나 자족감이 얼마나 높은지와 상관없이 인간에게는 누군가와 인생을 함께 나누고 싶은 욕구가 있으며 그것이 인간이 지닌 유전적 기질임을 잘 알고 있었다. 또한 그는 인간이 특별한 상대를 찾았을 때 종종 통제하기 어려울 정도로 강력한 에너지를 발산한다는 사실도 알고 있었다. 그 사람이 얼마나 독립적인 인간인지와 상관없이 강한 자제력에도 불구하고, 새로운 패턴의 행동을 보이기 시작한다는 것이다. 서로의 파트너가 된 이상 두 사람이 의존적인 사이인지 아닌지는 질문거리가 될 수 없다. 반드시 의존적일 수밖에 없기 때문이다. 상처받기 쉬워서 생기는 불편한 감정이나 파트너를 잃을까 봐 두려워하는 감정이 모두 제거된 관계는 고상하고 편안해 보일 수는 있지만 신체적 생리에는 맞지 않는다. 인류의 진화 과정에도 나타나 있듯이 커플은 생리적으로 결합된 하나의 개체와 같다. 한 사람이 반응을 보이면 상대방도 반응을 일으키고 한 사람이 기분이 상하면 상대방도 동요하게 된다. 그래서 상대방을 자신의 일부로 여기고 상대방의 생존을 위해 어떤 일도 마다하지 않을 만큼 서로의 행복을 위해 노력하는 일은 서로의 생존 가능성을 높이는 데도 큰 영향을 미친다.

이 강력한 에너지를 다루는 방식은 애착 유형마다 다르다. 안정형과 불안형은 적극적으로 받아들이는 반면 회피형은 억압한다. 하지만 특별한 누군가와 친밀해지고 싶어 하도록 프로그래밍되어 있다는 점은 세 유형 모두 동일하다. 실제로 4장에서는 회피형도 애착 욕구를 느끼지만 단지 적극적으로 그 욕구를 억압할 뿐임을 보여주는 여러 경험담을 만나게 될 것이다.

그렇다면 행복해지기 위해 파트너와의 친밀감을 얻으려면 직장 생활이나 친구 관계 같은 다른 생활은 포기해야 한다는 말인가? 정답은 그 반대다. 보통 사람들은 곁에 기댈 수 있는 누군가가 있다고 느낄 때 자기만의 세계로 들어갈 수 있다. 이것이 '의존 역설'이다. 처음에는 이 역설적인 논리를 이해하기가 쉽지 않을 것이다. 어떻게 다른 사람에게 완전히 의지할수록 더 독립적일 수 있단 말인가?

성인 애착에 관한 기본 전제를 한 문장으로 정리한다면 이렇게 말할 수 있다. 독립과 행복을 얻는 길은 자신이 의존하고 자신에게 의존할 수 있는 누군가를 만나 둘이 함께 그 길을 걸어가는 것이다. 이 원칙을 설명하기 위해 애착을 처음 경험하는 어린 시절로 돌아가 보자. 성인과 아이들의 애착 유형이 똑같지는 않지만, 의존 역설을 이해하기에 낯선 상황 실험strange situation test 의 결과만큼 적절한 사례는 없을 것이다.

낯선 상황 실험

○ 사라와 그녀의 12개월 된 딸 키미는 장난감이 가득한 방으로 들어선다. 방 안에서 그들을 기다리고 있던 젊고 친절한 실험 조수가 말을 건다. 키미는 처음 보는 장난감 천국을 구경하기 시작한다. 키미는 기어다니며 장난감들을 주웠다가 다시 바닥에 던져보면서 장난감이 굴러가는지, 소리가 나거나 불이 켜지는지 확인해 본다. 그리고 중간에 잠깐씩 엄마도 쳐다본다.

그러다 사라는 방을 나가라는 지시를 받고 조용히 일어나 방을 나간다. 엄마가 없어졌다는 사실을 깨닫는 순간 키미는 이성을 잃는다. 키미는 울면서 가능한 한 가장 빠른 속도로 문 쪽으로 기어간다. 그리고 엄마를 부르며 문을 두드린다. 실험 조수는 알록달록한 집짓기 블록으로 키미의 관심을 돌리려 애써보지만 오히려 키미를 불안하게 만들 뿐이다. 키미는 집짓기 블록을 실험 조수의 얼굴에다 던지기까지 한다.

잠시 후 엄마가 방으로 돌아오자 키미는 엄마에게 빠른 속도로 기어가 두 팔을 벌린 채 안아달라는 자세를 취한다. 엄마는 키미를 안아주며 안심시킨다. 키미도 엄마를 꼭 껴안으며 울음을 멈춘다. 안정을 되찾은 키미는 다시 장난감에 흥미를 보이며 놀이를 계속한다.

이것이 바로 낯선 상황 실험이다. 이는 애착 이론에서 가장 중요한 실험 중 하나다. 에인스워드는 엄마가 곁에 있거나 없음에 따라 아이의 놀고 배우는 능력과 연관된 본능인 탐구 본능exploratory drive이 활발해지거나 억압된다는 사실에 놀라움을 감추지 못했다. 또한 그는 애착 대상이 같은 방 안에 있기 때문에 아이가 처음 보는 환경에 자신을 내맡긴 채 자신감을 갖고 주변을 탐색할 수 있다는 사실을 깨달았다. 이런 현상을 안전 기지secure base라고 부른다. 안전 기지란 어려운 시기에 자신이 완벽하게 확신을 갖고 도움을 청하거나 의지할 수 있는 누군가가 곁에 있다는 사실을 스스로 인지하는 상태를 일컫는다. 이는 아이의 성장과 탐구력, 학습 능력이 향상되는 데 꼭 필요한 전제 조건이다.

인생의 공범, 내 편이 있다는 것

어른은 장난감을 가지고 노는 대신 세상으로 나아가 새로운 상황이나 어려운 도전을 헤쳐나가야 한다. 일할 때는 열심히 일하고, 놀 때는 열심히 놀며, 취미 생활도 즐기고, 자식들이나 파트너에게도 헌신을 다하고자 노력해야 하는 것이다. 낯선 상황 실험에서 엄마가 옆에 있을 때의 아이처럼 안정적인 상태라면 문제없다. 이때는 모험심이나 창의력을 발휘할 수도 있고 꿈을 좇을 수도 있다. 그러나 안정감을 잃으면 어떻게 될까? 가깝다고 여겼던 파트너가 자신을 신뢰하지 않거나 필요한 순간에 곁에 없다면 삶의 중심과 활력을 유지하기란 더욱 어려워질 것이다. 반면 파트너가 완전한 신뢰감과 안정감을 제공하면 자신의 존재 가치를 높이는 다른 일에 몰두할 수도 있다.

카네기 멜론 대학의 관계연구소장 브룩 피니Brooke Feeney는 성인 관계에서 안전 기지가 얼마나 중요한지 설명했다. 피니 박사는 파트너가 서로를 돕는 방식과 그 도움의 질을 결정하는 요소를 연구하는 데 특히 관심이 있었다. 그녀는 한 연구에서 커플들에게 개인적인 목표를 이야기할 기회를 주고 서로의 목표에 대해 대화를 나누도록 했다. 파트너가 자신의 목표를 지지한다고 느낀 실험 참가자들은 대화 후 자존감과 기분이 고양되었다. 목표를 달성할 수 있는지에 관해서도 대화 전보다 더 긍정적인 반응을 보였다. 반면 파트너가 부정적인 반응을 보이거나 자신을 별로 지지하지 않는다고 느낀 실험 참가자들은 자신의 목표를 솔직하게 이야기하지 못했다. 목표를 달성하기 위해 어떤 노력을 들일지에 대해서도 자신 있게 말하지 못했으며 대화 중 자신의 목표를 낮추는 경향까지 보였다.

리얼리티 쇼에 나왔던 캐런과 팀의 이야기로 돌아가 보자. 그들의 경험은 낯선 상황 실험의 성인 버전이나 마찬가지다. 캐런이 용기를 얻고자 팀의 손을 잡으려 했던 것이나 캐런의 격려에 팀이 용기를 되찾았던 것처럼, 키미도 엄마가 곁에 있어주기를 바랐다. 또한 키미가 사라진 엄마를 목 놓아 불렀던 것처럼 캐런도 팀이 자신의 손을 잡아주기 전까지는 시합을 중단하는 항의 행동을 보였다. 둘 모두 애착 대상이 자신을 안심시켜 주었을 때 비로소 다른 일에도 집중할 수 있었다. 다시 말해 안전 기지가 먼저 회복되어야 다른 활동을 시작할 수 있었던 것이다.

의지할 수 있는 파트너를 만나라

감정적으로나 육체적으로나 가장 의지하는 상대가 애착 역할을 제대로 수행하지 못한다면 그때는 어떻게 해야 할까? 바로 이것이 문제다. 뇌는 파트너에게 안전 기지의 역할을 요구하도록 되어 있다. 파트너가 감정적 버팀목 혹은 안전한 피난처, 필요할 때 도움을 청할 수 있는 사람이 되어주기를 바라는 것이다. 인간은 파트너로부터 감정적인 배려를 얻고 싶어 하도록 프로그래밍되어 있다. 하지만 파트너와 함께할 수 없는 상태라면 어떻게 될까? 코언의 실험에서 확인했던 것처럼 긴장 상태에서 배우자와의 육체적인 접촉은 불안감을 낮춰 주며, 배우자의 지지는 관계에 대한 만족도를 높이는 데 가장 큰 역할을 한다.

　　다른 실험에서는 더 엄청난 결과들이 나왔다. 토론토 대학에서 정신과 임상의이자 연구자로 있는 브라이언 베이커Brian Baker는 심장질환과 고혈압의 정신의학적 측면, 특히 부부 간의 불화와 직업 스트레스가 혈압에 미치는 영향에 대해 연구했다. 한 연구에서 베이커 박사는 가벼운 고혈압을 앓는 사람에게 만족스러운 결혼 생활이 도움이 된다는 사실을 발견했다. 파트너와 함께 시간을 보내는 일이 실제로 혈압을 정상 수준으로 낮추는 데 도움이 되었던 것이다. 반면 결혼 생활이 만족스럽지 못한 환자는 파트너와 접촉할 경우 혈압이 높아졌으며 파트너와 물리적으로 가까이 있는 한 같은 상태를 유지했다. 이 연구는 중요한 의미를 지닌다. 연구에 따르면 파트너가 애착 욕구를 충족시켜주지 못하면 만성적인 불안과 긴장 때문에 병에 걸리기도 더 쉬워진다고 한다. 다시 말해 안전 기지를 마련해 주지 못하는 상대를 파트너로 두었을 때는 정신적 건강뿐 아니라 육체적 건강까지도 위험에 처하게 된다는 뜻이다.

파트너는 생존 능력에 강력한 영향을 미친다. 이는 피해 갈 수 없는 사실이다. 파트너는 자존감과 자신감뿐 아니라 희망과 꿈을 좇는 노력에도 영향을 미친다. 파트너의 본능적인 애착 욕구를 채워주고 안전 기지와 피난처가 되어주길 꺼리지 않는 파트너를 둔 사람은 정신적·육체적으로 더 건강하게 오래 살 수 있다. 반면 격려에 인색한 파트너는 상대의 심신의 건강을 약화시킨다. 이 책의 나머지 부분에는 안전 기지가 되어줄 파트너를 찾고 자신도 파트너에게 안전 기지가 되어줄 수 있는 방법이 나와 있다. 이미 파트너가 있는 사람이라면 파트너에게 자신이 원하는 애착 역할을 맡기는 방법도 배울 수 있을 것이다.

이 책을 활용하는 방법

제대로 된 파트너를 만나거나 지금의 관계를 발전시키는 데 이 책이 어떤 도움을 줄 수 있을까?

이 프롤로그가 끝나면 소매를 걷어붙이고 바로 본론으로 들어가 자신의 애착 유형을 알아보게 될 것이다. 그리고 자신의 관계 유전자, 즉 애착 유형을 곧바로 확인할 수 있을 것이다. 그 다음으로는 자기 주변 사람들의 애착 유형을 파악하는 방법을 배울 것이다.

1부는 이 책의 핵심으로, 관계에 대한 자신의 구체적인 욕구를 이해하고 어떤 유형이 그 욕구를 만족시켜 줄 수 있는지 알기 위한 기초 단계에 해당한다.

2부에서는 세 가지 애착 유형에 대해 더 자세히 알아봄으로써 각 유형의 심리를 더 잘 이해하게 될 것이다. 2부를 읽고 나면 그동안의 연애 경험과 인간관계가 새롭게 보이는 진정한 변화를 경험할 수 있다.

3부에는 커다란 경고문이 붙어 있다. 여기에서는 불안형-회피형 관계의 문제들을 설명하고 이러한 커플이 관계를 유지하는 데 드는 막대한 비용을 알리고자 했다. 친밀감에 대한 욕구가 일치하지 않는 파트너를 만나면 얼마나 극심한 감정 소비가 뒤따르는지 깨달을 수 있는 부분이다. 만약 이미 누군가와 그런 관계를 맺고 있고 그 관계를 유지하거나 향상하고 싶다면 3부는 그 과정을 안내해 줄 것이다. 자신과 파트너의 애착 유형에 따라 구체적인 욕구나 취약점이 얼마나 다른지 살펴보고, 불안형-회피형의 함정에서 빠져나오기 위한 유용한 조언을 따른다면 좀 더 안정된 관계를 모색할 수 있다.

파트너와 헤어지겠다고 결심한 이들에게는 무사히 이별할 수 있는 방법을 알려주고 이별의 고통을 견디는 데 유용한 조언도 아끼지 않을 것이다.

마지막 4부에서는 안정형의 사고방식을 살펴볼 것이다. 여기서는 데이트 상대나 파트너에게 자신의 메시지를 효과적으로 전달하는 기술을 알려준다. 이 기술을 사용하면 용기와 위엄을 잃지 않고도 파트너에게 자신의 욕구를 분명히 전달할 수 있게 된다. 그뿐만 아니라 파트너의 반응을 통해 파트너를 더 잘 이해하는 방법도 터득하게 될 것이다. 또한 안정형 사람들이 갈등을 해결할 때 쓰는 다섯 가지 전략을 제시해 두었다. 그리고 워크숍을 진행하여 독자들이 이 전략들을 연마할 수 있도록, 그리하여 다가올 갈등에도 잘 대처할 수 있도록 도왔다.

4부는 불안형이나 회피형인 사람들을 위해 하늘이 내려준 동아줄이나 마찬가지다. 어떻게 하면 건강하고 만족스러운 관계를 유지할 수 있는지 가르쳐 주기 때문이다. 물론 안정형인 사람들도 관계에 대한 전반적인 만족도를 높여줄 몇몇 새로운 요령들을 터득할 수 있다. 순조롭게 세상을 헤쳐나갈 수 있도록 해줄 보편적인 기술들로, 안정형에게도 도움이 될 것이다.

이 책을 통해 애착이 파트너와의 관계에 미치는 강력한 영향력을 깨닫고 그것을 적절히 이용하는 방법을 배움으로써 여러분의 삶에도 극적인 변화가 생기길 진심으로 바란다.

Part 1

전초전,
사랑할 때 당신은
어떤 사람입니까?

Chapter 1

사랑할 때의 나

Chapter 2

사랑할 때의 너

Chapter 1

애착 이론을 우리의 일상에 실제로 적용하기 위한 첫 번째 단계는 애착 이론의 관점에서 자신과 주변 사람들을 파악하는 것이다. 다양한 단서들을 통해 배우자나 혹은 미래 배우자의 애착 유형을 알아내는 과정을 연습하기 전에, 가장 잘 알고 있는 자신의 애착 유형부터 파악해 보자.

나는 과연 불안형? 회피형? 안정형?

다음의 질문지는 자신의 애착 유형, 즉 타인과 친밀한 관계를 맺을 때 나타나는 행동 방식을 스스로 파악해 볼 수 있도록 고안된 것이다. 친밀관계경험ECR, Experience in Close Relationship 이론을 바탕으로 구성된 이 질문지는 '불안'과 '회피'라는 두 가지 범주를 중심으로 구체적이고 간단한 질문들을 통해 성인 애착의 특징을 살펴보는 것으로 유명하다. 이 책에서는 일상생활에 가장 적용하기 쉽게 가공된 질문을 던질 것이다.

애착 유형은 잘 변하기도 하고, 반대로 잘 변하지 않기도 한다. 그러므로 자신의 애착 유형을 알면 본인을 더 잘 이해할 수 있으며 다른 사람들과도 더 수월하게 소통할 수 있다. 무엇보다 이를 통해 행복해지는 것이 가장 이상적인 결과다.

다음의 질문을 읽고 자신과 일치한다면 네모 박스를 체크하자. 단, 일치하지 않을 경우 아무것도 체크하지 말아야 한다.

애착 유형 자가 체크리스트

질문	유형		
	A	B	C
파트너에게 더 이상 사랑받지 못할까 봐 두렵다.	☐		
파트너에게 쉽게 애정을 갖는다.		☐	
파트너가 내 본 모습을 알게 되면 나를 좋아하지 않을까 봐 두렵다.	☐		
이별 후 회복이 빠르다. 누구든 쉽게 잊을 수 있는 자신이 신기할 정도다.			☐
파트너가 없으면 내가 불안하고 불완전한 사람처럼 느껴진다.	☐		
기분이 저조한 파트너를 격려하는 일은 힘들다.			☐
떨어져 있는 동안 파트너가 다른 사람에게 관심이 생길까 봐 두렵다.	☐		

파트너에게 의지하는 것이 편하다.		☐	
관계보다 독립성이 더 중요하다.			☐
깊은 속내까지 파트너에게 털어놓기는 싫다.			☐
파트너에게 내 감정을 드러냈을 때 파트너가 나와 같은 감정이 아닐까 봐 두렵다.	☐		
파트너와의 관계에 대체로 만족한다.		☐	
연인 관계에 드라마틱한 연출이 필요하다고 생각하지 않는다.		☐	
관계에 대해 생각을 자주, 많이 한다.	☐		
파트너에게 의지하는 것이 불편하다.			☐
파트너에게 금방 애착을 갖는 편이다.	☐		
별 어려움 없이 나의 욕구나 욕망을 파트너에게 표현할 수 있다.		☐	
가끔 이유 없이 파트너에게 화나 짜증이 날 때가 있다.			☐
파트너의 기분을 매우 민감하게 느낀다.	☐		
대부분의 사람들은 정직하고 신뢰할 만하다고 생각한다.		☐	
늘 같은 사람과 하는 섹스보다는 낯선 사람과의 가벼운 섹스가 좋다.			☐
얼마든지 내 개인적인 생각을 파트너와 공유할 수 있다.		☐	
지금의 파트너와 헤어지면 다른 사람을 만나지 못할까 봐 걱정된다.	☐		
파트너와 너무 친밀해지면 불안하다.			☐
싸울 때는 논리보다 감정에 치우쳐 나중에 후회할 말이나 행동을 저지르는 편이다.	☐		

싸웠다고 해서 파트너와의 관계에 본질적인 회의를 품지는 않는다.		☐	
부모님은 종종 나에게 불편할 정도의 친밀감을 기대한다.			☐
내 매력이 부족할까 봐 걱정이다.	☐		
대체로 극적인 사건을 일으키지 않아 종종 지루한 사람처럼 보이기도 한다.		☐	
떨어져 있을 때는 파트너가 보고 싶지만 함께 있을 때는 벗어나고 싶다.			☐
상대방과 의견이 다를 때도 편하게 이야기할 수 있다.		☐	
누군가가 내게 의지하고 있다는 느낌이 부담스럽다.			☐
좋아하는 사람이 다른 사람에게 관심을 보여도 크게 당황하지 않는다. 질투심을 느껴도 잠깐이다.		☐	
좋아하는 사람이 다른 사람에게 관심을 보이면 오히려 안심이 된다. 나에게 자기 말고 다른 사람은 만나지 말라고 하지 않을 것이기 때문이다.			☐
좋아하는 사람이 다른 사람에게 관심을 보이면 몹시 우울해진다.	☐		
파트너가 차가운 태도를 보인다면 왜 그러는지 궁금하지만 나 때문은 아닐 것이라고 생각한다.		☐	
파트너가 차가운 태도로 나를 멀리해도 상관없다. 오히려 안심이 되기도 한다.			☐
파트너가 차가운 태도로 나를 멀리하기 시작하면 전부 내 잘못 때문일까 봐 걱정된다.	☐		
파트너가 나와 헤어지려고 하면 나는 최선을 다해 그가 잃을 것을 상기시킬 것이다(질투심을 유발하는 방법도 사용한다).	☐		

몇 달 동안 사귀었던 사람이 그만 만나자고 하면 처음에는 상처받겠지만 시간이 지나면 괜찮아질 것이다.		☐	
연인 관계에서 원했던 것을 얻고 나면 더 이상 원했던 것이 무엇인지 모르겠다.			☐
옛 연인과 (철저히 플라토닉하게) 종종 연락을 주고받아도 불편하지 않다. 아직도 우리 사이에는 공통점이 많다.		☐	
총점 (체크한 항목 수를 더하라)			

　A, B, C 유형 중, 가장 많이 체크한 유형이 자신을 가장 잘 나타내는 애착 유형이다. A는 불안형, B는 안정형, C는 회피형에 해당한다.

　불안형　이 유형은 파트너와 아주 가깝게 지내기를 원하며 친밀감에 대한 수용도도 매우 높다. 그러나 파트너가 자신이 원하는 만큼 가까워지기를 바라지 않을까 봐 두려워하기도 한다. 그래서 정신적 에너지의 상당량을 파트너와의 관계에 소모한다. 또한 파트너의 기분과 행동이 조금만 변해도 아주 민감하게 반응한다. 간혹 예감이 적중할 때도 있지만 대체로 상대방의 행동을 너무 심각하게 받아들이는 편이다. 그래서 파트너와의 관계에서 부정적인 감정에 잘 휘말리고 기분도 자주 상한다. 그 결과 나중에 후회할 행동이나 말을 쉽게 해버리는 경향이 있다. 그러나 파트너가 안정시켜 주고 안심시켜 주면 집착을 거의 버리고 파트너와의 관계에 만족할 줄 안다.

안정형 이 유형이 파트너와 따뜻하고 애정 넘치는 관계를 맺는 일은 별로 어렵지 않다. 파트너와의 관계를 지나치게 걱정하지 않으며 파트너와의 친밀감을 누릴 줄 아는 유형이다. 연애에 관한 한 수월히 대처할 줄 알고 파트너와의 관계에서 생기는 일로 쉽게 기분 나빠하지도 않는다. 또한 자신의 욕구와 감정을 파트너에게 효과적으로 전달하며 파트너의 감정 신호를 읽고 반응하는 데도 능숙하다. 성공이나 역경도 파트너와 함께 나눌 줄 알며 파트너가 필요로 할 때는 그 곁을 지켜준다.

회피형 이 유형에게는 자신의 독립성과 자족감을 유지하는 일이 가장 중요하다. 그래서 종종 친밀한 연인 관계보다 자주적인 삶을 더 선호한다. 사람들과 친해지고 싶지만 지나치게 친한 관계는 불편하게 느끼며 파트너와도 적당한 거리를 유지하고 싶어 한다. 파트너와의 관계를 걱정하거나 파트너로부터 거절당할까 봐 두려워하는 데 시간을 쏟는 일도 없다. 하지만 파트너에게 마음을 터놓지 않는 편이기 때문에 종종 파트너로부터 감정적인 거리감이 느껴진다는 불평을 사기도 한다. 파트너가 자신의 영역을 지배하거나 침범하려 드는 조짐이 보이면 심한 경계심을 보일 때도 있다.

회피와 집착의 상관관계

애착 유형에 대해 설명해 주면 사람들은 쉽게 자신의 유형을 알아차린다. 어떤 사람들은 곧바로 "나는 불안형이야", "나는 확실히 회피형이야" 혹은 "난 안정형인 것 같아"라고 말한다. 하지만 자신의 유형을 파악하는 데 좀 더 시간이 걸리는 이들도 있다. 다음은 애착 유형을 결정하는 데 중요하게 살펴봐야 할 두 측면이다. 만약 두 가지 이상의 유형에서 높은 점수를 받았다면 자신이 어느 유형인지 좀 더 정확하게 파악하는 데 도움이 될 것이다.

- ▶ 친밀감을 편하게 여기는 정도 (혹은 친밀감을 회피하는 정도)
- ▶ 파트너의 사랑을 갈망하거나 관심을 받는 데 집착하는 정도

브레넌 박사와 그의 동료들이 애착 유형을 그래프로 설명하는 방식은 특히 유용하다. 그래프는 애착 유형에 대한 조감도를 제공함으로써 자신의 애착 유형이 다른 사람들의 애착 유형과 어떤 관계에 있는지 이해하도록 돕는다. 다음의 사분면에서 자신이 어디에 위치하는지 알면 자신의 애착 유형이 금방 보일 것이다.

따라서 친밀감을 회피하려는 정도와 불안감의 정도에 따라 유형이 결정된다는 사실을 확인할 수 있다. 아래의 포인트들도

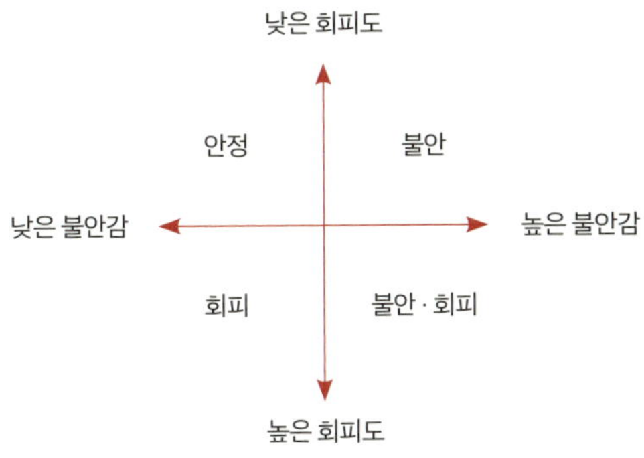

애착 유형 측정을 위한 평면도

여러분의 유형을 좀더 정교하게 파악하는 데 도움이 될 단서들이다.

Point 1 파트너와의 친밀감을 편안히 여기고(즉, 친밀감 회피도가 낮고), 파트너와의 관계나 파트너가 자신을 얼마나 사랑하는지 크게 걱정하지 않는(즉, 관계 불안도가 낮은) 단순한 사람. 안정형일 확률이 높다.

Point 2 친밀감을 갈망하지만(즉, 친밀감 회피도는 낮지만), 앞으로 관계가 진척될 방향에 대한 불안감이 그고 파트너의 작은 행동에도 흥분하는(즉, 관계 불안도는 높은) 사람. 불안형일 확률이 높다.

Point 3　파트너와의 지나친 친밀감을 불편해하거나 파트너와의 관계보다 자신의 독립성과 자유를 중요시하고(즉, 친밀감 회피도가 높고), 파트너의 감정이나 헌신적인 태도에는 무관심한(즉, 관계 불안도는 낮다면) 사람. 회피형일 확률이 높다.

Point 4　파트너와의 친밀감은 불편해하는 동시에 파트너가 자신과 함께해 줄지에 대한 걱정이 많은 사람은 아주 드물지만 불안형과 회피형이 결합된 혼합형이다. 전체 인구 중 극소수의 사람들만이 이 범주에 속하며 여기 속하는 사람들에게는 불안형과 회피형에 대한 모든 정보가 도움이 될 것이다.

아기들의 행동과 소리로 알아보는 애착 유형

애착 유형 분류 체계는 어디서 나온 것일까? 흥미롭게도 이 체계는 아기들의 행동을 관찰한 결과를 바탕으로 만들어진 것이다. 앞서 설명한 아기에게 엄마와 헤어졌다가 다시 만나도록 하는 실험인 낯선 상황 실험에서 학자들은 주로 9~18개월 된 아기들이 행동하는 방식을 관찰한 결과 애착 유형을 아래와 같이 정리했다.

아이들의 애착 유형을 간략히 설명하면 다음과 같다. 동일한 유형의 성인도 일부 비슷한 반응을 보인다.

불안형 : 불안형 아기는 엄마가 방을 나가면 매우 괴로워한다. 그리고 엄마가 돌아오면 아기는 기뻐하면서도 사라졌던 엄마에게 화를 내는 양가적인 반응을 보인다. 차분해지는 데 더 많은 시간이 걸리며 금세 또 침착함을 잃어버린다. 잠시 후 아기는 화를 내며 엄마를 밀쳐버리고 혼자 꼼지락거리다가 다시 울음을 터뜨린다.

안정형 : 안정형 아기도 엄마가 방을 나가면 눈에 띄게 괴로워한다. 하지만 엄마가 돌아오면 아기는 기쁜 마음으로 열렬히 반긴다. 엄마가 곁에 있음을 확인하고 나면 금방 안심하며 침착함을 되찾고 놀이를 재개한다.

회피형 : 회피형 아기는 엄마가 방을 나가도 아무 일도 일어나지 않은 척 행동한다. 엄마가 돌아와도 아기는 별다른 반응을 보이지 않으며 엄마를 못 본 척 무관심하게 놀이를 계속한다. 하지만 이러한 아기의 표면적인 행동이 전부 진실은 아니다. 사실 아기의 속마음은 침착하지도 냉정하지도 않다. 학자들은 엄마가 없어지면 괴로워하는 다른 유형의 아기들처럼 회피형 아기들도 스트레스를 받으면 분비되는 코르티솔 수치나 심장박동수가 높아졌음을 확인했다.

Chapter 2

사랑할 때의 너

일반적으로 자신의 애착 유형보다 다른 사람들의 애착 유형을 파악하기가 더 어렵다. 그 이유는 연인 관계에서 어떤 행동을 하는지, 어떤 감정을 느끼고 생각하는지에 대해 누구보다 잘 아는 것은 본인 자신이기 때문이다. 또한, 자신의 애착 유형을 알고 싶다면 직접 질문지를 통해 확인하면 된다. 하지만 새로운 사람을 만난 자리에서 지난 과거를 캐물으며 질문지를 내밀 수는 없는 노릇이다. 그러나 다행스럽게도 대부분의 사람들은 자연스럽고 일상적인 행동이나 말하는 습관을 통해 자기도 모르는 사이에 애착 유형을 밝혀내기에 충분한 정보를 제공한다.

상대방의 애착 유형을 파악하려면 상대방의 어떤 행동과 말에 주의를 기울여야 하는지 잘 아는 예민한 관찰자, 열렬한 청취자가 되어야 한다.

수많은 애착 이론 실험에서 연구자들은 실험 참가자에게 연인 관계에 관한 질문을 던져보았다. 그리고 답변에서 드러나는 친밀함을 받아들이는 태도나 연인 관계에 집착하는 정도를 보면서 그 사람의 애착 유형을 충분히 파악할 수 있었다. 이 방법은 실험실 밖에서도 유용하게 쓰일 수 있다. 단, 상대방의 어떤 부분을 주의 깊게 살펴보아야 하는지 잘 알고 있다면 말이다.

애착 이론을 이해하면 데이트 상대의 첫인상을 판단하는 방식도 바뀔 것이다. 또한 이미 파트너가 있는 사람도 파트너에 대한 놀라운 통찰력을 갖출 수 있다.

이전에 연애할 때는 단순히 "저 사람이 날 사랑할까?"라고 스스로에게 질문했을 것이다. 하지만 앞으로는 "이 사람은 내가 감정을 투자할 만한 가치가 있는 사람인가? 내가 원하는 걸 줄 수 있는 사람일까?"라고 질문하게 될 것이다. 관계를 발전시켜 나갈지 말지는 이제 자신의 선택에 달렸다. 그리고 "이 사람은 내게 어느 정도의 친밀감을 허용할까? 지금 그는 내게 헷갈리는 메시지를 보내고 있는 것일까? 아니면 나와 정말 가까워지고 싶어서 그러는 것일까?"와 같은 질문들을 스스로 던져보기 시작할 것이다.

이 장을 가이드로 삼아 시간과 노력을 들인다면 만난 지 얼마 안 된 상태에서도 상대방의 애착 유형을 파악할 수 있는 기술을 습득하게 될 것이다.

누군가를 좋아하게 되면 객관성을 잃고 상대방을 무조건 미화하기 쉽다는 사실을 특히 명심해야 한다. 아름다운 그림에 어울리지 않는 요소는 그냥 지나쳐 버리기 쉽다. 그러나 연애 초반에는 상대방이 전달하는 모든 메시지에 주의를 기울여야 하며 또한 이 메시지를 꼼꼼히 살펴봐야 한다. 이 모든 일이 상대방이 자신에게 맞는 사람인지 판단하고 관계가 긍정적인 방향으로 진척되고 있는지 확인하는 데 도움이 될 것이다.

이미 파트너가 있는 사람이라면 지금까지 주어진 정보만으로 자기 파트너의 애착 유형을 벌써 파악했을 수도 있다. 앞으로 이어질 내용을 통해 그 기술을 좀 더 다듬을 수 있다. 또한 생각에도 많은 변화가 있을 것이다. 더 이상 자신에게 "그는 왜 항상 나를 밀어낼까?"라고 묻지 않게 될 것이다. 대신 "내가 문제가 아니야. 단지 그가 친밀감을 불편하게 여기는 것뿐이야"라고 말하게 될 것이다. 파트너의 애착 유형을 파악하면 그와의 관계에서 생기는 문제들을 더 잘 이해할 수 있을 것이다. 이는 애착 원리를 통해 파트너와의 유대감을 높이는 데 필요한 핵심적인 단계다.

애인의 속마음

다음은 데이트 상대나 파트너의 애착 유형을 파악하는 데 도움을 주기 위한 질문지다.

질문지는 세 그룹으로 나뉘어 있다. 그리고 그룹 내 각 항목에는 몇 가지 예시가 곁들여져 있다. 만약 예시들이 전반적으로 파트너를 잘 설명하고 있다면 그 조항은 맞다고 표시해야 한다.

또한 한 가지 예시에만 들어맞는 조항도 맞다고 표시할 수 있다. 파트너와의 관계나 대화를 떠올리며 각 항목이 파트너의 특징을 제대로 설명하고 있는지 판단해 보자. 부합하는 정도에 따라 아래 채점표를 참고하여 채점하면 된다.

> **채점표**
> 1점: 파트너에 대해 전혀 맞지 않는 이야기다.
> 2점: 파트너에 대해 어느 정도 맞는 이야기다.
> 3점: 파트너에 대해 잘 맞는 이야기다.

A그룹

설명	점수
1. 헷갈리는 신호를 보낸다. • 냉담한 사람처럼 보이지만 동시에 거부할 수 없는 약한 면모도 있다. • 전화를 많이 걸 때도 있지만 아예 안 걸 때도 있다. • "같이 살게 되면……"과 같은 친밀한 말들을 하다가도 나중에는 미래가 없는 사이인 것처럼 행동한다.	1 2 3
2. 자신의 독립성을 가장 중요시하고 의존과 애정에 대한 욕구는 무시한다. • "나만의 공간이 많이 필요해." • "일이 너무 많아서 지금은 진지하게 누구를 만날 겨를이 없어." • "자기만족감이 충만한 사람이 아니라면 사귀기 힘들어."	1 2 3

3. 농담처럼 던진 말이라도 당신을 평가절하하는 말을 한다. • 길을 찾는 일에 서투르거나 키가 작은 당신이 귀엽다며 놀린다. • 호감이 있었지만 몇 번 데이트를 해보니 육체적인 끌림은 없었던 상대에 대해 이야기한다. • 전 파트너를 만날 때 바람을 피운 적이 있다.	1 2 3
4. 감정적으로나 육체적으로 거리를 둔다. • 전 파트너와 6년 동안 만났지만 동거한 적은 없다고 한다. • 자기 집에 가서 자거나 이불이나 침대를 따로 쓰고 싶어 한다. • 혼자 휴가를 떠나고 싶어 한다. • 계획이 항상 불확실하다. 언제 또 볼 수 있을지, 언제쯤 같이 살 수 있을지 알 수 없다. • 함께 걸을 때 앞질러 나간다.	1 2 3
5. 경계를 강조한다. • "이 사람들은 내 친구(혹은 가족)야. 넘보지 마"라는 식이다. • 자기 집으로 초대하기를 꺼리고 우리 집에서 주로 시간을 보내려 한다.	1 2 3
6. 비현실적으로 낭만적인 연애를 꿈꾼다. • 언젠가는 완벽한 사람을 만날 거라고 열정적으로 이야기한다. • 지나간 관계를 이상화하지만 왜 관계가 틀어졌는지는 잘 모르고 있다. • "예전 파트너에게 느꼈던 것과 같은 감정을 다시 느낄 수 있을지 모르겠어."	1 2 3
7. 의심이 많고 이용당할까 봐 두려워한다. • 파트너가 자신을 결혼으로 구속하려 한다고 생각한다. • 파트너가 자신을 경제적으로 이용할까 봐 두려워한다.	1 2 3

8. 당신이 무조건 따를 수밖에 없는 연애에 대한 고정관념과 단호한 원칙을 갖고 있다. • 외모가 뛰어나거나 말랐거나 긴 생머리거나 하는 식으로 특별히 선호하는 타입의 파트너가 있다. • 결혼하지 않고 따로 사는 것이 제일 좋은 방법이라고 생각한다. • "모든 여자/남자는 어떠어떠한 것들을 원하게 마련"이라거나 "결혼해서 같이 살게 되면 누구나 변한다"라는 식의 근거 없는 막연한 이야기를 늘어놓는다. • 달리 연락할 방법이 없는 때에도 전화 통화는 싫어한다.	1 2 3
9. 의견 충돌이 생기면 도망가거나 폭발한다. • "그건 말이야, 됐어. 그만하자." • 화를 내며 자리에서 일어나 나가버린다.	1 2 3
10. 의도를 명확히 표현하지 않고 상대방이 의도를 추측하게 만든다. • 당신과 계속 만나지만 "사랑해"란 말은 하지 않는다. • 당신과의 관계는 아랑곳하지 않고 1년 정도 해외에 나갔다 오고 싶다는 이야기를 한다.	1 2 3
11. 관계에 대해 대화하는 것을 힘들어한다. • 앞으로 관계가 어떻게 될지 물어보기 불편하게 만든다. • 언짢았던 부분을 이야기하면 아무 설명 없이 "미안……"이라고만 한다. • 절대 꺼내지 말아야 할 주제들이 있다.	1 2 3
총점 (1번에서 11번 문항까지의 점수를 더하라)	

B 그룹

설명	점수
1. 신뢰감을 주며 한결같다. • 전화하겠다고 했던 시간에 전화가 온다. • 계획을 세우고 잘 지킨다. 계획을 지키기 어려울 땐 미리 알려주고 사과하며 대안을 제시한다. • 약속을 번복하지 않는다. 약속을 지키지 못할 땐 이유를 설명해준다.	1 2 3
2. 어떤 일을 결정할 때 당신의 의사를 묻고 일방적으로 결정하지 않는다. • 계획을 이야기한 뒤 당신의 의견을 먼저 듣고 싶어 한다. • 당신의 의견을 고려해 계획을 세운다. 자신이 다 알고 있다고 섣불리 짐작하지 않는다.	1 2 3
3. 연애에 대해 유연한 사고방식을 갖고 있다. • 특정한 나이나 외모로 파트너를 고르지 않는다. • 동거, 공동 혹은 개별 계좌를 사용하는 방식 등 서로 다른 견해에 대해 열린 태도를 지녔다. • "모든 여자/남자는 어떠어떠한 것들을 원하게 마련"이라거나 "결혼해서 같이 살게 되면 누구나 변한다"라는 식의 막연한 이야기를 하지 않는다.	1 2 3
4. 관계에 대해 대화를 나누는 데 능숙하다. • 나와의 관계를 어떻게 생각하고 있고 어떤 미래를 기대하는지 쉽게 물어볼 수 있다. 그 대답이 나의 기대와는 다를지라도 말이다. • 문제가 있으면 이야기한다. 문제가 없는 척하거나 당신으로 하여금 문제를 추측하게 만들지 않는다.	1 2 3

5. 말다툼 중에도 타협에 이를 수 있다. • 최선을 다해 당신을 괴롭히는 문제를 이해하고 해결하려고 애쓴다. • 당신이 오해한 경우에도 굳이 자신이 옳았음을 증명하려 하지 않는다.	1 2 3
6. 헌신이나 의존을 두려워하지 않는다. • 당신이 자신의 자유를 침범하려 한다고 생각하지 않는다. • 파트너가 자신을 결혼으로 구속하려 한다거나 자신의 돈을 노린다고 생각하지 않는다.	1 2 3
7. 연애가 힘들다고 생각하지 않는다. • 연애에 얼마나 많은 타협과 노력이 필요한지 이야기하지 않는다. • 일이나 학업으로 바쁠 때처럼 이상적인 상황이 아니더라도 새로운 연애를 시작할 수 있다.	1 2 3
8. 친밀감은 더 높은 친밀감을 낳는다. • 감정적인 대화 후에는 당신을 안심시키고 곁에 자신이 있음을 확인시켜 준다. 갑자기 냉담해지지 않는다. • 섹스하고 난 뒤에는 단지 섹스가 얼마나 좋았는지에 대해서만 관심을 두는 것이 아니라, 당신이 얼마나 의미 있는 사람인지 말해준다.	1 2 3
9. 일찍부터 친구나 가족에게 당신을 소개한다. • 당신이 자신이 친한 사람들과 함께 어울릴 수 있기를 바란다. 가족의 경우 먼저 소개해 주지 않을 수도 있지만 당신이 원한다면 얼마든지 만나게 해줄 것이다.	1 2 3
10. 자연스럽게 감정을 표현한다. • 관계 초기부터 당신에 대한 감정을 말로 잘 표현한다. • "사랑해"란 말을 아끼지 않는다.	1 2 3

11. 잔꾀를 부리지 않는다. • 당신이 알아서 추측하도록 내버려두거나 당신에게 질투심을 불러일으키려 하지 않는다. • "내가 두 번 정도 전화 걸었으니까 다음은 네 차례야"라든가 "네가 하루 동안이나 답이 없었으니까 나도 하루 동안 연락하지 않겠어"라는 식의 계산을 하지 않는다.	1 2 3
총점 (1번에서 11번 문항까지의 점수를 더하라)	

C 그룹

설명	점수
1. 친밀감에 대한 욕구가 크다. • 만난 지 얼마 안 되었을 때에도 함께 휴가를 보내거나, 같이 살거나, 하루 종일 함께 시간을 보내고 싶어 한다(먼저 표현하지는 않을 수도 있다). • 육체적인 접촉(손잡기, 애무, 키스)을 매우 좋아한다.	1 2 3
2. 거절을 두려워하거나 불안해한다. • 자신과의 관계를 가늠해 보고자 전 파트너에 대해 많이 물어본다. • 전 파트너에게 아직도 감정이 남아 있는지 확인하고 싶어 한다. • 당신을 기쁘게 하기 위해 애쓴다. • 당신이 자신을 더 이상 좋아하지 않을까 봐 혹은 자신이 성적인 매력을 잃을까 봐 두려워한다.	1 2 3
3. 연애하지 않으면 불행해한다. • 말은 안 하지만 연애 상대를 찾기 위해 절실히 노력하는 게 느껴진다. • 가끔은 대화가 "미래의 남편/부인"에 대한 인터뷰처럼 느껴진다.	1 2 3

4. 주의와 관심을 끌려고 잔꾀를 부린다. • 당신이 며칠 동안 전화를 걸지 않으면 자신도 거리를 두며 관심 없는 척한다. • 바쁘거나 만날 수 없는 척한다. • 당신이 자신에게 관심을 보이고 자신과 만날 수 있도록 상황을 꾸미려 한다.	1 2 3
5. 문제를 잘 설명하지 못하고 당신이 짐작해 주길 바란다. • 자신이 기분이 나쁘다는 미묘한 신호를 당신이 알아차려 주길 바란다. 그렇게 되지 않으면 연기를 한다.	1 2 3
6. 문제를 해결하기 위해 노력하기보단 연기를 한다. • 싸우던 중 나가버리겠다고 협박한다. 하지만 나중에는 생각을 바꾼다. • 자신의 욕구를 표현한 적이 없으면서 나중에는 상처받아 우울한 척 연기한다.	1 2 3
7. 문제를 전부 자기중심적으로 왜곡한다. • 친구와의 모임에 함께 가야 하는 날에 당신이 야근을 하게 되면 자기 친구들을 만나기 싫어하는 걸로 받아들인다. • 집에 돌아온 당신이 지쳐서 말수가 줄어들면 이제 자기를 사랑하지 않는다고 생각한다.	1 2 3
8. 상처받지 않으려고 당신에게 주도권을 맡긴다. • 당신이 전화하면 자신도 전화하고, 당신이 좋아한다고 말하면 자신도 좋다고 말한다(적어도 처음에는 그렇다). 위험한 선택은 하지 않는다.	1 2 3

9. 연인 관계에 대해 지나치게 신경 쓴다.	1 2 3
• 데이트가 끝나면 당신은 집으로 돌아가서 쉬지만 그 혹은 그녀는 당신과 있었던 일을 친구와 세세하게 분석한다. • 당신과 떨어져 있는 동안 전화나 문자를 너무 많이 한다. 아니면 당신의 연락을 기다리면서도 절대 먼저 연락하지 않는다(방어적 행동). • 관계에 대해 지나치게 생각이 많은 모습이 눈에 보인다.	
10. 작은 행동으로 관계를 망칠까 봐 두려워한다. 계속 당신의 관심을 얻기 위해 열심히 노력해야 한다고 생각한다.	1 2 3
• "오늘 내가 얼마나 전화했는지 알아? 나한테 이젠 질렸을까 봐 걱정돼"라거나 "당신 가족에게 잘 보이지 못한 것 같아. 이제 날 싫어하시겠지" 같은 말을 한다.	
11. 당신이 바람피울까 봐 의심한다.	1 2 3
• 당신의 이메일과 휴대전화 등의 비밀번호를 알아내려고 한다. • 당신이 어디 있는지에 집착한다. • 당신의 소지품을 뒤지며 증거를 찾으려고 한다.	
총점 (1번에서 11번 문항까지의 점수를 더하라)	

점수표

11~17점: 아주 낮음. 당신의 파트너는 확실히 이 유형은 아니다.
18~22점: 보통. 당신의 파트너에게서는 이 유형의 경향이 나타나는 편이다.
23~33점: 높음. 당신의 파트너는 확실히 이 유형이다.

경험에 따르면 점수가 높을수록 애착 유형도 더 뚜렷하게 나타났다. 한 유형에서 23점 이상을 받았다면 그 유형인 것이 거의 확실하다고 보면 된다. 만약 당신의 파트너가 두 유형에서 높은 점수를 받았다면 아마 그 둘은 회피형과 불안형이었을 것이다. 두 유형이 보이는 행동은 전혀 다른 심리에서 비롯된 것일지라도 겉으로는 비슷해 보일 때가 많다. 그런 경우에는 77페이지의 '황금률'을 적용하면 더 정확하게 판단할 수 있다.

A 그룹에서 23점 이상 나온 경우 이 그룹에서 높은 점수를 받은 파트너 혹은 데이트 상대는 회피형일 것이다. 회피형일 경우에는 그에게 친밀감을 당연하게 요구할 수 없다. 안정형이나 불안형은 기본적으로 상대와 가까워지고 싶어 한다. 하지만 회피형은 기본적으로 가까워지기를 피한다. 그들의 뇌에도 누군가에게 애착을 느끼고 싶어 하는 기본적인 메커니즘은 있다. 그리고 그들 역시 애착과 사랑에 대한 욕구를 느낀다. 하지만 실제로 친밀한 사이가 되면 그들은 종종 숨이 막힌 것처럼 괴로워한다.

회피형에게는 텔레비전 채널을 선택하거나 아이를 기르는 방식을 결정하기 위해 나누는 일상적인 대화조차 공간과 독립성을 확보하기 위한 협상에 지나지 않는다. 회피형인 사람들에게는 종종 그들이 바라는 대로 해줄 수밖에 없다. 그러지 않으면 그들은 멀어져 버리기 때문이다.

연구 결과에 따르면 대부분의 회피형은 연인 관계를 기피한다고 한다. 그들에게는 누군가와 자신을 묶는 실이 없기 때문이다.

B 그룹에서 23점 이상 나온 경우 이 그룹에서 높은 점수를 받은

파트너 혹은 데이트 상대는 안정형이다. 안정형은 파트너와 가까워지고 싶어 하면서도 파트너로부터 거절당할까 봐 지나치게 민감하게 굴지는 않는다. 그들은 의사소통에 대단히 능하며, 상대를 비난하지 않고도 자신이 원하는 바를 효과적으로 전달한다. 이런 유형의 사람과 가까워지면 친밀감을 얻기 위한 협상을 벌일 필요가 없다. 친밀감은 이미 주어져 있는 것이나 마찬가지이기 때문이다. 이런 안정감이 주는 자유를 통해 더 즐겁게 살고 더 성숙해질 수 있다. 그들은 파트너의 의견에 귀 기울이며 서로에게 이로운 방향으로 일을 해결하고자 노력한다. 그들은 파트너의 행복이 곧 자신의 행복이라는 연인 관계의 의미를 본능적으로 아는 사람들이다. 그들의 그런 자질 덕분에 파트너는 가장 솔직한 자신을 드러내 보일 수 있다. 연구에 따르면 그것이 서로의 건강과 행복에 가장 중요한 요소라고 한다.

　　C 그룹에서 23점 이상 나온 경우　이 그룹에서 높은 점수를 받은 파트너 혹은 데이트 상대는 불안형에 해당한다. 파트너가 불안형의 사고방식을 받아들이고자 노력할 수만 있다면 그렇게 나쁜 유형은 아니다. 불안형인 사람들은 친밀감을 갈망하며 그 친밀감을 위협하는 사소한 일에도 아주 민감하게 반응한다. 가끔은 파트너의 무의식적인 행동까지도 관계를 위협하는 행동으로 해석한다. 위협을 느끼면 불안에 휩싸이지만 그 불안감을 효과적으로 전달하기 위한 기술은 가지지 못했다. 대신 연기를 하

거나 극적인 행동을 보인다. 그 결과 사소한 일에 더 민감해지고 긴장도 더 심해져서 감정의 악순환에 빠질 가능성도 있다. 이런 말들이 불안형을 다소 부정적인 유형으로 보이게 할 수도 있을 것이다. 하지만 관계를 정리하겠다고 결심하기 전에 다시 한번 생각해 볼 필요가 있다. 만약 두려움을 없애줄 수 있을 정도로 세심하게 보살펴 준다면 불안형은 사랑이 넘치고 헌신적인 파트너가 되어줄 것이다. 실제로 이는 별로 어렵지 않다. 파트너가 자신을 안심시켜 주고 따뜻하게 보살펴 주기를 바라는 불안형의 기본적인 욕구만 만족시켜 준다면 불안형의 예민함은 정반대의 훌륭한 자질로 변할 수 있다. 불안형은 파트너의 욕구에 세심하게 반응하고, 파트너를 헌신적으로 도와줄 것이다. 게다가 시간이 지날수록 불안형은 차츰차츰 자신의 두려움이나 감정을 전달하는 방법을 배워나가면서 파트너가 불안형의 심리를 추측하기 위해 들여야 하는 노력도 줄일 수 있을 것이다.

애착 유형을 구별하는 5가지 황금률

아직도 파트너의 애착 유형이 긴가민가한 사람은 다음에 정리해 놓은 다섯 가지 황금률의 도움을 받으면 된다.

1. 친밀감을 원하는 사람인지 확인하자

제일 먼저 던져봐야 하는 질문이며 가장 중요한 문제다. 모든 특성과 행동은 이 문제로부터 비롯된다. 만약 "그렇다"가 답이면 당신의 파트너는 안정형이거나 불안형이다. 하지만 상대가 답하기 전에 미리 어떤 유형을 예상해서는 안 된다. 세상에는 완벽한 회피형도, 안정형도, 불안형도 존재하지 않기 때문이다. 어떤 이는 다소 거만하고 자기 확신에 차 있으면서 동시에 친밀감을 갈망할 수도 있다. 반면 소극적이고 서투른 사람이 친밀감을 거부할 수도 있다.

자신에게 질문해 보자. 파트너의 어떤 행동을 보고 친밀감에 대한 그의 태도를 확인할 수 있었는가? 친밀감을 줄이기 위해 그가 어떤 행동을 하거나 하지 않았던 적은 없었나?

파트너에게 과거의 결혼 생활로부터 얻은 아이가 있다고 가정해 보자. 그는 아이들에게 자신의 새로운 파트너를 소개하기에는 아직 이르다고 생각할 수도 있다. 아이들의 행복을 바라는 그로서는 당연한 선택일 것이다. 하지만 그것은 파트너와 적당한 거리를 유지하며 자신만의 독립된 삶을 지키기 위한 방법일지도 모른다. 이때에는 그의 행동이 어떤 쪽을 의미하는지 전체적인 그림을 보고 판단해야 한다. 만난 지 오래된 진지한 사이인데도 소개해 주지 않는다면 과연 그것이 아이들을 보호하기 위한 선택일까? 관계 초기라면 이해가 되지만 2년 넘게 만난 사이라면 문제가 있는 행동이다. 다른 친한 친구들이나 가족들을 소개해 준 적은 있는가? 아이들을 소개해 줄 수 없는 이유를 설명하고 당신의 서운한 감정을 이해해 줌으로써 당신의 행복도 걱정해 주었는가? 이 질문들에 한 번이라도 "아니요"라는 답이 나왔다면 그는 아이들을 최우선으로 생각하는 게 아니라 단지 친밀감을 거부하는 것이다.

2. 관계에 집착하고 거절에 민감하게 반응하는지 알아보자

파트너가 당신이 하는 말에 쉽게 상처받는가? 당신과의 미래에 대해 걱정이 많은가? 당신이 자신만 바라볼 정도로 사랑하는지 불안해하는가? 자신과 의논하지 않고 당신 혼자 결정을 내릴 때처럼, 거리감을 주는 사소한 행동들에 아주 민감하게 반응하는가? 이 질문들에 대한 답이 "그렇다"이면 그는 불안형일 확률이 높다.

3. 하나의 '증상'만 보지 말고 다양한 신호들을 살피자

한 가지 행동이나 태도, 신념만 보고 파트너의 애착 유형을 파악하기는 어렵다. 한 가지 설명만으로 유형을 정의할 수는 없기 때문이다. 그래서 여러 행동과 태도를 종합했을 때 드러나는 일관성을 봐야 한다. 전체적인 그림을 봐야만 진실을 알 수 있기 때문이다.

파트너의 아이들을 만날 수 없다는 사실이 불만일 수도 있다. 하지만 그가 당신의 불만을 들어주고 다른 방식으로 자신의 삶을 공유한다면 그것 또한 친밀감을 표현하는 한 가지 방법이다.

4. 효과적인 의사소통에 대한 반응을 살피자

파트너의 애착 유형을 파악하기 위한 방법 중 가장 중요한 지점이다. 연인에게 욕구, 생각, 감정을 표현하는 일을 결코 두려워하지 말자.

사람들이 누군가를 사귈 때 자기 검열을 하는 이유는 여러 가지다. 지나치게 간절해 보이거나 애정을 갈구하는 것처럼 보이고 싶지 않기 때문일 수도 있고, 말하려는 내용이 아직 시기상조처럼 느껴지기 때문일 수도 있다. 하지만 솔직한 감정 표현은 유용한 리트머스 시험지 역할을 한다. 당신의 욕구에 파트너가 어떻게 반응하는지 눈으로 직접 확인할 수 있기 때문이다. 이때 보이는 반응은 파트너의 다른 그 어떤 자발적인 행위보다 많은 정보를 담고 있다.

○ **안정형 파트너라면** 당신을 이해하고 당신의 욕구를 채워주기 위해 최선을 다할 것이다.

○ **불안형 파트너라면** 당신을 자신의 롤 모델로 삼을 것이다. 당신과의 친밀감이 훨씬 더 높아졌다고 좋아하면서, 더 솔직해질 것이다.

○ **회피형 파트너라면** 당신이 감정을 드러냄으로써 높아진 친밀감을 불편하게 여길 것이다. 그리고 다음 중 한 가지 반응을 보일 것이다.

▶ "넌 너무 예민해. 바라는 것도 너무 많고 항상 애정에 굶주려 있어."

▶ "더 얘기하기 싫다."

▶ "분석 좀 그만해!"

▶ "나한테 뭘 바라는 거야? 난 잘못 없어."

그는 당신이 가진 욕구의 일부만 재고해 본 뒤 금방 다시 포기해버릴 것이다.

▶ "아, 진짜. 미안하다고 했잖아."

5. 말이나 행동을 하지 않는 때를 주목하자

파트너는 어떤 말이나 행동을 하지 않음으로써 메시지를 전달할 수도 있다. 그때는 자신의 직감을 믿으면 된다. 다음의 사례를 살펴보자.

새해 전날 밤 롭은 여자 친구에게 키스하며 "오늘을 함께할 수 있어서 기뻐. 앞으로도 계속 너와 함께 새해를 맞이하고 싶어"라고 말했다. 하지만 그런 그에게 여자 친구는 답례 키스만 해주었을 뿐 아무 말도 하지 않았다. 두 달 후 그들은 헤어지게 되었다.

말다툼 중 팻은 남자 친구 짐에게 항상 약속 없이 불쑥 만나는 게 싫다고 불만을 토로했다. 미리 계획을 세워서 만나면 더 편하고 안정적일 것 같다고 말했다. 짐은 별 대답 없이 화제를 돌렸다. 그리고 그 뒤에도 평소처럼 계속 만나기 직전이 되어서야 전화했다. 팻은 다시 한번 짐에게 문제를 제기했지만 그는 계속 팻의 요구를 무시했다. 결국 팻은 짐을 떠났다.

위의 경우들에서 롭의 여자 친구나 짐의 침묵은 어떤 말보다 중요한 의사표현이다.

상대방의 애착 유형을 알아낼 수 있는 커닝 페이퍼

회피형	안정형	불안형
헷갈리는 신호를 보낸다.	신뢰감을 주며 한결 같다.	친밀감에 대한 욕구가 크다.
자신의 독립성을 가장 중요시한다.	어떤 일을 결정할 때 당신의 의사를 묻는다.	거절을 두려워하거나 불안해한다.
당신 혹은 전 파트너를 평가절하한다.	연애에 대해 유연한 사고방식을 갖고 있다.	연애하지 않으면 불행해한다.
감정적으로나 육체적으로 거리를 둔다.	관계에 대해 대화를 나누는 데 능숙하다.	주의와 관심을 끌려고 잔꾀를 부린다.

경계를 강조한다.	말다툼 중에도 타협에 이를 수 있다.	문제를 잘 설명하지 못하고 당신이 짐작해 주길 바란다.
비현실적으로 낭만적인 연애를 꿈꾼다.	헌신이나 의존을 두려워하지 않는다.	당신에게 맞춰 연기를 한다.
의심이 많다. 파트너에게 이용당할까 바 두려워한다.	연애가 힘들다고 생각하지 않는다.	문제를 전부 자기중심적으로 왜곡한다.
연애에 대한 고정관념과 단호한 원칙을 갖고 있다.	친밀감은 더 높은 친밀감을 낳는다.	당신에게 주도권을 맡긴다.
의견 충돌이 생기면 도망가거나 폭발한다.	일찍부터 친구나 가족에게 당신을 소개한다.	연인 관계에 대해 지나치게 신경 쓴다.
의도를 명확하게 표현하지 않는다.	자연스럽게 감정을 표현한다.	작은 행동으로 관계를 망칠까 봐 두려워한다. 계속 당신의 관심을 얻기 위해 열심히 노력해야 한다고 생각한다.
관계에 대해 대화하는 것 자체를 힘들어한다.	잔꾀를 부리지 않는다.	당신이 바람피울까 봐 의심한다.

> **총정리**
> **- 상대방의 애착 유형을 알려주는 황금률 5가지**
>
> ① 친밀감을 원하는 사람인지 확인하자.
> ② 관계에 집착하고 거절에 민감하게 반응하는지 알아보자.
> ③ 하나의 '증상'만 보지 말고 다양한 신호들을 살피자.
> ④ 효과적인 의사소통에 대한 반응을 살피자.
> ⑤ 말이나 행동을 하지 않는 때를 주목하자.

실제 사례에서 배우는 애착 유형 워크숍

다음의 기록들을 살펴보고 각 경우의 애착 유형을 추측해 보자. 자신의 판단력을 시험해 보고 싶다면 답지를 가린 채 각 유형의 특징과 방금 배운 황금률을 떠올려 보자.

1. 배리, 이혼남, 46세

관계? 지금 그런 이야기는 듣고 싶지 않다. 내겐 아직도 이혼의 상처가 남아 있다. 지금은 결혼 생활로 허비한 시간을 되찾고 싶을 뿐이다. 여자가 날 원할 때의 기분도 다시 느끼고 싶고, 섹스도 많이 하고 싶다. 하지만 항상 조심해야 한다. 연애를 시작하는 순간부터 여자들은 내가 자기 아이들에게 얼마나 좋은 아빠가 되어줄지 온갖 상상의 나래를 펼치기 때문이다. 사귄 지 이제 1년 정도 된 케이틀린은 좋은 점이 많은 여자다. 물론 그녀가 좀 더 진지한 관계를 원한다는 것도 안다. 하지만 여자에 대한 신뢰나 헌신, 사랑이 회복되려면 아직도 많은 시간이 필요하다. 하지만 그때가 되어도 내가 원하지 않는 것과 결코 양보할 수 없는 것은 똑같이 존재할 테다. 예를 들면 나와 만나고 싶은 여자는 경제적으로 자립할 수 있는 사람이어야 한다. 내 돈줄을 말리는 여자라면 이미 전처로도 충분하다. 그런 여자를 둘이나 두고 싶진 않다. 그 외에도 확실히 선을 그어두고 싶은 부분들이 있다.

▶ **정답: 회피형** 이혼한 지 얼마 되지 않은 남자가 조심스러운 태도를 보이는 것은 당연해 보일 수도 있다. 하지만 별다른 반증의 단서가 나타나지 않는 이상 그는 분명 회피형이다. 그는 사랑에 빠져 있으면서도 어떤 부분은 절대 양보할 수 없다고 말한다. 그는 독립성을 중요시하고 의심이 많은 사람이다. 그는 "자기 아이들"이라고 표현했다. 파트너가 이전에 결혼했던 남자와의 사이에서 낳은 아이들일지도 모르겠다. 하지만 상황이 어떻든 간에 그는 공동으로 양육해야 할 아이들에게 "자기 아이들"이란 말로 분명한 거리감을 표현했다. 또한 그는 결혼을 명분으로 여자들이 자신을 구속하고 자신의 돈을 빼앗아갈까 봐 걱정한다.

친밀감을 원하는 사람인지 확인해 보라고 한 첫 번째 황금률을 다시 떠올려 보자. 분명 그는 친밀감을 원하지 않는 사람이다. 그는 누군가가 자신을 찾아주길 바라고 섹스도 많이 하고 싶어 하지만 감정적인 지지나 친밀감에 대해서는 한마디도 하지 않았다.

2. 벨라, 싱글, 24세

마크와 나는 사귄 지 1년 반 정도 되었다. 우리는 아주 행복하다. 물론 처음부터 좋았던 것은 아니다. 처음에는 마크가 좀 못마땅했다. 한 예로 처음 만났을 때 마크는 섹스 경험이 많지 않았다. 솔직히 말하면 내가 전부 가르쳐야만 했다. 남은 인생을 욕구불만에 시달리면서 살고 싶지는 않았으니까. 하지만 그것도 다 옛날 이야기다. 나는 마크보다 성격이 거친 편이었다. 처음에는 현실적이고 진지한 마크가 별로였다. 하지만 지금은 이보다 더 좋을 수는 없다. 마크는 따뜻하고 의지가 되는 사람이다. 그건 아주 귀한 자질이다. 난 그를 몹시 사랑한다.

▶ **정답: 안정형** 벨라가 안정형이라는 가장 명확하고 확실한 단서는 그가 마크의 잠자리를 지도해 주었다는 사실에 있다. 이는 문제가 있을 때 상대방과 분명하고 효과적으로 소통한 아주 좋은 예다. 그녀는 문제를 피하지 않고 해결하기 위해 노력했고 반드시 문제를 해결할 수 있다고 믿었다. 벨라가 불안형이었

다면 그녀는 마크의 문제를 자신의 탓으로 돌렸을 것이다. 잠자리에서 자신을 기쁘게 해주고 싶을 만큼 마크가 자신에게 매력을 느끼는 것은 아니라고 결론지었을지도 모른다. 아니면 관계를 악화시키지 않기 위해 억지로 웃으며 넘어가려고 했을지도 모른다. 반대로 벨라가 회피형이었다면 그녀는 자신을 원망하는 대신 마크의 약점을 비웃으며 그와 거리를 두려고 했을 것이다. 그리고 실제와 달리 잠자리에서 마크를 지도해 주지도 않았을 것이다. 또 벨라에게는 여자와 남자 사이에 대한 고정관념이 없다. 마크가 자신의 "이상형"은 아니었지만 주저 없이 자신의 선입견을 접었고 지금은 그 선택에 매우 만족해한다. 그녀가 회피형이었다면 마크에게 이용당해 자신의 이상형을 포기했다고 생각했을 것이다. 마지막으로 벨라는 마크에 대한 감정을 솔직하고 자연스럽게 표현할 줄 안다.

3. 재닛, 싱글, 23세

드디어 마음에 드는 남자를 만났다. 정말로 멋진 남자다. 데이트 두 번 만에 벌써 팀을 사랑하게 된 것 같다. 나와 어울리는 사람을 찾기란 정말 어려웠다. 난 특정한 타입의 남자만 좋아하는데 그런 타입의 남자가 나를 좋아해 줄 확률이 얼마나 되겠는가? 그런 쪽으로는 별로 운이 없는 편이다. 이제 팀도 만났으니 제대로 잘해 볼 생각이다. 어떤 실수도 용납되지 않는다. 한 번의 실수에도 관계가 위태로워질 수 있기 때문이다. 지금도 아쉬운 사람처럼 보이기 싫어서 그가 관계를 리드해 주길 기다리는 중이다. 그래도 문자를 보내는 것 정도는 괜찮지 않을까? 그 정도는 자연스러워 보이지 않을까? 아니면 단체 메일인양 웃기는 이야기를 적은 이메일을 보내볼까?

▶ **정답: 불안형** 재닛은 전형적인 불안형이다. 그녀는 친밀감을 갈망하고, 자신이 불완전하다고 느끼며, 파트너와의 관계에 집착한다. 솔직히 어떤 애착 유형의 사람이든 처음 몇 번의 데이트를 하는 동안은 상대방에게 푹 빠져 많은 생각을 하게 마련이다. 하지만 재닛은 그 수준을 넘어섰다. 그녀는 팀과의 관계를 지나칠 정도로 귀하고 조심스럽게 여긴다. 그리고 자신이 조금만 잘못 행동해도 관계가 망가질 것처럼 생각한다. 이렇게 생각하기 시작하면 "실수"를 저지르지 않기 위해 자신의 모든 행동을 일일이 따져보게 된다. 또한 재닛은 팀이 주도권을 쥐길 바란다. 마지막으로 그녀는 자신감이 없기 때문에 팀에게 직접 연락할 용기를 내지 못하고 단체 메일을 핑계로 팀에게 간접적으로 연락하는 식의 잔꾀를 부린다.

4. 폴, 싱글, 37세

방금 아만다와의 관계를 정리했다. 상심이 크긴 하지만 어차피 오래갈 인연은 아니었다. 사귄 기간은 두 달 정도다. 처음에 그녀는 정말 내가 꿈에 그리던 여자처럼 보였다. 하지만 곧 그녀의 단점들이 눈에 들어오기 시작했다. 한 예로 그녀는 성형 수술을 한 티가 심하게 났다. 정말 실망스러웠다. 그리고 그녀에게는 자기 자신에 대한 확신도 없었다. 매력 없는 여자라고 느껴졌다. 나는 한 번 마음이 떠난 사람과는 한순간도 더 같이 있기가 싫다. 다른 사람을 찾아보는 수밖에 없다. 나에게 딱 맞는 여자가 어딘가에서 나를 기다리고 있을 것이디. 아무리 오랜 시간이 걸리더라도 나는 결국 그녀를 만나게 될 것이고 그녀와 함께하게 될 것이다. 본능적으로 알 수 있다. 지금도 그녀의 미소와 손길을 느낄 수 있다. 그녀를 만나면 나는 영혼의 안정과 평안을 찾게 될 것이다. 수만 번 실패하더라도 나는 계속 그녀를 찾아 헤맬 것이다.

▶ **정답: 회피형** 답이 이해가 가지 않을 수도 있다. 폴은 꿈 속의 여인을 갈망하기 때문에 안정형이나 불안형이어야 하지 않을까? 아니다. 이상적인 "진실한 사랑"을 묘사하는 그의 말이 위험을 알리는 신호임을 감지할 수 있어야 한다. 각각의 애착 유형은 각기 다른 방식으로 자신에게 애인이 없는 이유를 설명한다. 불안형은 자신에게 잘못이 있다고 생각하고, 안정형은 좀 더 현실적으로 접근하며, 회피형은 주로 폴처럼 이야기한다. 그들은 자신이 싱글인 이유가 아직 자신에게 딱 맞는 사람을 만나지 못했기 때문이라며 외부 환경을 탓한다. 이런 경우를 통해 말로 표현되지 않은 내용을 알아내는 연습을 해야 한다. 왜 폴이 수많

은 여자를 만나보고도 아직 자신의 "반쪽"을 찾지 못했는지 잘 이해되지 않는다면 행간의 의미를 읽어볼 필요가 있다. 아만다와의 관계를 설명하는 폴의 방식에서도 힌트를 얻을 수 있다. 처음에 그는 아만다를 무척 좋아했다. 그러다가 사이가 가까워지자 그녀에게서 자신이 싫어하는 점들을 찾아내기 시작했다. 사이가 너무 가깝다고 느낄 때 파트너를 평가절하하기 시작하는 것은 회피형의 전형적인 모습이다. 회피형은 심리적인 거리감을 확보하기 위해 파트너를 평가절하하는 방법을 사용한다.

5. 로건, 싱글, 34세

지금까지 사귄 여자는 메리를 포함해 전부 세 명이다. 2년 전쯤 메리를 처음 만났을 때 그녀는 내 과거를 계속 캐물으며 불안해했다. 나중에 내가 모든 과거를 숨김없이 털어놓았다는 것을 깨닫자 오히려 어리둥절해하며 그동안 허전하지 않았느냐고 물어보았다. 너무 오랫동안 혼자로 지냈다는 사실을 불안해했던 적은 없었나? 다른 사람을 만나지 못할까 봐 불안했던 적은 없었나? 하지만 솔직히 새로운 사람을 만나지 못할까 봐 걱정해본 적은 한 번도 없었다. 물론 상심에 빠져 있었던 때도 있었지만 때가 되면 누군가를 만나게 되리라 생각했다. 실제로 메리를 만나지 않았나. 나는 메리를 보자마자 사랑에 빠져 그녀에게 고백했다. 그녀가 언제 대답해 주었느냐고? 정확히 기억나지는 않지만 난 그녀가 대답해 주기 전부터 그녀도 같은 마음이라는 것을 알고 있었다.

▶ **정답: 안정형** 로건이 안정형이라는 단서는 많다. 먼저 불안형은 아니다. 그는 관계에 집착하지도 않고 혼자가 될까 봐 두려워하지도 않는다(반면 그의 여자 친구 메리는 불안형인 것 같다). 그렇다면 로건은 회피형와 안정형 중 어느 쪽일까? 단서들은 그가 회피형은 아니라고 말해 준다. 그는 메리에게 자신의 과거를 터놓았으며 자기 패를 모두 보여주었고 그녀의 참견에도 개의치 않았다(마찬가지로 불안형들이 흔히 하는 것처럼 자신의 과거를 포장하지도 않았다). 그는 별 부담 없이 메리에 대한 감정을 일찍부터 표현했다. 안정형의 전형적인 모습이다. 그가 회피형이었다면 헷갈리는 신호를 보냈을 것이다. 메리의 대답을 언제 들었는지 기억도 제대로 못 하는 그는 잔꾀를 부릴 사람도 아니다. 그는 불안감에 시달리지 않으며 솔직하고 진실한 태도를 지녔다.

6. 수잔느, 싱글, 33세

올해 밸런타인데이는 내가 배우자를 찾으리라는 신호가 될 것이다. 이제 외로움도 지겹다. 빈집에 혼자 들어가고, 영화도 혼자 보고, 섹스도 자위로 해결하거나 처음 보는 사람과만 하는 내 상황이 지긋지긋하다. 올해 나는 내 남자가 될 멋진 사람을 찾고 말 것이다! 그동안 나는 남자들에게 모든 것을 바쳤다가 상처만 받았다. 좋은 사람을 만날 수 있다는 믿음도 사라졌다. 하지만 상처에 대한 두려움은 극복하고 말 테다. 내겐 세상으로 나가고자 하는 의지가 있다. 모험을 감수하거나 누군가에게 홀딱 반할 준비도 되어 있다. 고통 없이는 얻는 것도 없다는 사실을 잘 알고 있다. 내 마음에 누군가가 들어올 수 있는 기회를 만드는 것도 나 자신이다. 나는 절망에 굴복하지 않을 것이다. 난 행복을 누릴 자격이 있으니까!

▶ **정답: 불안형**   수잔느는 상처가 많은 불안형이 분명하다. 그녀는 맹목적으로 누군가를 만나려 한다. 밖으로 나가 소울메이트를 찾고 싶어 하지만 애착 원리를 잘 모르기 때문에 어떤 사람을 피하거나 신뢰해야 하는지 모르는 상태다. 수잔느는 앞의 폴과는 정반대다. 그녀는 굳이 "이상형"을 찾으려 하지 않는다. 그런데도 그녀가 왜 원하는 남자를 만날 수 없었는지 추측해 보자. 무엇이 문제였을까. 파트너에게 너무 가까이 다가갔다가 상처를 입었던 적이 있는데도 계속 친밀감을 갈망했기 때문이었을 것이다. 폴은 "완벽한 상대"가 아니라면 가까이 다가가지 않는다. 이 책은 그와 반대인 수잔느와 같은 사람들을 위해 쓴 것이다. 그녀는 절망적일 정도로 누군가를 만나고 싶어 한다. 하지만 여러 번 상처받은 과거 때문에 또 거부당할까 봐 매우 두려워하기도 한다. 그녀는 남자를 잘못 만나 많은 고통을 겪었다. 상처가 두려워 누군가를 만나는 것도 포기했을 정도다. 하지만 친밀감을 갈망할 수밖에 없는 그녀는 여전히 외롭고 불완전하다

고 느낀다. 그래도 아직까지 자신에게 어울리는 남자를 알아볼 수 있는 눈은 없다.

우리는 수잔느와 같은 사람들이 성인 애착 이론을 활용한 지식으로 복잡한 연애의 세계에서 살아남는 과정을 지켜보았다. 결국 그들은 회피형 남자를 피해 자신을 온전히 감싸안을 수 있는 안정형 파트너를 찾아낼 수 있었다.

Chapter 3

17세기 철학자 바뤼흐 스피노자Baruch Spinoza는 "모든 행복이나 불행은 오로지 우리가 사랑하는 대상의 성질에 달렸다"라고 말했다. 이 말처럼 파트너를 선택할 때는 신중해야 한다. 바로 자신의 행복이 걸려 있기 때문이다. 불행도 때로는 각오해야 하는 선택이다. 특히 그 선택에 영향을 더 많이 받는 쪽은 불안형이다. 애착 체계를 배우기 전 그들은 상처투성이인 경우가 많다. 에밀리 또한 그랬다.

연애가 힘든 만큼 인생도 힘든 유형

에밀리는 정신의학 전문의 과정을 밟으면서 동시에 정신분석가를 꿈꾸었다. 하지만 정신분석학 수업을 들으려면 적어도 1년 이상 정신분석 치료를 받아본 경험이 필요했다. 그녀는 일주일에

네 번 정도 정신분석 치료를 받으러 다니며 자신을 분석해 나갔다. 소파에 기대어 머릿속에 떠오르는 것을 모두 털어놓으면 되었다. 처음에 에밀리는 좋은 경과를 보였다. 실제로 에밀리의 정신분석가는 2년이면 모든 분석이 끝날 것으로 생각했다. 최소 4, 5년은 걸리는 보통의 사례들을 생각한다면 전례 없는 경우였다.

그러다 에밀리는 데이비드를 만나 눈 깜빡할 사이에 사랑에 빠지고 말았다. 욕심 많은 배우였던 데이비드는 에밀리에게 나쁜 영향을 끼쳤다. 그는 에밀리에게 애매모호한 태도를 보였고 에밀리를 점점 불안하게 만들었다. 그의 그런 태도는 에밀리가 극도로 불안정한 상태가 될 때까지 계속되었다. 에밀리는 우리와 센트럴파크 저수지 주변을 운동 삼아 달렸는데, 그때마다 직장에서 쓰는 무선 호출기와 휴대전화를 들고 나왔다. 그리고는 데이비드에게서 연락이 왔는지 보려고 몇 분마다 호출기와 휴대전화를 번갈아 가며 확인했다. 직장에서도 마찬가지였다. 당시는 막 인터넷이 생겨났을 무렵이었다. 에밀리는 데이비드가 자주 드나드는 채팅방에 들어가 다른 사람인 척 그에게 말을 걸며 계속 그를 감시했다. 간단히 말해 그에게 집착하고 있었다.

정신분석가는 자신의 환자 가운데 가장 예후가 좋았던 그녀가 왜 이토록 끔찍한 변화를 겪게 되었는지 알 수 없었다. 강인하고 흔들림 없는 사람이었던 에밀리는 정서적인 면과 대인 관계에서 불안감을 보이는 경계선 인격 장애를 앓는 사람처럼 변해갔다. 이제는 그녀의 분석에 몇 년이 걸릴지 예상할 수 없었다.

탁월한 우주적 직관의 소유자들

에밀리에게 처음부터 마조히즘적 도착증이나 경계선 인격 장애가 있었던 것은 아니다. 단지 그녀의 애착 체계가 활성화되었던 것뿐이다. 에밀리 같은 불안형의 애착 체계는 매우 예민하다. 앞에서 살펴보았듯이 애착 체계란 뇌의 메커니즘으로 애착 대상의 안전과 관심을 관찰하고 감시하는 일을 책임지는 부분이다. 그래서 관계를 위협하는 요소를 감지하는 특별한 능력을 지닌 불안형들의 애착 체계는 사소한 전조에도 금방 활성화된다. 애착 체계가 한번 활성화되면 그들은 파트너가 자신의 곁을 지켜주고 있으며 관계가 안정을 되찾았다는 확신이 들 때까지 안심하지 못한다. 다른 애착 유형들도 활발한 애착 체계를 갖고 있을 수 있다. 하지만 불안형의 애착 체계처럼 미묘한 부분까지 감지하지는 못할 것이다.

미국 일리노이 대학 어바나 캠퍼스의 연구소에 있는 크리스 프레일리Chris Fraley와 프랑스 파스칼 대학의 폴라 니덴탈Paula Niedenthal이 공동으로 진행한 연구에는 불안형이 얼마나 민감한 사람들인지 잘 나와 있다. 그들은 모핑 영상morph movie 기술을 이용해 불안형이 사회적 신호를 어느 정도로 주의 깊게 살펴보는지 측정하는 독자적인 방법을 만들어냈다. 영상의 시작 화면에는 특정한 표정, 예를 들어 화난 표정을 짓고 있는 얼굴이 나온다. 그리고 영상이 재생되면서 그 표정은 점점 무표정으로 바뀐다. 연구자들은 실험 참가자들에게 처음에 본 표정이 사라졌다고 생각하는 순간 화면을 정지시키라고 했다. 이 실험을 통해 프레일리와 니덴탈은 불안형이 다른 유형보다 표정 변화를 더 일찍 감지한다는 사실을 발견했다. 순서를 바꾸어 무표정에서 미리 알려준 표정으로 서서히 변화하는 영상을 보여주었을 때도 마찬가지였다. 불안형에 가까운 사람일수록 더 일찍 표정 변화를 감지했다. 이는 불안형이 다른 유형들보다 상대방의 표정 변화에 더 민감하게 반응하고 상대방이 주는 신호를 더 정확하고 예민하게 파악한다는 사실을 암시한다.

그러나 여기에는 함정이 있다. 연구에 따르면 불안형은 성급한 결론을 내리는 경향을 보였으며 그럴 때는 대개 다른 사람들의 감정 상태를 잘못 해석할 확률이 높았다. 그래서 불안형 실험 참가자들은 다른 유형의 실험 참가자들보다 더 많은 정보를 습득한 후 천천히―실험에서 그들은 변화를 포착해도 바로 반응할 수 없었으며 좀 더 기다린 뒤 반응해야 했다―결론을 내린 경우에만 불안형만의 유리한 능력을 발휘할 수 있었다. 이는 불안형에게 매우 중요한 교훈이다. 결론을 내리기 전에 좀 더 인내심을 가진다면 불안형은 주변 세상을 해석하는 초자연적인 능력을 훨씬 효과적으로 사용할 수 있다는 말이기 때문이다. 반대로 성급하게 행동한다면 오해와 상처만 받고 관계가 끝날 수도 있다.

한번 애착 체계가 활성화되면 불안형의 머릿속은 오로지

파트너와의 친밀감을 회복하겠다는 생각으로 가득 차게 된다. 이런 생각을 활성화 전략activating strategies이라고 한다.

활성화 전략이란 불안형에게 육체적으로나 정신적으로 파트너와 가까워져야만 한다고 자극하는 생각이나 감정을 일컫는 말이다. 그러므로 파트너가 관계를 안정된 상태로 회복시켜 주면 불안형은 평소의 침착한 상태로 돌아갈 수 있다.

활성화 전략이란?

파트너와의 친밀감에 대한 욕구를 부추기는 생각이나 감정

- 파트너를 생각하느라 다른 일에 집중하기 어려움.
- 파트너의 좋은 자질만 기억함.
- 파트너를 숭배함: 자신의 재능은 과소평가하고 파트너의 재능은 과대평가함.
- 파트너와 같이 있을 때만 불안감이 사라짐.
- 파트너가 자신을 사랑해 줄 유일한 사람이라고 믿으며 다음과 같이 생각함.
  "나와 어울릴 사람은 많지 않아. 그만 한 사람을 만날 기회가 흔하겠어?"
  "새로운 사람을 만나려면 또 몇 년이 걸릴 거야. 결국 혼자가 되겠지."
- 좀 불행하더라도 관계를 포기하면 안 된다고 믿으며 다

음과 같이 생각함.

"나와 헤어지고 다른 사람을 만나면 그 사람에게는 분명
히 나보다 더 잘해 줄 거야."

"그 사람도 바뀔 수 있어."

"어느 커플에게나 문제는 있어. 우리에게도 문제가 있는
선 당연해."

에밀리의 애착 체계는 예상된 반응을 보였다. 연애 중 그녀
는 데이비드가 오디션이 있다는 핑계를 대고 몇 시간씩 인터넷
으로 포르노물을 본다는 사실을 알게 되었다. 그리고 그가 인터
넷 채팅방에서 다른 여자들(에밀리가 가상으로 만들어낸 인물을 포함
해)에게 치근덕거린다는 사실도 알게 되었다. 이런 사실들을 알
게 된 에밀리는 위에서 설명한 활성화 전략에 완전히 지배당했
다. 그녀는 데이비드도 변할 수 있으며 누구에게나 단점은 있다
고 생각했다.

결국 그와의 인연을 끊을 용기를 모으기까지 1년이 넘는 시
간이 걸렸다. 그동안, 그리고 헤어지고 나서도 한동안, 에밀리는
정신분석 치료에서 계속 그에 관한 이야기만 해야 했다.

몇 년 후 훌륭한 남편을 만나 안정을 되찾은 그녀는 과거를
되돌아보며 황당해했다. 데이비드와 만나는 동안 자신이 보였
던 맹목적인 태도의 원인을 분석하고 치료하기 위해 얼마나 많

은 시간을 낭비했는지 모른다. 만약 그녀가 좀 더 좋은 남자, 즉 그녀의 애착 체계를 끊임없이 자극하지 않는 남자를 좀 더 빨리 만났더라면 아마도 피학적 경계선 인격 장애로 의심해 이를 치료하느라 낭비했던 시간을 아낄 수 있었을 것이다.

매번 애만 태우다 끝나는 행동 패턴

쉽게 애착을 느끼거나 예민한 애착 체계를 가진 사람은 애착 체계가 작동하는 방식에 대해 배울 필요가 있다. 자각하든 자각하지 못하든 에밀리 같은 불안형들의 애착 체계는 만성적으로 활성화되어 있다. 다음은 불안형의 애착 체계가 작동하는 방식을 차트로 정리한 것이다.

　　데이비드와 만나는 동안 에밀리는 위험 지대에 살고 있었다. 그녀는 안전 그물망 없이 줄타기 곡예를 하는 기분이었다. 끝없이 활성화 주기를 반복하면서 감정적 균형을 잃지 않으려고 몸부림쳐야 했다. 하지만 매번 겨우 일시적인 안정감을 맛볼 수 있을 뿐이었다. 그녀의 생각, 감정, 행동은 데이비드가 진심으로 자신의 곁에 있고 싶어 하지 않는다는 사실에 휘둘리기 시작했다. 그녀는 늘 데이비드와의 관계가 위기에 처해 있다고 생각했으며, 위기를 극복하기 위해 그와 더 가까워지려고 했다. 근무 시간에 인터넷 채팅방에서 신분을 감춘 채 데이비드를 만나

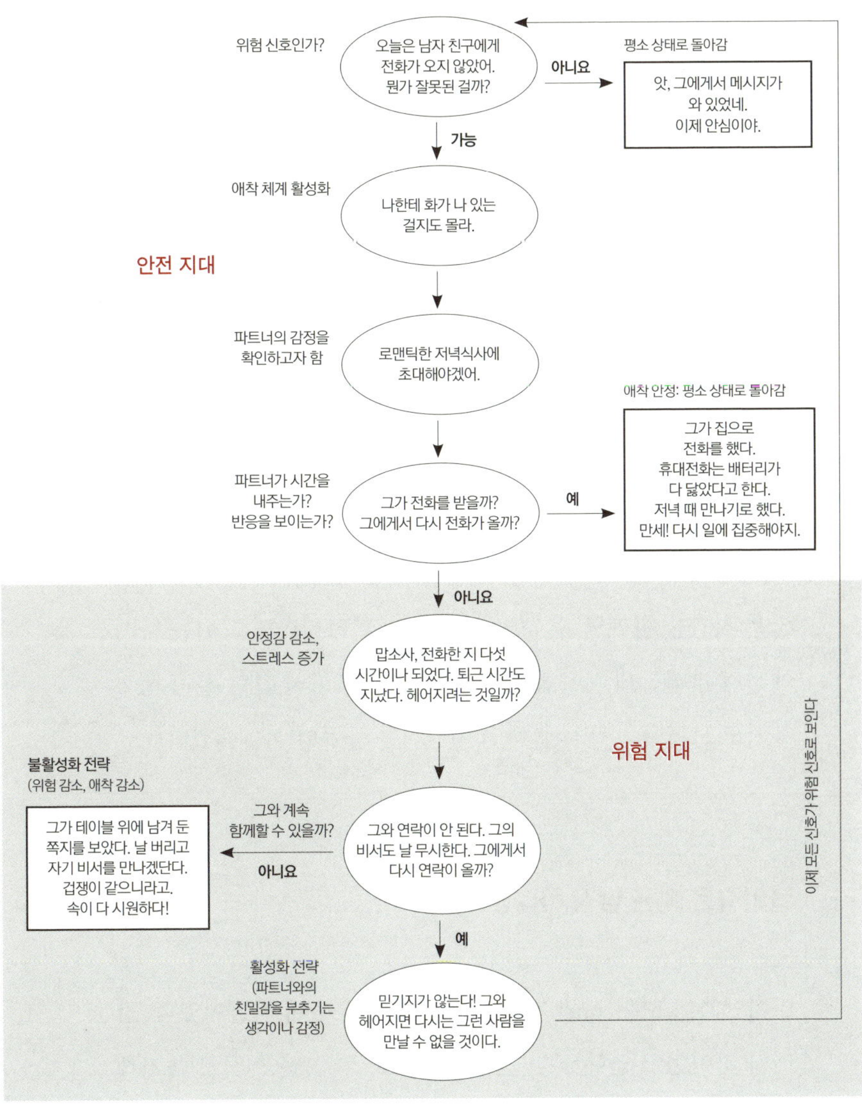

(셰이버와 미쿨린서 Shaver & Mikulincer의 통합 모델을 바탕으로 함)

거나 끊임없이 그의 행동을 분석하는 행동도 모두 그런 노력의 일환이었다. 그렇게라도 데이비드를 계속 생각하고 싶었던 것이다. 이렇듯 호들갑스러워 보이는 에밀리의 생각이나 행동, 즉 활성화 전략의 목적은 단 하나다. 바로 데이비드와의 친밀감을 회복하는 것이다. 에밀리가 데이비드와 더 자주 만날 수 있었더라면 활성화 전략이 통제 불가능할 정도로 악화되는 일은 막을 수 있었을 테다. 동시에 그녀의 마음도 안전 지대에 머물렀을 것이다.

이제 에밀리가 위험 지대에 빠질 일은 없다. 그녀를 사랑하고 보살피며, 가장 중요하게는 항상 그녀의 곁을 지켜주는 남편을 만났기 때문이다. 하지만 아직도 그녀는 활성화된 애착 체계의 영향력이 얼마나 강력한지 잘 알고 있다. 만약 데이비드처럼 많은 시간을 함께할 수 없는 남자를 또 만났더라면 그녀는 다시 예전처럼 집착에 사로잡혔을 수도 있다. 또다시 그런 일이 생겼을지도 모른다는 생각을 하면 에밀리는 등골이 서늘해졌다.

불안형은 빠른 답장 하나면 OK!

라이언과 쇼나는 사귄 지 서너 달 정도 된 사내 커플이었다. 그러다 라이언이 연봉도 더 높고 인지도도 더 높은 회사로 옮기게 되었다. 직장이 달라지면서 그들은 처음으로 근무시간 동안 떨어져 있게 되었다. 그리고 라이언이 첫 출장을 떠나게 되었다. 그리운 마음에 그가 처음으로 쇼나에게 전화를 걸었을 때였다. 신호가 두 번 울린 뒤 음성 메시지로 넘어갔다. 그는 뭔가 이상하다는 느낌이 들었고 기분이 상했지만 다시 전화를 걸어보았다. 그런데 이번에는 곧장 음성 메시지로 넘어갔다. 라이언은 아무 메시지도 남기지 않고 전화를 끊었다. 쇼나가 자신의 첫 번째 전화에는 "거부" 버튼을 누르고, 두 번째에는 아예 전원을 꺼버렸다는 사실이 불쾌했다. 그러고 나니 미팅에도 집중할 수가 없었다. 그는 남은 출장 기간 동안 다시는 쇼나에게 전화하지 않겠다고 결심했다. 하지만 다행스럽게도 한 시간 뒤 쇼나로부터 전화를 못 받아 미안하다는 문자가 왔다. 옆에 사장이 있어서 전화를 받을 수 없었다는 내용이었다. 문자를 받고 마음이 풀린 라이언은 바로 그녀에게 전화를 걸었다.

불안형인 라이언에게는 애착에 관계된 신호를 감지하는 육감이 발달했다. 여자 친구가 자신을 얼마나 신경 쓰는지 나타내는 것이라면 아주 사소한 부분까지 알아차린다. 그는 음성 메시지로 넘어가기 전 신호가 몇 번 울렸는지까지 기억하는 사람이다. 그리고 정확히, 쇼나가 처음에는 "거부" 버튼을 눌렀고 나중에는 전원을 꺼버렸다고 결론 내렸다. 다른 애착 유형을 가진 사람이라면 눈치 채지 못하고 지나쳤을 신호들이다. 게다가 쇼나와 같은 건물 3층 위에서 일하다가 새로운 직장으로 옮겨 첫 출장을 떠난 상황이었기 때문에 라이언은 특히 더 예민한 상태였다. 다행스러운 점은 쇼나가 안정형이라는 사실이다. 그녀는 특별한 노력을 들이지 않고도 효과적으로 라이언의 요구에 응답했다. 그에게 다시 연락을 취했으며 그의 불안을 달래주었다. 에밀리와 달리 라이언은 쉽게 위험 지대에 빠지지 않았다. 그의 불안을 가라앉혀 주는 안정형 파트너가 있었기 때문이다.

라이언과 쇼나의 경우에서 볼 수 있듯이 파트너가 조금만 안심시켜 주면 관계가 불안정하다고 느끼던 사람도 다시 평정심을 되찾을 수 있다. 쇼나가 라이언에게 보낸 문자 한 통처럼 말이다. 하지만 파트너가 자신을 안심시켜 주지 못하면 불안형의 근심은 빠른 속도로 늘어난다. 그리고 불안형의 애착 체계가 한번 활성화되면 간단한 문자는 아무런 해결책이 되지 못한다. 이는 아주 중요한 교훈이다. 어떤 유형이든 이 점을 잘 기억하고 있어야 한다. 당신이 파트너의 요구에 빨리 반응할수록, 그리고 파트너가 당신의 요구에 빨리 반응할수록, 두 사람은 나중에 에너지를 낭비하는 사태를 미리 막을 수 있다.

사실 쇼나가 문자를 보내지 않았더라면 라이언은 끝까지 일에 집중하지 못했을 것이다(활성화 전략). 그리고 나중에 쇼나로부터 전화가 왔을 때 일부러 더 냉정한 척하거나 화를 냈을지도 모른다(항의 행동). 어떤 경우든 관계에는 해로웠을 것이다.

항의 행동은 파트너와의 친밀감을 회복하고 파트너의 관심을 얻으려는 일체의 행동을 일컫는다. 이러한 항의 행동은 다양한 경위로 나타날 수 있다. 관심과 반응을 유도하기 위해 파트너

애착 체계가 자신을 지배하도록 내버려두는 항의 행동들

파트너와의 접촉을 유지하려는 지나친 노력: 계속 휴대전화만 들여다보며 수없이 부재중 전화, 문자, 이메일을 남김. 혹시 마주칠 수 있을까 해서 파트너의 직장 근처까지 배회함.

무관심한 척하기: 신문을 보는 데만 '몰두'한 채 아무 말도 하지 않고 앉아 있음. 다른 사람들과는 대화도 잘만 하면서 파트너에게는 말도 걸지 않고 무시함.

받은 만큼 되돌려주기: 파트너가 전화를 못 받았을 때에는 얼마 만에 다시 전화가 오는지 체크해서 나중에 파트너에게서 전화가 왔을 때도 딱 그만큼 기다렸다가 응답함. 파트너가 먼저 '화해'의 제스처를 보일 때까지 기다리며 그때까지는 냉정하게 대함. 쇼나에게 전화를 차단당했을 때 라이언이 아예 메시지를 남기지 않은 것도 받은 만큼 되돌려주려는 행위임. ("그녀가 내 전화를 받지 않겠다면 나도 그녀에게 메시지를 남기지 않겠어.")

적대적으로 행동하기: 파트너가 말할 때 눈을 굴리거나 다른 곳을 쳐다보거나 일어나서 방을 나가버림. (적대적인 행동은 곧바로 폭력으로 바뀔 수도 있다.)

이별로 협박하기: "우린 너무 많이 싸우는 것 같아. 더는 못 만나겠어." "우린 맞지 않을 줄 알았어." "헤어지는 편이 나를 위해서 더 좋을 것 같아." 이렇게 협박을 하면서도 실은 파트너가 잡아주길 바람.

속임수 사용하기: 바쁘거나 만나기 어려운 체함. 사실은 아무 일도 없으면서 바쁘다는 핑계로 파트너의 전화를 무시함.

질투심 유발하기: 예전 애인과 점심 약속을 한다거나 친구들과 싱글들끼리 가는 바에 다녀온 뒤 자신에게 작업을 걸었던 사람에 관해 늘어놓음.

에게 충격을 주는 행위라면 무엇이든 항의 행동으로 연결될 수 있다.

하지만 항의 행동과 활성화 전략은 관계에 해가 될 수도 있다. 그러므로 자신의 항의 행동과 활성화 전략을 알아차리는 일은 매우 중요하다. 항의 행동이나 활성화 전략은 파트너와 헤어지고 나서도 오랫동안 지속될 수 있다. 그것이 이별의 고통이다. 고통이 생기는 이유는 육체나 감정은 파트너를 되찾고 싶어 하지만 현실적으로는 더 이상 그럴 수 없기 때문이다. 아무리 이성적으로는 전 파트너를 잊어야 한다고 생각해도 애착 체계가 반드시 이성의 질서를 따르지는 않는다. 애착도 자기 나름의 경로와 스케줄에 따라 작동하기 때문이다. 그래서 파트너에 대한 생각을 오래도록 지울 수 없는 것이다.

불안형의 애착 체계는 만성적으로 활성화될 수 있다. 오므리 질라스Omri Gillath, 실비어 번지Silvia Bunge, 카터 벤델켄Carter Wendelken과 이미 잘 알려져 있는 두 학자 셰이버와 미쿨린서가 함께 설계한 연구에서는 이에 관한 흥미로운 증거들이 발견되었다. 그들은 스무 명의 여성들에게 여러 가지 연애 시나리오를 연상하라고 했다가 다시 연상을 멈추라고 했다. 그러는 동안 연구자들은 fMRI 기술을 사용해 그들의 뇌를 살펴보았다. 흥미롭게도 갈등과 이별, 파트너의 죽음과 같은 부정적인 시나리오를 머릿속에 그리는 동안 불안형 여성들의 뇌에서 감정을 담당하는 부분은 다른 유형에서보다 두드러진 반응을 보였다. 그뿐만 아니라 그들의 뇌는 다른 유형 여성들의 뇌보다 안와 전두 피질orbitofrontal과 같이 감정을 조절하는 부분이 덜 활성화되어 있었다. 말하자면 불안형의 뇌는 부정적인 감정을 조절하는 부분이 약화되어 있어서 상실감에 더 강하게 반응했던 것이다. 이는 불안형의 애착 체계가 한번 활성화되면 그 작동을 멈추기가 특히 더 어려워진다는 것을 의미한다.

불안형에게는 애착 체계를 이해하는 일이 매우 중요하다. 애착 체계를 이해하지 못하면 행복과 만족스러운 관계를 얻기 어렵기 때문이다.

이 책에서는 불안형을 위한 가이드라인을 두 가지로 나누어 정리했다. 첫 번째 가이드라인은 애착 대상을 아직 찾지 못한 불안형을 위한 것이다. 아직 싱글인 불안형은 처음부터 안정형 파트너를 만나는 것이 가장 좋다. 관계를 안정시키고 안정된 관계를 계속 유지하기란 결코 쉬운 일이 아니지만 안정형 파트너와 함께라면 놀라울 정도로 쉽게 느껴질 수도 있을 것이다. 그래서 이 장의 나머지 부분은 불안형 싱글들이 함정에 빠지지 않고 안정형 파트너를 찾을 수 있기를 바라며 썼다. 두 번째는 이미 파트너가 있거나 새로운 파트너를 찾고 있는 모든 불안형을 위한 가이드라인이다. 두 번째 가이드라인을 통해 불안형은 자신이 갖고 있는 애착 체계를 교정할 수 있을 것이다. 애착 이론에 기초해 관계에 대한 자신의 태도나 믿음도 바로잡을 수 있다. 이는 안정적인 관계 형성 기술을 터득하기 위해 꼭 필요한 과정이다. 이 두 번째 가이드라인에 대해서는 3부와 4부의 설명을 참고하길 바란다.

앞에서 소개한 에밀리는 애착 이론에 대해 전혀 모르고 있었다. 자신이 불안형이라는 사실도, 그녀가 푹 빠져 있었던 데이비드가 회피형이라는 사실도 모르고 있었다. 알았더라면 불안형인 자신은 친밀하고 돈독한 관계가 안정적으로 지속되길 갈망할 수밖에 없다는 사실도 알았을 것이다. 반대로 관계가 소원해지거나 불확실해지면 애착 체계가 활성화되고 집착도 심해지리라는 것, 한마디로 절망적인 상태가 되리라는 것도 알았을 것이다. 그리고 회피형 파트너는 그녀의 불안과 불완전하다는 느낌을 더 악화시키는 반면, 안정형 파트너는 그녀를 진정시켜 줄 수 있다는 사실도 알았을 것이다.

성인 애착 이론에 따르면 불안형은 안정형과 더 잘 지낼 수 있다. 하지만 공교롭게도 대부분의 불안형처럼 에밀리 역시 주로 회피형 남자를 만났다. 왜 그런 것일까? 물론 그보다 더 중요한 질문은 바로 이것이다. 도대체 어떻게 하면 불필요한 마음의 상처를 피하고 행복을 얻을 수 있을까?

서로에게 유난히 끌리는 불안형과 회피형

매력을 느끼는 상대와 애착 유형의 관련성에 대해 많은 연구가 이루어졌다. 성인 애착 분야의 두 연구자 폴라 피에트로모나코Paula Pietromonaco와 캐서린 카넬리Catherine Carnelly는 회피형이 실제로 불안형을 선호한다는 사실을 발견했다. 또한 미네소타 대학의 제프리 심슨Jeffrey Simpson이 했던 연구에서는 불안형 여자들이 회피형 남자들과 사귈 확률이 높다고 나왔다.

그렇다면 잔인할 정도로 자신의 독립성을 우선시하는 사람들이 자신의 독립성을 침해하는 파트너를 원한다는 말인가? 그리고 친밀감을 갈망하는 사람들이 자신을 밀어내는 사람들에게 끌린다는 말인가? 만약 그것이 사실이라면 이유는 무엇일까?

피에트로모나코와 카넬리는 불안형과 회피형이 어느 정도 상호보완적인 관계를 맺는다고 보았다. 즉 서로가 상대방을 통해 자기 자신과 관계에 대한 자신의 신념을 확인한다는 뜻이다.

회피형은 불안형 파트너를 통해 얼마나 자신이 강하고 독립적인 사람인지, 얼마나 다른 사람들이 불편할 정도로 자신과 가까워지려 하는지 확인한다. 마찬가지로 불안형은 회피형 파트너를 통해 상대방보다 자신이 더 많은 친밀감을 갈망한다는 사실, 그리고 상대방이 언젠가는 자신을 실망시키리라는 예상을 확인한다.

결국 회피형이나 불안형이나 익숙한 시나리오를 반복하려는 기질이 있는 것이다.

감정의 롤러코스터

불안형이 회피형에게 매력을 느끼는 이유는 또 있다. 에밀리는 데이비드가 자신을 떠날 수도 있다는 조그만 신호만 보여도 불안함을 느꼈다. 회피형을 파트너로 둔 불안형이라면 자주 경험할 수 있는 일이다. 사귄 지 얼마 되지 않았을 때부터 불안형은 회피형 파트너가 보내는 신호에 혼란스러워하기 시작할 것이다. 회피형 파트너는 연락을 하기는 하지만 자주 하진 않는다. 또한 회피형은 자신에게 파트너가 있어도 얼마든지 다른 사람을 만날 수 있다는 사실을 불안형에게 인지시키려고 한다. 이럴 때 그가 보내는 신호를 알아맞히는 일은 불안형의 몫이다.

이런 식으로 회피형이 헷갈리는 메시지를 보낼 때마다 불안형의 애착 체계는 활성화된다.

불안형은 그와의 관계에 관한 걱정에 완전히 정신이 팔린다. 하지만 그가 다시 칭찬과 애정을 퍼부으면 가슴이 두근거리며 안정을 되찾는다. 결국 그가 호감을 갖고 있는 사람은 사신이라는 생각에 기분이 좋아지기도 한다. 하지만 불행하게도 행복은 잠시뿐이다. 그가 보여준 희망의 메시지는 금세 애매모호한 메시지들과 뒤섞여 버리고 불안형의 기분은 다시 땅바닥으로 곤두박질친다.

결국 불안형은 회피형 파트너로부터 자신을 안심시켜 줄 사소한 단서나 제스처를 기대하면서 긴장 상태로 살아갈 수밖에 없다.

한동안 그렇게 살다보면 불안형에게 흥미로운 반응이 나타난다. 바로 불안, 몰두, 집착과 같은 순간적인 희열을 사랑으로 착각하는 것이다. 하지만 사실 이는 활성화된 애착 체계를 열정으로 착각한 것일 뿐이다.

이런 상태가 지속되면 불안형은 자신을 불행하게 만들 확률이 높은 사람에게 매력을 느끼게 된다. 만성적으로 활성화되어 있는 애착 체계는 행복한 사랑을 원하는 본능과 정반대로 움직이기 때문이다.

앞서 살펴본 것처럼 보울비와 에인스워드의 발견에서 가장 중요한 부분은 에너지와 안정감을 주는 안전 기지가 전제된 사람만이 성공을 이룰 수 있고 성숙해질 수 있다는 사실이었다. 그러려면 애착 체계 또한 안정된 상태여야 한다.

명심하자. 활성화된 애착 체계를 열정적인 사랑으로 오해해서는 안 된다. 당신이 지금 연애 중임에도 불구하고 그 주된 감정이 불안, 걱정, 집착이라면, 그리고 가끔씩만 기쁨을 맛볼 뿐이라면, 스스로에게 충고하자. 그것은 활성화된 애착 체계일 뿐이지 절대 사랑이 아니라고 말이다. "잔잔한 물이 깊다"라는 옛말처럼, 진화론적인 관점에서 진정한 사랑이란 마음을 평온하게 만들어주는 것이다.

불안형이 회피형과 만나지 말아야 할 이유

- **불안형**은 친밀감을 원한다.

- **불안형**은 거절을 알리는 작은 신호에도 매우 민감하게 반응한다(예민한 애착 체계).

- **회피형**은 육체적으로나 정신적으로나 적당한 거리를 유지하고 싶어 한다.

- **회피형**은 종종 거절의 의사로 비칠 수 있는 애매한 신호를 보내온다.

- **불안형**은 자신이 원하는 것과 자신이 싫어하는 것을 직접적으로 표현하는 데(효과적인 의사소통) 서툴다. 그 대신 항의 행동을 한다.

- **불안형**은 안심과 사랑을 필요로 한다.

- **불안형**은 파트너와의 관계를 명확하게 정의하고 싶어 한다.

- **회피형**은 파트너의 말이나 행동을 이해하고 표정을 읽는 데 서툴다. 이해해야 할 책임도 없다고 생각한다.

- **회피형**은 파트너를 실망시켜서라도 거리감을 확보함으로써 자신의 애착 체계를 안정시키려 한다.

- **회피형**은 애매한 관계를 선호한다. 아무리 진지한 관계라도 의문스러운 부분을 남겨둔다.

마지막으로 불안형인 당신이 회피형과 사귈 확률이 상당히 높은 이유가 하나 더 있다. 다음 세 가지 사실을 확인해 보자.

- 회피형은 이별을 더 쉽게 생각하는 경향이 있다. 재혼한 사람들을 대상으로 했던 한 연구에서는 회피형의 재이혼 확률이 제일 높게 나왔다. 그들은 사랑의 감정을 억압하기 때문에 파트너를 빨리 잊을 수 있고 금방 새로운 사람을 사귈 수도 있다.

결론: 회피형은 자주, 지속적으로 새로운 파트너를 찾아다닌다.

○ 안정형은 기꺼운 마음으로 정착할 수 있는 파트너를 만나기까지 많은 상대를 거치지 않는다. 하지만 한번 사귄 사람과는 지속적이고 헌신적인 관계를 맺는다.

결론: 새로운 파트너를 찾아다니는 안정형은 매우 드물다.

○ 많은 연구에 따르면 회피형끼리 만날 확률은 매우 낮다고 한다. 두 사람을 이어줄 감정의 끈이 없기 때문이다. 커플들을 대상으로 한 연구 중에서는 아예 회피형-회피형 커플이 없는 경우도 있었다.

결론: 회피형은 회피형을 만나지 않는다. 그들은 대개 다른 애착 유형과 사귈 확률이 높다.

이제 퍼즐을 완성해 보자.

불안형인 당신이 새로 만난 상대는 회피형일 확률이 매우 높다. 그 확률은 전체 인구 중 회피형이 차지하는 25퍼센트보다도 높다. 회피형은 누군가를 만나도 다시 솔로가 될 확률이 높으며 그들이 같은 회피형과 사귈 확률은 낮기 때문이다(만약 사귄다 해도 오래가지 못한다). 그들이 안정형을 만날 확률도 낮다. 안정형이 데이트 상대를 찾아다니는 경우는 드물기 때문이다. 그렇다면 회피형은 누구와 사귀게 될까? 그렇다. 바로 당신과 같은 불안형이다.

불안형의 안식처, 안정형

불인형이 통계치를 극복히고 안정형을 만났다고 가정해 보자. 보물섬을 발견했다는 사실을 알아차릴 수 있을까, 아니면 알아보지 못하고 지나쳐 버릴까? 몇 년 전 레이첼은 이웃인 클로이에게 완벽한 안정형 남자 트레버를 소개했다. 당시 의대를 다니고 있던 트레버는 10년간 사귀었던 여자 친구와 이별한 뒤 새로운 사람을 찾던 중이었다. 열여덟 살 때부터 스물여덟 살 때까지 만났던 여자 친구였다. 그녀는 항상 불만투성이였지만 트레버는 그녀와 헤어지고 싶지는 않았다. 하지만 결국 그녀는 떠났고 그는 한동안 우울하게 지냈다. 하지만 이제는 새로운 사람을 만날 준비가 되었다. 트레버는 외모도 출중하고 유머 감각도 있으며 운동 감각도 뛰어났다. 삶에 대한 의지도 강했으며 무엇보다 안정적인 사람이었다. 거기다 부유하고 학식 있는 집안 출신이었다. 여자가 원하는 최상의 조건을 지닌 남자가 아닌가?

하지만 꼭 그렇지는 않았던 모양이다. 클로이는 트레버를 딱 한 번 만나보았는데 그에게 전혀 흥미를 느끼지 못했다. 그녀는 트레버가 아주 잘생기고 매력적인 남자라는 사실은 인정했지만 불꽃이 튀지 않았다고 말했다. 레이첼은 어이가 없었다. 클로이가 트레버를 거부하는 이유를 도무지 이해할 수가 없었다.

이유는 나중에 밝혀졌다. 불안형은 안정형을 만나면 회피형을 만났을 때와 정반대로 행동한다. 안정형이 전달하는 메시지는 아주 솔직하고, 간단하며, 일관적이다. 안정형은 친밀감을 두려워하지 않으며 자신에게 사랑을 주고받을 자격이 있다는 것을 안다. 말을 빙빙 돌리거나 까다롭게 굴지도 않는다. 애매모호한 메시지를 전달하거나 긴장감을 유발하려고 하지도 않는다. 그 결과 불안형의 애착 체계는 안정된 상태를 유지할 것이다. 하지만 불안형은 애착 체계가 활성화되어야만 사랑에 빠졌다고 느껴왔기 때문에 그렇게 해주지 못하는 안정형이 자신의 "운명의 상대"일 리가 없다고 결론짓는다. 불안형에게 안정된 애착 체계는 지루함과 무관심을 의미하기 때문이다. 이런 오해 때문에 불안형은 완벽한 파트너를 그냥 지나치고 만다.

클로이는 활성화된 애착 체계가 사랑의 전제 조건이라고 여겼기 때문에 힘겨운 시간을 보내야 했다. 그녀가 결혼한 토니는 처음에는 자신감 넘치고 매력적인 사람처럼 보였다. 하지만 나중에 토니는 기회가 있을 때마다 그녀를 멸시했다.

다행스럽게도 트레버와 클로이는 모두 해피엔드를 맞았다. 트레버는 금방 다른 사람을 만났다. 그녀는 훌륭한 파트너였고 두 사람은 함께 세계 여행도 다녀왔다. 그리고 지금까지 행복하게 같이 살고 있으며, 결혼해 두 아이까지 두었다. 트레버는 이제 훌륭한 아버지이자 남편이 되었다. 클로이는 힘든 시기를 거쳤지만 토니와의 고통스러운 결혼 생활을 통해 안정적인 관계, 안정형 파트너가 주는 사랑의 가치를 이해하게 되었다. 그녀는 토니와 이혼한 뒤 트레버처럼 자신을 사랑하고 보살펴줄 수 있는 안정형 남자인 브루스를 만났다.

모든 사람은 행복해질 자격이 있다. 이를 단순히 운에 맡겨서는 안 된다. 그 비결은 감정 기복에 압도되지 않고, 활성화된 애착 체계를 사랑이나 열정으로 오인하지 않는 것이다. 절대 파트너의 무신경함에 매혹되면 안 된다.

불안형이 안정형을 만나야 하는 이유

- 불안형은 친밀감을 원한다.

- 불안형은 거절을 알리는 작은 신호에도 매우 민감하게 반응한다(예민한 애착 체계).

- 안정형도 친밀감을 편안해하며 파트너를 밀어내려고 하지 않는다.

- 안정형은 일관적이며 믿을 만한 사람이다. 파트너를 속상하게 만들 애매모호한 메시지는 보내지 않는다. 그들은 파트너가 괴로워할 때 파트너를 어떻게 안심시켜 주어야 하는지 알고 있다.

- 불안형은 자신이 원하는 것과 자신이 싫어하는 것을 직접적으로 표현하는 데(효과적인 의사소통) 서툴다. 그 대신 항의 행동을 한다.

- 불안형은 안심과 사랑을 필요로 한다.

- 불안형은 파트너와의 관계를 명확하게 정의하고 싶어 한다.

- 안정형은 파트너의 행복을 최우선으로 생각하며 파트너의 말이나 행동을 이해하고 표정을 읽기 위해 최선을 다한다.

- 안정형은 처음부터 일관되게 파트너를 향한 호감을 거리낌 없이 드러낸다.

- 안정형은 매우 안정적이다. 그들도 헌신적인 관계를 편안하게 여긴다.

어설픈 연애 조언은 독이다

남녀 심리에 대한 유명한 책들을 참고하기로 마음먹었다고 해보자. 그 책들은 대부분 파트너를 '차지하기' 위한 가이드라인을 제시할 것이다. 가령 이런 조언들이다.

▶ 너무 여유롭게 굴지 마라.

▶ 바쁘지 않아도 바쁜 척해라.

▶ 먼저 전화하지 말고 그가 먼저 전화할 때까지 기다려라.

▶ 그의 전화에 너무 연연해하는 모습을 보이지 마라.

▶ 신비롭게 보여라.

▶ 위와 같이 하면 자신의 독립성과 품위를 지킬 수 있으며 파트너로부터 손중받을 수 있다.

그럴듯해 보이지만, 위의 조언들은 모두 자신의 진정한 욕구와 감정에 솔직하지 못한 행동이다. 상대방에게 강인하고 자존적인 사람처럼 보이기 위해 자신의 욕구와 감정을 저버리는 행동인 것이다. 수많은 책들에 나와 있는 이 조언들이 어쩌면 맞는 말일 수도 있다. 그런 행동들이 이성에게 더욱 매력적으로 보일지도 모른다. 그러나 애착 이론에 대해 미처 몰랐던 저자들은 그런 행동들이 특정한 유형의 파트너, 바로 회피형에게만 매력적으로 보일 뿐이라는 사실을 빠뜨렸다. 이 조언들의 핵심은 자신의 욕구를 무시하고 상대방이 친밀감의 수위를 결정하도록 내버려두는 것이기 때문이다. 즉 회피형 파트너에게 두 마리 토끼를 모두 잡아다주는 일이나 마찬가지다. 회피형은 기분이 내키면 불안형이 원하는 대로 가까워졌다가, 내키지 않으면 다시 자기 마음대로 멀어졌다가 하면서 스릴만 즐기고, 정작 친밀감에 대한 파트너의 욕구와 항상 곁을 지켜주기를 바라는 파트너의 마음을 책임질 의무는 덜어버릴 것이다. 결국 불안형은 자신을 숨기고 다른 사람처럼 행동함으로써 파트너가 자기 마음대로 행동할 수 있도록 허락해 준 셈이 된다.

문제는 또 있다. 이런 '밀고 당기기'가 단순한 연기에 불과하다면 장기적으로 봤을 때 이는 불안형에게 불리한 게임이 될 수밖에 없다. 그 이유는 다음과 같다. 첫 번째, 회피형 파트너는 불안형의 의도를 금방 간파해낸다. 그들은 자신의 독립성을 위협하는 사람을 본능적으로 알아본다. 두 번째, 불안형은 언젠가는 진짜 속마음을 드러낼 수밖에 없다. 불안형이 진짜 원하는 것은 높은 친밀감이기 때문에 경계심을 풀고 파트너와 많은 시간을 함께할 수 있길 원한다. 하지만 그렇게 하면 회피형 파트너는 갑자기 겁을 먹고 불안형에게서 멀어지려 할 것이다. 결국 어떻게 되든 불안형은 원하는 것을 얻을 수 없다. 자신과 맞지 않는 파트너를 골랐기 때문이다.

불안형을 위한 맞춤형 데이트 코칭 A to Z

1. 자신의 진정한 욕구를 인정하고 받아들이자

그렇다면 혼자서 파트너를 쫓아다니고, 당신만 그의 요구를 전부 들어주어야 하고, 매번 먼저 연락해야 한다는 이야기일까? 절대 그렇지 않다. 여기서는 전혀 다른 접근법을 제안하고자 한다.

먼저 자신이 파트너와의 관계에서 특정한 욕구를 보이는 불안형이라는 사실을 스스로 인정하자. 당신은 그 욕구들이 충족되지 않으면 행복해질 수 없는 사람이다. 자신의 욕구를 만족시켜 줄 수 있는 짝을 만나려면 먼저 친밀감, 접근성, 안정을 바라는 자신의 욕구를 충분히 인정하고 그런 욕구를 가지고 있는 것이 당연하다고 믿어야 한다. 그것은 좋지도 나쁘지도 않은 단순한 욕망일 뿐이다. 애정결핍처럼 보인다거나 혹은 의존적인 행동을 보일 때에도 죄책감을 느끼지 말아야 한다. 파트너가 없는 자신을 불완전하다고 느끼거나, 파트너와 가까워지고 싶고 파트너에게 의지하고 싶은 자신을 부끄럽게 여기지도 말아야 한다.

그런 다음 이 책에 나와 있는 지식을 활용하면 된다. 데이트를 할 때는 먼저 상대가 자신의 욕구를 얼마나 채워줄 수 있는 사람인지 가늠해 보길 권한다. 많은 책에 나와 있는 것처럼 파트너를 위해 자신을 변화시킬 방법을 연구하지는 말자. 대신 이렇게 질문해 보자. "이 사람은 내가 행복해지는 데 필요한 부분을 얼마나 채워줄 수 있을까?"

2. 처음부터 회피형은 제외하자

두 번째 단계는 처음부터 상대방이 회피형인지 아닌지를 알아보고 회피형이라면 일단 제외하는 것이다. 앞서 배운 애착 유형

판단 질문지들이 도움이 될 것이다. 하지만 상대방이 회피형인지 아닌지를 알아보는 다른 방법들도 있다. 아서 코난 도일 Arthur Conan Doyle은 탐정 소설 《셜록 홈즈》에서 "움직일 수 없는 증거"란 표현을 썼다. 그 후로 이 표현은 범죄와 관련된 증거뿐만 아니라 부인할 수 없는 결정적 단서가 되는 사물이나 사실을 일컫는 말이 되었다. 여기서는 어떤 사람이 회피형인지 알려주는 모든 신호나 메시지를 "움직일 수 없는 증거"라고 부르겠다.

회피형을 판단하는 "움직일 수 없는 증거"

▶ **헷갈리는 메시지를 보낸다**　상대방에 대한 자신의 감정이나, 자신이 헌신할 수 있는 정도를 정확히 알려주지 않는다.

▶ **이상적인 관계를 꿈꾼다**　하지만 그 상대가 지금 교제 중인 연인은 아닐 것이라고 은근히 암시한다.

▶ **운명의 상대를 만나기를 간절히 원한다**　하지만 어떻게든 상대의 결함을 찾아내고 헌신적인 관계가 될 수 없는 상황을 만든다.

▶ **상대방의 정신적인 행복은 무시한다**　무시할 수 없는 상황에서도 계속 무시한다.

▶ **상대방이 애정에 굶주렸으며 모든 일에 지나치게 예민하게 반응한다고 지적한다**　그런 식으로 상대방의 감정을 무효화시키며 파트너 스스로에 대해 다시 생각해 보게 만든다.

- ▶ **상대방이 불편한 화제를 꺼내면 무시해 버린다** 어떤 반응도 보이지 않으며 주제를 바꾸려는 말도 하지 않는다.
- ▶ **상대방의 걱정을 평가하려 든다** 파트너의 감정은 제외한 채 사실만 가지고 판단한다.
- ▶ **상대방의 메시지를 이해하지 못한다** 상대방은 그에게 자신의 욕구를 전달하기 위해 최선을 다하지만, 그는 상대방의 메시지를 이해하지 못하거나 무시한다.

“움직일 수 없는 증거”가 될 조짐은 어떤 구체적인 행동이 아니라 감정적인 태도에서 나온다. 이 점에 주목하자. 관계를 애매모호하게 만드는 회피형의 태도에는 그가 상대방의 감정적 욕구를 중요하게 생각하지 않는 사람이라는 심각한 메시지가 포함되어 있기 때문이다. 아무리 그가 가끔 상대방을 기쁘게 만드는 말을 한다 해도 그의 행동에는 전혀 다른 메시지가 담겨 있다.

이어지는 내용에서 효과적인 의사소통만이 “움직일 수 없는 증거”를 소멸시키기 위한 최상의 방법임을 확인하게 될 것이다.

3. 자신을 솔직하게 표현하고 효과적으로 의사소통하자

다음 단계는 자신의 욕구를 표현하는 것이다. 불안형은 대개 책에서 읽은 내용이나 사회적인 통념에 쉽게 걸려드는 편이다. 불안형은 자신이 너무 많은 것을 바라고 지나치게 애정을 갈구한다고 생각해서 회피형 파트너가 바라는 거리와 경계선을 지켜주기 위해 노력한다. 이렇게 겉으로라도 냉정한 태도와 자주성을 유지하는 편이 사회생활을 하는 데도 편리하다. 그래서 불안형은 자신의 바람과 불만을 감춘다. 하지만 아무리 노력해도 불안형은 결국 바라던 결말을 얻을 수 없다. 자신의 욕구를 표현하지 않았기 때문이다.

욕구를 솔직하게 표현하면 다음의 두 가지 목표를 달성할 수 있다. 첫 번째로는 솔직해질 수 있다. 솔직한 자기표현은 행복과 만족감에 큰 영향을 준다. 파트너에게도 자신이 행복해하고 만족스러워하는 태도가 가장 매력적으로 보일 것이다. 첫 번째만큼 중요한 두 번째는 자신을 솔직하게 드러냄으로써 파트너가 자신의 깊은 욕구를 충족시켜 줄 수 있는 사람인지를 일찍 파악할 수 있다는 점이다. 모든 사람의 욕구가 같을 수는 없다. 그렇다고 불안형에게 문제가 있는 건 아니다. 회피형은 자신만큼이나 거리 두기를 좋아하는 사람을 만나도록 내버려두고 불안형은 자신을 행복하게 만들어줄 수 있는 사람을 찾아야 한다.

그렇다면 자신을 솔직하게 드러내고 자신의 욕구를 표현하라는 것은 무슨 의미일까? 아미르가 맡았던 환자 재닛의 경우를 보면 그 의미를 알 수 있다.

스물여덟 살의 재닛은 브라이언과 1년 넘게 사귀고 있었다. 브라이언이 갑자기 헤어지자고 하기 전까지 말이다. 브라이언은 아직 진지한 관계를 받아들일 준비가 되지 않았으며 자신만의 공간을 갖고 싶다고 했다. 재닛은 갑작스런 이별에 충격을 받았고 몇 달이 지나도 그를 잊을 수 없었다. 감정을 정리하지 못한 그녀는 새로운 남자를 만나고 싶은 마음도 들지 않았다. 그런데 신이 기도를 들어준 것인지, 6개월 후 그녀는 브라이언으로부터 다시 만나고 싶다는 전화를 받았다. 물론 재닛은 기뻐서 어쩔 줄 몰라 했다. 2주 후 아미르는 그녀에게 브라이인과 잘 지내고 있느냐고 물었다. 그녀는 이번에는 브라이언이 원하는 속도에 맞춰 천천히 가까워지는 중이라고 말했다. 하지만 그것은 헤어지기 전에도 마찬가지였다. 어쨌든 재닛은 헌신적인 관계를 두려워하는 브라이언에게 또다시 부담을 주고 싶지는 않다고 말했다.

아미르는 재닛에게 이전처럼 주도권을 브라이언에게 넘겨주지 말고 그에게 그녀가 원하는 것을 확실하게 이야기해 보라고 말했다. 재결합을 원한 사람은 브라이언이었기 때문이다. 그는 자신이 얼마나 변했는지, 재닛에게 사랑받을 자격이 있는 사람인지를 증명해 보여야 마땅했다. 아미르는 다음과 같이 단도직입적으로 이야기하라고 조언했다.

"나는 당신을 아주 많이 사랑해요. 하지만 당신이 언제든 나에게 달려와줄 수 있는 사람인지 알고 싶어요. 통화도 당신이 편할 때만 하는 것이 아니라 매일 할 수 있어야 해요. 당신과 멀어지는 것이 두려워서 서로 함께 시간을 보내고 싶은 내 마음을 숨기고 싶지는 않아요."

하지만 재닛은 시간이 지나면 언젠가는 브라이언도 그만의 공간과 여유를 허락한 자신을 인정해 줄 것이라고 믿었다. 또한 냉정하고 자기 확신에 찬 사람처럼 행동하면 그에게 더 매력적으로 보일 수 있다고 생각했다. 하지만 예상대로 재닛과 브라이언의 관계는 완전히 흐지부지될 때까지 서서히 악화되어 갔다. 브라이언의 연락은 점점 뜸해졌다. 그는 재닛의 행복은 무시한 채 자신이 하고 싶은 대로 행동했으며 헤어지자는 말도 없이 사라져 버렸다.

만약 재닛이 자신을 솔직하게 드러내고 자신의 감정과 욕구를 효과적으로 소통했더라면, 그녀는 이 같은 시련을 좀 더 앞당길 수 있었을 것이다. 또한 자신이 아무리 최선을 다해 노력한다 해도 브라이언에게는 자신의 욕구를 충족시켜 줄 능력이 없다는 사실도 일찍 깨달았을 것이다. 그리고 브라이언도 재닛과 다시 잘되려면 힘든 시기를 극복하기 위해 함께 노력하고 그녀의 욕구를 존중해 주어야 한다는 사실을 일찍 깨달았을 것이다. 다시 말해 그도 재닛과의 관계에서 자신이 어떤 역할을 해야 하는지 정확히 파악할 수 있었을 것이라는 이야기다.

4. '어장 관리'의 철학

이번 장의 앞부분에서 이야기했던 것처럼 데이트 상대를 찾는 솔로 가운데 회피형의 비율은 비정상적으로 높다. 그런 그들을 쉽게 피해갈 수 있는 또 하나의 방법은 '어장 관리'의 철학으로, 세상에는 훌륭한 파트너가 되어줄 특별하고 멋진 사람들이 얼마든지 존재한다는 의미이다. 그중 서너 명의 사람들에게 기회를 제공하자. 선택을 서두를 필요는 없다. "움직일 수 없는 증거"가 보이는 사람들은 제외해 가며 그들을 천천히 살펴보자.

이는 불안에 쉽게 휩싸이는 불안형의 사고방식에 중대한 변화를 가져다줄 것이다. 불안형은 자신이 좋은 상대를 만날 확률이 얼마나 되겠느냐고 낙담한다. 하지만 확률이 그렇게 생각하는 것처럼 낮지만은 않다. 세상에는 파트너를 행복하게 만들어줄 수 있는 멋지고 똑똑한 사람들이 얼마든지 있다. 그중 아직 어딘가 숨어 있을 자신의 소울메이트를 찾으려면 최대한 많은 사람을 만나보는 수밖에 없다. 간단한 확률 법칙인 셈이다. 많은 사람을 만나볼수록 자신과 잘 어울리는 사람을 만날 확률도 높아진다.

하지만 확률이 전부는 아니다. 불안형은 굉장히 빠른 속도로 애착을 느낀다. 육체적 이끌림만으로도 애착을 느낄 수 있다. 하룻밤 섹스나 열정적인 키스 한 번으로도 덜컥 상대방을 사랑하게 되는 것이다. 그러나 이미 알고 있듯이, 불안형은 애착 체계가 한번 활성화되면 상대방과의 친밀감을 갈망하기 시작하며 친밀감을 얻기 위해서라면 어떤 행동도 불사하게 된다. 아직 그 사람을 제대로 알지도 못하고 정말 그 사람을 좋아하는지 확신도 못하면서 말이다. 상황이 이러하니 만약 만나는 사람이 한 명

뿐이라면 불안형은 그 사람이 자신에게 잘 맞는 사람인지 판단해 보려고 하지도 않을 것이다.

'어장 관리'의 철학은 불안형이 파트너를 객관적으로 판단할 수 있는 능력을 기르도록 돕는다. 사실 이것은 불안형의 애착 체계를 둔감하게 만들고 불안형이 자신에게 좀 더 관대해질 수 있도록 만들어주기 위한 방법이다. 그렇게 된다면 불안형의 애착 체계는 특정한 한 사람 때문에 금방 활성화되지 않을 것이다. 여러 사람을 평가하느라 바쁠 것이기 때문이다. 특정한 상대에게 집착하지도 않을 것이고 자신을 불안하게 만들거나 자신과 맞지 않는 사람은 재빨리 제외할 것이다. 한 사람에게 모든 희망을 걸지 않기 때문이다. 자신을 공주처럼 떠받들어 줄 다른 사람들을 놔두고 뭐하러 잘해 주지도 않는 한 사람에게 시간을 허비하겠는가?

여러 명을 만나다 보면 자신의 욕구와 바람을 확실하게 전달하는 일도 더 쉬워진다. 드문 기회를 차버릴까 봐 걱정할 필요도 없다. 조심스럽게 대하거나 자신의 감정을 숨기려고 애쓰지 않아도 된다. 오히려 돌이킬 수 없는 선택을 하기 전에 상대가 자신의 욕구를 충족시켜 줄 수 있는 사람인지를 먼저 판단해 보게 될 것이다.

서른한 살인 니키에게는 이 새로운 데이트 방식이 놀라울 정도로 뛰어난 효과를 발휘했다. 니키는 매력적이고 사교적이며 재치도 있는 여자였다. 하지만 그녀의 연애는 며칠, 몇 주를 넘기는 경우가 드물었다. 그녀는 아주 심한 불안형이었기 때문이다. 친밀감을 갈망하는 그녀는 평생을 가도 자신에게 맞는 사람은 나타나지 않을 것이라고 생각했고 결국에는 독신으로 살게 될 것이라고 생각했다.

연애를 할 때 그녀는 매우 민감해졌고 쉽게 상처받았으며 전화를 받지 않거나 입을 다문 채 방어적으로 행동했다(항의 행동). 그러다 보면 결국 어느 순간 관계는 끝장나 버렸다. 그렇게 끝내고 나서는 머릿속으로 지나간 일을 자꾸 반복하면서 자신을 괴롭혔다(활성화 전략). 과거를 잊고 새로운 사람을 만나는 일을 자기 스스로 더욱 어렵게 만든 것이다.

아마 연락을 하지 않고 입을 다물고 있는 니키의 행동은 의사소통을 불편하게 생각하는 회피형 남자에게는 더 매력적으로 보였을 것이다. 그래서 니키는 불행할 수밖에 없었다.

결국 우리의 충고를 받아들인 니키는 친구들에게 남자들을 소개해 달라고 부탁했고 온라인의 소개팅 사이트에도 가입했다. 이제 그녀는 새로운 남자들을 많이 만나보고 있으며 자신에게 어울리는 안정형 남자를 만날 확률도 높아졌다. 남자를 많이 만나보면서 누구 한 명 때문에 불안해질 겨를이 없어지자 그녀의 태도에도 변화가 생겼다.

그전까지는 까다롭게 고른 한 사람 하고만 데이트를 했고, 그와 사귀는 것이 행복해질 수 있는 마지막 기회인양 열렬히 그를 사랑했다. 하지만 이제 그녀의 주위에는 여러 명의 후보가 있었다. 이제 그녀는 쉽게 실망하지도 않았다. 어떤 남자들은 한 번 이상 만나볼 필요도 없었다. 하지만 정말로 변한 것은 쉽게 불안에 빠졌던 그녀의 사고방식이었다. 바로 그녀의 애착 체계의 작동 방식이 다음과 같이 변한 것이다.

○ 자신과 맞지 않는 사람도 얼마든지 자신에게 매력을 느낄 수 있다는 사실을 확실히 알게 되었다. 그러면서 자신의 고질적인 문제 때문에 데이트에 실패했다고 분석하는 일도 없어졌다. 그 녀의 높아진 자신감은 겉으로도 드러났다.

○ 호감을 갖고 있었던 사람이 멀어지거나 회피형처럼 행동하면 괜히 시간을 허비하지 않았다. 대신 이전보다 금방 다른 사람을 찾아보게 되었다. 이제 "이 남자는 나와 맞지 않아. 하지만 다음에 만날 남자는 맞을지도 몰라"라고 당당히 말할 수 있게 되었다.

○ 누군가를 정말 좋아할 때 나타났던 집착이나 항의 행동도 훨씬 줄어들었다. 자기 자신을 자멸로 이끌었던 과민한 성향이나 방어적 행동도 사라지거나 많이 줄어들었다.

새로운 데이트 방식을 따르기 시작한 지 1년 후 니키는 조지를 만났다. 조지는 따뜻하고 사랑이 넘치는 사람이었으며 니키를 매우 좋아했다. 그녀는 조지에게 자신의 민감한 부분들을 모두 터놓을 수 있었다. 요즘 그녀는 친구들에게 운명의 장난이 얼마나 짓궂은지 종종 이야기한다. 물론 운명을 개척하는 데 많은 노력이 들었지만 말이다. 그녀의 친구 중에는 대학 때부터 사귄 오래된 커플들도 많았다. 하지만 니키와 조지는 어떤 커플들보다 훨씬 안정되고 행복한 커플이었다.

5. 안정형에게도 기회를 주자

물론 '어장 관리'의 철학은 자신에게 맞는 사람을 알아볼 줄 모르는 사람에게는 쓸모없는 방법이다. 그러므로 안정형 남자를 만났을 때 그가 자신에게 맞는 사람인지 아닌지를 급하게 결정해서는 안 된다는 사실을 명심해야 한다. 안정형 남자는 처음에는 자칫 지루해 보일 수도 있다. 애착 체계가 활성화되지 않으면 극적인 일이 별로 벌어지지 않기 때문이다. 그럴 때는 시간을 두고 지켜봐야 한다. 불안형은 안정감을 곧바로 매력이 없다는 것으로 해석할 확률이 높다. 오랜 습관을 버리기란 어려운 일이다. 하지만 조금만 더 기다려 보면 안정된 애착 체계가 얼마나 좋은지 깨닫게 될 것이다.

주의! 애착 유형에 대한 고정관념

성별에 따라 애착 행동을 분류하다 보면 회피형을 남성성과 동일시하는 함정에 빠질 수 있다. 하지만 연구에 따르면 회피형과 거리가 먼 남자들도 많다고 한다. 그런 남자들은 자유로운 의사소통에 능하고 파트너에 대한 사랑과 애정이 넘치는 사람들이다. 그리고 싸우다가 도망가지 않으며 항상 파트너의 곁을 든든히 지켜준다(안정형). 마찬가지로 불안형을 여성성으로 오해하는 경우도 많다. 그러나 사실 여자들 가운데에는 안정형이 더 많다. 남자들 가운데 불안형이 생각보다 많은 것처럼 말이다. 하지만 중요한 것은 회피형 여자도 존재한다는 사실이다. 애착과 성별의 관련성에 관해 꼭 명심해야 할 점은 남자든 여자든 안정형이 가장 많다는 사실이다.

애착 이론의 도움을 가장 많이 받을 수 있는 사람들은 남녀 구분 없이 바로 불안형이다. 불안형인 당신은 그동안 잘못된 인연과 남들보다 더 심하게 활성화된 애착 체계 때문에 많은 고통을 겪었을 것이다. 하지만 이제 애착 체계가 어떻게 작동하는지, 어떤 관계가 행복한 관계인지, 어떤 상황이 신경쇠약을 일으키는지 누구보다도 잘 알게 되었을 것이다.

우리는 수많은 사람이 이 장에서 제안한 원리를 터득해 지독한 외로움에서 벗어나고 자신이 원하던 파트너를 찾는 모습을 지켜보았다. 그리고 애착 원리를 통해 오랫동안 악화된 관계에서 벗어나 새로운 단계, 안정된 단계로 올라선 사람들도 많았다.

Chapter 4

사람들은 대개 홀로 세상을 헤쳐나가는 고독한 사람들에게 매혹된다. 그들은 어떤 장애물도 허락하지 않고 어떤 의무도 지지 않는다. 다른 사람의 욕구에 관여하거나 걱정하지도 않는다. 포레스트 검프와 같은 허구적 인물에서부터 현실에 존재했던 선구자 다이앤 포시Dian Fossey에 이르기까지 외로운 나그네에 속하는 부류는 엄격한 원칙과 이념을 지닌 사람들이었다.

　　존 크라카우어Jon Krakauer의 책《인투 더 와일드Into the Wild》는 청년 크리스토퍼 맥캔들리스의 삶을 다룬 책이다. 우등생이자 뛰어난 운동선수였던 20대 초반의 크리스는 평범한 삶을 뒤로하고 알래스카의 야생으로 떠났다. 그는 최소한의 장비만을 가지고 홀로 야생을 떠돌았다. 문명의 도움 없이 혼자 힘으로 살아보겠다는 목표를 갖고 알래스카를 향해 전진했던 그는 여정 도중에서 수많은 사람들을 만났다. 그들은 모두 자신들의 삶에 크리스를 끌어들이고 싶어 했다. 어느 노인은 그를 입양하겠다고 했고, 한 여자는 그와 사랑에 빠졌으며, 어떤 커플은 크리스에게 자기 집에 와서 살라는 제안까지 했다. 하지만 크리스에게는 혼자 힘으로 살아가겠다는 확고한 의지가 있었다.

마지막 목적지를 향하기 전 크리스는 마지막으로 갤리언이라는 사람의 차를 얻어 타게 되었다.

목직지를 향해 가는 동안, 갤리언도 크리스의 마음을 바뀌보려고 설득해 보았지만 아무 소용없었다. 심지어 제대로 된 장비라도 사주면 안 되겠느냐고도 물어보았다. 하지만 크리스는 "괜찮습니다. 어쨌든 고맙습니다"라며 거절할 뿐이었다. "지금 있는 걸로도 충분해요." 갤리언은 크리스에게 부모님이나 친구들 가운데 이번 계획을 아는 사람이 있느냐고 물었다. 위급 상황이나 필요할 때 연락할 사람이라도 있어야 할 터였다. 크리스는 침착한 목소리로 아무도 자신의 계획을 모르고 있으며 가족과 연락하지 않은 지 3년도 넘었다고 말했다. "괜찮아요. 혼자서 해결할 수 없는 문제가 생기지는 않을 거예요"라며 그는 갤리언을 안심시키려 했다.

결국 갤리언과 헤어진 크리스는 꽁꽁 언 강을 건너 깊은 숲으로 들어갔다. 속세와 단절된 곳이었다. 그곳에서 몇 개월 동안 그는 혼자 힘으로 먹고살았고 사냥도 즐겼다. 하지만 이듬해 봄에 집으로 돌아가려고 했을 때 그는 강을 건널 수 없었다. 비와 눈이 녹아 불어난 강물의 물살이 너무 거셌기 때문이다. 그는 문명의 품으로 돌아갈 수 없었다. 선택의 여지가 없어지자 크리스는 다시 숲으로 돌아갔고 결국 숲에서 생을 마감했다. 그는 죽기 직전에야 일기에 다음과 같이 썼다. "행복이란 함께 나누는 것이다."

전반적인 인생과 연인 관계에서 볼 때 회피형은 크리스와 같은 외로운 여행자에 비유할 수 있다. 그들은 크리스처럼 자족적인 삶을 이상적으로 여기고 의존적인 삶을 경멸한다. 하지만 크리스가 고생 끝에 얻은 교훈은, 삶이란 다른 사람들과 나눌 때에만 의미가 있다는 사실이었다. 이 교훈은 회피형에게도 행복을 위한 열쇠가 되어줄 것이다.

이번 장에서는 외로운 여행자, 회피형이 어떤 방식으로 사랑하는 사람에게마저 거리를 유지하는지 살펴볼 것이다. 그리고 회피형이 파트너에게 왜 그런 식으로 행동하는지, 회피형의 행동이 연인 관계에서 진정한 행복을 어떻게 가로막는지를 깨닫게 될 것이다.

회피형이 아닌 대부분의 사람들도 주변에 알고 지내는 회피형이 있을 것이며, 또 지금까지 만나지 못했다면 언젠가는 회피형을 만나게 될 것이다. 이 장을 읽고 회피형은 자기 자신에 대해, 회피형이 아닌 사람은 회피형의 행동 방식에 대해 더 잘 이해할 수 있게 되기를 바란다.

생존에 유리한 전략이 사랑에도 유리한 전략은 아니다

각각의 애착 유형은 특정한 환경에서 살아남을 확률을 높이기 위해 서로 다른 전략을 펼친다. 생존 확률이 제일 높은 유형은 안정형이다. 역사를 통해서도 알 수 있듯이 인류의 조상들은 대부분 단결된 집단을 이루고 살아왔다. 다 같이 모여 사는 것만이 자신과 자손들의 안전한 미래를 지키는 최고의 방법이었다. 하지만 어떤 환경에서든 종의 생존을 위해서는 한 가지 이상의 전략이 필요하다. 식량 부족, 질병, 자연사로 많은 숫자가 희생당할 정도의 어려운 환경에서 태어난 종에게는 협력해서 살아가는 것보다 생존 기술을 익히는 일이 더 중요했다. 제한된 자원을 확보하기 위해 싸워야 하는 험한 환경에서는 감정을 버리고 자족적으로 살아가는 개체들이 살아남을 확률이 더 높았다. 그래서 인류 가운데 일부는 회피형의 경향을 보이게 된 것이다.

불행히도 인류의 생존에 유리했던 전략이 회피형 인간에게도 전부 유리하게 작용하지는 않는다. 크리스토퍼 맥캔들리스가 만약 다른 사람들과 협력하며 살았더라면 지금까지 살아 있었을 것이다. 사실 많은 연구들에 따르면 모든 유형 중 회피형이 관계에 대한 만족도나 행복 수준이 가장 낮다고 한다. 하지만 다행히도 회피형이 반드시 진화론을 따를 필요는 없다. 선천적으로 타고나지 않은 자질들은 배우면 된다. 노력하면 얼마든지 만족스러운 관계를 얻을 확률도 높일 수 있다.

단독 비행이 편한 사람들

회피형의 애착 유형은 주로 연인 관계에서 기대하는 점이나 연애를 해석하는 방식, 파트너나 데이트 상대를 대하는 태도를 보면 분명히 알 수 있다. 아직 연인이 없는 상태든, 파트너가 있는 상태든 회피형은 항상 교묘한 방법으로 사람들과 거리를 유지하려고 애쓴다.

회피형인 수잔은 자신을 자유로운 영혼이라고 생각한다. 그녀는 어떤 남자를 만나든 결국 지겨움을 느끼고 곧 다른 남자를 찾아 떠난다. 그리고 자신이 만났던 남자들을 일컬어 "상처받는 영혼들"이라고 농담 삼아 이야기한다. 그녀는 상대방의 욕구를 성격적 결함이라고 생각하고, 파트너에게 의지하는 사람들을 경멸하며, 누군가가 자신에게 의지하는 상황을 "감옥살이"라고까지 표현한다.

수잔과 같은 회피형에게는 인생의 반려자를 만나고 싶은 욕구가 단순히 결여되어 있는 것일까? 그렇다면 인간은 누구나 배우자나 애인과 육체적·정신적으로 친밀해지고 싶은 욕구를 갖고 있다고 주장하는 애착 이론의 기본 전제가 틀렸다는 말일까?

이 질문들에 대답하기란 쉬운 일이 아니다. 회피형은 파악하기가 쉽지 않다. 그들은 감정을 표현하기보다는 억누르는 편이다. 그렇기에 오히려 이들에게 애착 이론은 매우 유용하다. 애착 이론의 정교한 방법론들을 통하면 회피형의 무의식적인 동기까지 이해할 수 있으며 솔직한 의사소통만으로는 무너뜨릴 수 없는 회피형의 벽을 뚫을 수도 있다.

♥

한 연구에서 별도로 시행한 여섯 가지의 실험은 애착 이론이 회피형의 심리에 접근하는 데 얼마나 유용한지 밝혀주었다. 그중 한 실험에서 연구자들은 실험 참가자들이 모니터에 재빨리 나타났다 사라지는 단어들을 기록하는 데 걸리는 시간을 측정했다. 특정 단어를 기록하는 속도를 보면 그와 관련된 주제를 얼마나 빨리 인식하는지 알 수 있다고 가정한 이 실험의 가설은 매우 적절한 것이었다. 연구자들은 회피형이 다른 유형의 사람들보다 '욕구', '얽매임'과 같은 단어들을 더 재빨리 포착한다는 사실을 확인했다. 그것은 회피형이 싫어하는 파트너의 성격이었다. 반면 '이별', '싸움', '상실'과 같은 본인의 걱정거리들을 인지하는 속도는 느렸다. 회피형은 관계를 바라보는 방식에서의 중요한 요소 가운데 하나인, 자신의 파트너가 애정에 굶주려 있고 지나치게 의존적이라고 비난하는 데에는 재빨랐다. 하지만 관계에 대한 자신의 욕구와 두려움은 무시했다. 그들은 애정을 갈망하는 사람들을 경멸하면서 스스로에게는 그런 욕구가 없는 것처럼 행동한다. 하지만 과연 그것이 사실일까?

이 연구의 두 번째 부분에서 연구자들은 단어 인지 실험 중

간에 퍼즐을 풀게 하거나 다른 신호에도 반응하라고 시키는 등 추가적인 과제를 부과해 회피형의 정신을 산만하게 만들어보았다. 그러자 회피형도 자신의 걱정거리와 관련된 '이별', '상실', '죽음'과 같은 단어에 다른 유형들과 비슷한 속도로 반응했다. 다른 일로 방해를 받다 보니 회피형도 더 이상 자신의 진실한 감정과 걱정을 억제하지 못하고 겉으로 드러냈던 것이다.

이 실험은 회피형이 아무리 자기 감정을 억제해도 그의 애착 '기관'은 여전히 제 역할을 다하고 있다는 사실을 알려준다. 회피형 역시 이별을 두려워한다. 단지 다른 곳에 정신이 팔려 있는 무방비 상태에서만 그런 감정을 드러낼 뿐이다.

이 연구들은 수잔과 같은 회피형이 결코 자유로운 영혼이 아님을 알려준다. 회피형이 취하는 방어적 자세가 그들을 그렇게 보이게 할 뿐이다. 수잔도 여느 회피형과 마찬가지였다. 그녀 역시 반려자에게 기대려고 하는 사람들을 경멸했다. 다른 연구들에 따르면 이혼이나 장애아 출산, 충격적인 군 복무 경험과 같이 스트레스가 심한 상황에 닥쳤을 때 회피형들은 기존의 방어적 자세를 버리고 금방 불안형처럼 변한다고 한다.

누군가의 곁에 있어도 외로운

그렇다면 회피형은 어떻게 자신의 애착 욕구를 억제하고 파트너와의 거리를 유지하는 것일까? 그들은 가장 가깝게 여기는 사람에게도 거리를 두기 위해 다양한 방법을 사용한다. 아래의 예들을 살펴보면서 그들이 자신의 인식과 신념을 통제하기 위해 일상적으로 어떤 불활성화 전략들을 사용하는지 자세히 들여다보자.

o 스물일곱 살의 마이크는 지난 5년간 만나온 상대가 자신보다 지적이지 못한 사람이라고 생각한다. 그들은 서로 사랑하는 사이지만 마이크는 항상 만족스럽지 못한 부분이 있다고 느꼈다. 항상 어딘가 허전한 느낌이 들었고, 아주 가까운 곳에 훨씬 더 나은 사람이 자기를 기다리고 있을지도 모른다는 느낌을 지울 수가 없었다.

o 서른한 살의 카이아는 2년 된 남자 친구와 동거 중이지만 솔로였을 때의 자유를 그리워한다. 하지만 남자 친구와 만나기 전까지는 사실 외롭고 우울했다.

o 마흔 살의 스타브로스는 서글서글한 성격의 사업가다. 그는 결혼해서 아이를 낳고 가정을 꾸리고 싶은 마음이 간절하다. 아내로 삼고 싶은 여성상도 분명하다. 우선 어려야 한다. 또 예뻐야 하고, 자신의 일을 중시해야 한다. 무엇보다 중요한 것은 그와 함께 자신의 고향 그리스에 가서 살 수 있어야 한다는 점이다. 지난 10년간 많은 노력을 했지만 아직 그런 여자를 찾지

는 못했다.

○ 마흔아홉 살의 톰은 수십 년 전 자신이 열렬히 사랑했던 여
자와 결혼해서 지금까지 살고 있다. 하지만 지금은 아내에게
붙잡혀 사는 기분이다. 개인적인 시간을 가질 기회도 없다. 혼
자 여행을 떠나거나 남자들끼리 모여서 놀아보고 싶다.

위의 네 사람에게는 한 가지 공통점이 있다. 바로 그들이 모
두 회피형이라는 점이다. 그들은 파트너가 곁에 있을 때에도 엄
청난 외로움을 느낀다. 안정형은 파트너의 단점을 인정하고, 파
트너가 자신에게 의지할 수 있도록 내버려둔다. 그리고 파트너
를 아주 특별한 존재로 여긴다. 하지만 회피형이 안정형처럼 되
려면 극적인 변화를 겪어야 한다. 회피형은 파트너가 생겨도 항
상 정신적 거리를 유지하며 도망칠 경로를 만들어놓을 사람이
다. 또한 파트너와 가까워지고 파트너를 통해 완전해지는, 즉 안
식처를 찾은 듯한 느낌을 절대 인정하지 않을 것이다.

적당한 거리를 유지하기 위한 꼼수

앞의 사례에 등장하는 마이크, 카이아, 스타브로스, 톰은 파트너
로부터 거리를 두기 위해 각기 다른 방법을 사용하고 있다. 하지

만 결국 그들이 사용하는 기술은 모두 애착 체계를 불활성화시키려는 전략이다. 불활성화 전략이란 친밀감을 억누르기 위한 행동이나 사고방식을 일컫는다. 그리고 그 전략은 애착 체계, 즉 좋아하는 파트너와의 친밀감을 욕망하도록 정해져 있는 뇌의 생물학적 메커니즘을 억제한다. 회피형도 친밀감에 대한 욕구가 있지만 어떻게든 그 욕구를 억제하려고 힌다는 사실을 가르쳐 주었던 연구들이 떠오를 것이다. 불활성화 전략은 일상생활에서 그런 욕구가 삐져나오는 일을 막기 위해 사용된다. 다음의 불활성화 전략 목록을 자세히 살펴보자. 회피형은 더 많은 전략을 사용할수록 더 외로워지고 더 불행해질 것이다.

일반적인 불활성화 전략의 사례들

- 아직 헌신적인 관계를 약속할 준비가 되지 않았다고 말하거나 그렇게 생각한다. 하지만 몇 년 동안 헤어지지 않고 지내기도 한다.
- 파트너의 사소한 단점들까지 유심히 들여다본다. 파트너의 언행, 옷 입는 방식, 식습관, 그 외에 마음에 들지 않는 모든 일상적 행위들이 낭만적인 감정을 가로막도록 내버려둔다.
- 전 여자 친구나 전 남자 친구를 그리워한다.
- 파트너가 아닌 사람들에게도 추파를 던진다. 파트너에게 상처를 주면서 관계를 불안하게 만드는 방법이다.

> • 사랑한다는 말을 하지 않는다. 그런 감정이 있음을 암시
>   할 때도 있지만 결코 직접 말하는 법은 없다.
> • 잘 지내다가 갑자기 거리를 둔다.
> • 유부남이나 유부녀처럼 함께할 미래가 없는 상대를 파트
>   너로 고른다.
> • 파트너가 말하는 동안에 그의 말에 집중하지 않는다.
> • 비밀을 지니고 있으며 뭐든 확실하게 말해 주는 법이 없
>   다. 독립적인 사람이라는 느낌을 유지하고 싶어 한다.
> • 육체적인 친밀감을 거부한다. 예를 들어 같은 침대에서
>   자고 싶어 하지 않거나 섹스를 원하지 않는다. 함께 길을
>   걸을 때는 앞질러 걷는다.

회피형은 이런 불활성화 전략들을 일상생활에서 무의식적으로 사용한다. 아무리 사랑하는 사람이라 해도 자신의 독립성을 위협하지 못하게 만들기 위한 일상적 도구인 셈이다. 하지만 이런 도구들은 결국 회피형 자신의 행복을 위협하고 말 것이다.

그러나 불활성화 전략만으로 애착 욕구를 전부 억제할 수는 없다. 불활성화 전략은 빙산의 일각에 불과하다. 이외에도 회피형은 자신의 지각과 신념을 통제함으로써 파트너와의 단절감을 유지하고 행복을 억압한다.

회피형은 왜곡된 관점에서 파트너의 언행을 바라본다. 걱정스러운 점은 이런 비생산적인 사고방식이 무의식적으로 이루

어진다는 사실이다.

　“제가 어렸을 때 아버지는 항상 누구에게도 의지하지 말라고 가르치셨습니다. 뇌리에 박힐 정도로 자주 말씀하셨죠. ‘네가 믿을 수 있는 사람은 오로지 너 자신뿐이다!’ 심리 치료를 받기 전까지는 한 번도 그 말을 의심해 본 적이 없었습니다. 저는 상담사에게 이렇게 말했죠. ‘연인 관계? 그게 다 무슨 소용이죠?’ ‘믿을 건 저 자신밖에 없는데 뭐하러 다른 사람과 함께하기 위해 아까운 시간을 낭비해야 하나요?’ 그랬던 저를 상담사가 일깨워 주었습니다. 그는 ‘그건 말도 안 되는 소리예요!’라고 말했습니다. ‘얼마든지 다른 사람에게 의지할 수 있고, 또 의지해야 합니다. 알든 모르든 당신도 항상 그래 왔어요. 그건 사람이라면 누구나 마찬가집니다.’ 정신이 번쩍 들었죠. 맞는 말이었어요. 그 말을 듣고 세상으로부터 떨어져 혼자 힘으로 살아가야 한다는 강박관념을 버려도 된다는 사실에 얼마나 안심했는지 몰라요.”

– 조, 29세

　조가 자립심에 대한 신념과 그 신념에서 비롯된 외로운 생활 때문에 힘들어하는 것은 그가 유별난 사람이어서가 아니다. 연구들에 따르면 자립심에 대한 신념은 친밀감에 대한 불편함과 밀접한 관계가 있다고 한다. 회피형은 자신이 다른 사람의 도움을 구하지 않고도 잘 살고 있다는 사실에 높은 자신감을 느낀다. 하지만 그만한 자신감에는 대가가 따르는 법이다. 회피형은 어떤 사람에게도 높은 친밀감을 느끼지 못한다. 그들은 쉽게 자신을 열어 보이지 않으며 친밀감을 불편하게 여기고, 아무리 힘들어도 다른 사람에게 도움을 구하지 않는다.

조의 경우에서도 명백히 나타나듯이 자립심에 대한 굳은 신념은 마음의 자산이 아니라 오히려 짐이 될 뿐이다. 지나친 자립심은 연인 관계에서 파트너의 친밀감을 얻고 파트너와 은밀한 신호를 교환하며 좋은 관계를 유지하는 데 방해만 될 뿐이다. 대부분의 회피형이 자립심을 독립성으로 착각하고 있다. 물론 누구에게나 자립심을 기르는 것은 중요한 일이지만, 자립심을 과대평가하다 보면 다른 사람의 도움을 과소평가하게 된다. 그것은 자신의 생명줄을 끊어버리는 행위나 마찬가지다.

지나친 자립심의 또 다른 문제는 '자기 자신'만 중요시하는 데서 비롯된다. 자립심은 회피형으로 하여금 파트너의 욕구를 무시하고 자신의 욕구에만 집중하게 함으로써 인간이 할 수 있는 가장 값진 경험을 놓치게 만든다. 이는 회피형과 그의 파트너로부터 서로의 성격적 한계를 초월해 도달한 사랑의 희열을 맛볼 기회를 빼앗아가는 것이다.

만나면 만날수록 단점만 찾아낸다

회피형으로 하여금 파트너와 거리를 두게 하는 또 다른 불활성화 전략은 '사과의 벌레 먹은 부분이 커 보이는' 사고방식이다. 캐롤은 지난 9개월 동안 밥과 사귀면서 점점 불행해졌다. 그녀는 밥이 자신에게 맞지 않는 남자라는 생각이 들었고 여러 가지 이유로 그런 생각을 합리화했다. 캐롤이 보기에 밥은 자신만큼 지적이지 못했으며 교양도 없었다. 또 지나치게 애정을 갈망했으며 옷차림도 맘에 들지 않았고 사교성도 별로였다. 하지만 그에게는 다른 남자들에게는 없는 부드러움이 있었다. 그는 그녀를 안심시키고 인정해 주었다. 매번 선물을 안겨주고 그녀가 아무리 말이 없거나 변덕이 심하거나 짜증을 내도 다 참아주었다. 그럼에도 캐롤은 밥을 떠날 수밖에 없다고 생각했다. "어떻게 해도 안 될 사이야"라고 몇 번이나 이야기했다. 결국 캐롤은 밥과 헤어졌다. 몇 달 후 그녀는 밥이 없는 생활이 얼마나 힘든지 깨달았다. 외롭고 우울하고 상처받은 상태에서 그녀는 자기 손으로 가장 소중한 인연을 저버렸다는 사실에 애통해했다.

　캐롤의 경험은 회피형에게서 흔히 나타나는 현상이다. 회피형은 파트너를 볼 때 부정적인 경향을 보인다. 반쯤 채워진 물잔을 반이나 채워진 것이 아니라 반밖에 채워지지 않은 것으로 바라본다.

　이스라엘의 통섭 센터 내 뉴스쿨 심리학과장인 미쿨린서는 동료인 빅터 플로리언Victor Florian과 질라드 힐쉬베르거Gilad Hirschberger와 함께한 실험에서 커플들에게 일기를 쓰게 했다. 그들은 이 실험을 통해 회피형이 다른 유형들보다 파트너를 더 낮게 평가한다는 사실을 발견했다. 더 놀라운 것은 파트너가 자신을 지지하고 따뜻하게 대했으며 자신을 걱정해 주었다고 느낀 날에도 다른 날과 마찬가지로 파트너에게 낮은 점수를 매겼다는 사실이다.

미쿨린서 박사는 이런 행동 패턴이 유대감을 혐오하는 회피형의 일반적인 태도에서 비롯된 것이라고 설명한다. 자신들의 이런 태도와 모순되는 일, 가령 배우자가 진심으로 걱정하고 사랑해 주는 태도를 보이면 파트너의 행동을 무시하거나 그의 가치를 과소평가하는 경향을 보인다.

캐롤은 밥을 만나는 동안 밥의 단점을 찾아내며 다양한 불활성화 전략들을 사용했다. 밥의 장점을 알아도 그의 수많은 단점이 눈에 들어오는 것은 어쩔 수 없는 일이었다. 밥과 헤어진 뒤에야 그녀는 높은 친밀감에 대한 두려움을 떨쳐냈고 방어 전략도 내려놓았다. 그러자 그녀는 다시 애착의 감정을 느낄 수 있었고 밥의 장점들을 제대로 알아볼 수 있었다.

존 그레이 박사의 깨달음의 순간

만약 당신이 부모인데 아기가 왜 우는지 도무지 알 수 없는 상황에 처했다고 가정해 보자. 당신은 아기가 우는 이유가 배가 고파서인지, 피곤해서인지, 기저귀가 젖어서인지, 아파서인지 알 수 없다. 안아달리는 의미인지, 자기를 내버려두라는 의미인지도 알 수 없다. 이는 당신이나 아기 모두에게 괴로운 상황일 것이다. 하지만 아기는 자신이 원하는 바를 전달하기 위해 훨씬 더 오랫동안 울 수밖에 없다.

회피형은 종종 아기의 울음소리를 알아들을 수 없는 부모가 된 느낌을 받는다. 그들은 일상적으로 파트너가 보내는 언어적, 혹은 비언어적 신호를 해석하고 그 해석을 바탕으로 파트너의 심리 상태를 논리적으로 이해하는 능력이 부족한 편이기 때문이다. 문제는 자립적인 태도만이 아니다. 회피형은 자신이 가장 가깝게 여기는 사람의 감정조차 신경 쓰지 않도록 자신을 훈련해왔던 것이다. 그들은 자신이 그런 것까지 신경 쓸 의무는 없다고 생각하며, 파트너가 스스로 자신의 감정을 추스를 줄 알아야 한다고 생각한다. 이처럼 상대를 이해하는 능력이 부족한 회피형의 특성 때문에 그들의 파트너는 감정적인 지지를 받지 못한다고 느끼며 불평하게 된다. 유대감이나 온정, 만족감 또한 낮을 수밖에 없다.

미네소타 대학 심리학과 교수인 심슨 박사는 파트너가 스트레스를 받는 상황에서 애착 성향이 어떻게 나타나는지에 대한 흥미로운 실험을 진행했다. 어떤 조건에서 사람들이 파트너의 감정을 정확하게 파악하거나 파악하지 못하는지 살펴보고자 했던 것이다. 미국 텍사스에 있는 A&M 대학의 스티브 롤스Steve Rholes와 공동으로 진행한 그 연구에서 심슨은 애착 유형에 따라 파트너의 생각을 추론하는 방식이 어떻게 다른지 알아보았다. 그들은 실험 참가자들이 자신의 파트너가 보는 앞에서 사진 속 인물의 이성적 매력에 점수를 매겨 보게 했다. 그 후에는 자신이 점수를 매기는 동안 파트너의 반응이 어땠는지 판단해 보도록 했다. 그 결과 회피형은 불안형보다 파트너의 생각이나 감정을 인식하는 데 정확성이 떨어졌다. 회피형은 사진 속의 이성을 아주 매력적이라고 평가하는 동안 실제로는 파트너가 속상해하는 반응을 보였음에도 파트너가 무관심한 반응을 보였다고 생각했다. 이는 회피형이 흔히 보이는 현상이었다.

♥

《화성에서 온 남자 금성에서 온 여자》의 저자 존 그레이John Gray는 서문에서 이 책을 쓴 동기가 된 깨달음의 순간을 다음과 같이 설명했다. 아내 보니가 산고 끝에 딸을 낳았다. 며칠이 지나 존은 다시 일을 시작했고, 당연히 아내는 계속 산후 조리 중이었다. 일과를 마치고 집으로 돌아온 그는 아내가 진통제가 떨어져 고통스러운 상태에서 아기를 돌보며 하루를 보냈다는 사실을 알게 되었다. 하지만 그 사실을 알기 전에는 지친 아내가 괜히 자신에게 성질을 부린다고 생각했다. 그래서 자신은 아무 잘못도 없다고 주장하며 방어적인 태도를 취했다. 알고 보니 문제는 진통제가 떨어졌던 것뿐이었다. 전화 한 통화면 되었을 일 아닌가? 격한 말다툼이 벌어졌고 존은 화를 내며 자리를 박차고 나갈 기세였다. 그때 보니가 그를 말렸다. "그만, 제발 내 옆에 있어줘요"라고 그녀는 말했다. "지금 내겐 당신이 너무 필요해요. 통증 때문에 며칠 동안 잠도 제대로 못 잤어요. 제발 내 말 좀 들어보세요." 그제야 존은 보니에게 다가가 그녀의 손을 잡아주었다. 나중에 그는 이렇게 회고했다. "그날 처음으로 나는 그녀를 내버려둔 채 자리를 뜨지 않았다. 그녀가 정말 나를 필요로 하는 순간에 그녀 곁을 훌륭히 지켜주었던 것이다."

스트레스, 새로 태어난 아기에 대한 책임감, 그리고 아내의 아주 효과적인 의사소통 능력을 통한 마무리로 요약할 수 있는 이날의 사건은 존의 내면에 있던 안정적인 애착 체계를 일깨웠다. 그는 아내의 행복이 자신의 책임이자 신성한 의무라는 사실을 깨닫게 되었다. 참된 깨달음이었다. 자신의 욕구에만 신경 쓰느라 파트너의 요구나 불만에는 방어적인 반응을 보였던 사람이 좀 더 안정적인 사고방식을 갖게 된 것이다. 사고방식을 바꾼다는 것은 회피형에게 쉬운 일이 아니다. 하지만 마음을 열고 진심으로 파트너를 대하다 보면 얼마든지 변화할 수 있다.

과거의 유령을 그리워하거나,
완벽한 사랑을 찾아 헤매거나

'지난 사랑에 미련 갖기'와 '완벽한 사랑을 꿈꾸기.' 이러한 두 가지 행동 패턴은 사랑에 빠진 자기 자신을 속이려 할 때 회피형이 사용하는 가장 교묘한 기술들이다. 회피형은 자신이 옛 연인을 진심으로 그리워하고 있거나 자신에게 꼭 맞는 상대가 가까운 곳에서 자신을 기다리고 있을 것이라고 믿는다. 이렇게 완벽한 파트너를 꿈꾸는 것은 지금 만나고 있는 파트너와 거리를 두고 싶을 때 회피형이 사용하는 가장 강력한 도구 중 하나다. 회피형은 완벽한 파트너를 설정해놓고 자신에게는 아무런 문제가 없으며 문제는 완벽하지 못한 파트너에게 있다고 믿는다. 파트너와 거리를 두기 위해 사용하는 회피형의 이러한 방식은 오히려 파트너를 혼란스럽게 만들기도 한다. 회피형은 파트너와 멀어지고 싶어서 예전 애인이 그립다거나 완벽한 짝을 찾고 싶다는 말을 꺼냈겠지만 파트너는 그 말을 듣고 친밀감을 갈망한다는 뜻으로 받아들일 것이다.

지나간 과거의 유령에 홀리다

연인 관계를 과소평가했던 사람은 관계가 끝난 뒤에야 그 관계가 얼마나 소중했는지 깨닫게 된다. 회피형은 파트너와 헤어진 뒤에야 떠나간 사랑을 그리워하며 어디서부터 관계가 틀어졌는지 되돌아본다. 자신이 거슬려 했던 파트너의 단점은 어느새 다 잊어버린 것이다. 이런 상태를 '과거의 유령에 홀린 상태'라고 한다.

헤어진 뒤에야 밥에 대한 자신의 감정을 새롭게 발견한 캐롤처럼 회피형은 지겨워진 파트너와 헤어신 뒤 종종 이상한 반응을 보인다. 사랑의 감정과 존중하는 마음이 되살아나는 것이다. 일단 안전거리가 확보되고 나면 친밀감에 대한 두려움도 사라지고 진심을 숨길 필요도 없어진다. 헤어진 연인의 훌륭한 자질들이 다시 떠오르고 그 사람이야말로 평생에 다시 없을 최고의 상대였다고 믿게 된다. 물론 그전에는 왜 자신에게 맞지 않는 사람이라고 생각했는지 깨닫지 못한다. 왜 헤어지기로 마음먹었는지도 제대로 기억나지 않는다. 어쩌면 자신이 너무 형편없이 행동해서 그 혹은 그녀가 떠날 수밖에 없었는지도 모르겠다고 생각한다.

간단히 말해, 회피형은 헤어진 파트너를 추켜세우면서 이제는 영원히 잃어버린 그 사람에게 "내 인생 최고의 사랑"이라는 찬사를 바치는 것이다. 가끔 회피형은 헤어진 파트너와 다시 잘해 보려고 노력히기도 한다. 여전히 가까워졌다가 멀어졌다가 하면서 말이다. 아니면 헤어진 파트너가 여전히 솔로라고 해도 다시 만날 시도는 하지 않으면서 계속 끊임없이 그리워하기만 할 수도 있다.

헤어진 파트너에 대한 이러한 고착fixation(특정 단계에서 욕구 과잉이나 극단적인 불만족이 일어나면 다음 단계의 발달이 성립되어도 이전 단계, 즉 고착점으로 되돌아가려 하는 퇴행이 일어난다-옮긴이)은 새로운 관계를 싹 틔우는 데에도 영향을 미친다. 고착이 새로운 사람과 가까워지는 것을 막는 불활성화 전략으로 기능하기 때문이다. 회피형은 아마 과거의 유령과 다시는 함께할 수 없을 것이다. 하지만 단순히 그 사람이 이 세상 어딘가 존재한다는 사실만으로도 새로운 파트너가 하찮은 사람으로 보이게 된다.

완벽한 사랑이라는 허상의 신기루

놀라울 정도로 멋져 보이던 사람이 사귀고 난 후 점점 가까워지면서부터는 별로 매력적으로 느껴지지 않았던 경험이 있는가? 이런 감정은 오래 만난 파트너를 상대로도 생길 수 있다. 그동안 자신의 소울메이트라고 철석같이 믿어왔던 파트너에 대한 마음이 차갑게 식어버릴 수도 있다. 그녀의 이상한 식습관, 코 푸는 소리가 갑자기 거슬리기 시작하는 식이다. 연애 초기에 파트너에게 느꼈던 매력이 사라지고 나면 회피형은 질식할 것 같은 기분이 되어 거리를 두고 싶다고 느끼게 된다. 하지만 갑자기 치밀어 오르는 이 부정적인 감정이 애착 욕구 신호를 끄기 위해 무의식적으로 촉발된 불활성화 전략인 줄은 몰랐을 것이다.

회피형은 모든 사람이 친밀감을 원한다고 생각하지 않는

다. 또한 자기 자신의 내면을 들여다보고 싶어 하지도 않는다. 그러므로 파트너와 멀어지고 싶은 마음이 들기 시작하면 회피형은 자신이 사랑에 빠지지 않았다고 결론 내리고 서서히 파트너로부터 멀어진다. 그렇게 되면 파트너는 절망에 빠져 항의 행동을 보일 것이다. 하지만 그런 행동은 회피형에게 자신의 파트너가 완벽한 상대, 즉 운명의 상대가 아니었다는 확신을 더욱 굳어지게 만들 뿐이다.

회피형은 사막의 신기루와 같이 다가가면 사라지는 이 악순환을 끊임없이 반복하며 언젠가 운명의 상대를 만나면 별다른 노력 없이도 완벽한 결합을 이룰 수 있을 것이라고 믿는다.

이 장을 읽고 회피형의 삶이 자족적인 삶과는 거리가 멀다는 사실을 분명히 알게 되었을 것이다. 이제까지 설명한 것처럼 결국 회피형은 강력한 애착 체계를 강력한 불활성화 전략으로 계속 억누르며 고군분투하는 삶을 살 수밖에 없다. 그 엄청난 억제력 때문에 회피형의 행동, 사고방식, 신념을 뿌리째 변화시키기는 어렵다고 결론 내리기 쉽다. 하지만 엄밀히 말해 그것은 사실이 아니다. 사실 회피형은 자신이 행복해지지 못하는 이유가 자신이 아닌 외부 환경에 있다고 생각한다. 그동안 잘못된 사람을 만났거나 운명의 상대를 찾지 못했거나 자신을 구속하고 싶어 하는 사람과 만났기 때문이라고 생각하는 것이다. 그들이 파트너와의 관계에서 만족을 느끼지 못했을 때 자기의 내면에서 그 이유를 찾는 경우는 거의 없다. 스스로 도움을 구하는 회피형도 드물고 도움을 구하자는 파트너의 의견을 따르는 회피형은 더더욱 드물다. 그래서 불행히도 회피형이 스스로 자기 내면을 바라보거나 상담을 요청하지 않는 이상 변화의 가능성은 매우 낮다.

간혹 회피형은 사무치는 외로움을 경험하거나, 인생을 송두리째 흔들어 버리는 사건을 경험하고 스스로 사고방식을 바꾸기도 한다. 그 상황까지 가본 회피형이라면 다음의 여덟 가지 행동을 명심해 두길 바란다. 이 행동을 통해 참된 친밀감에 한 발 더 다가갈 수 있을 것이다. 그러려면 우선, 스스로에 대한 자각심을 높이는 일이 가장 중요하다. 즉 자신이 누군가와 진정으로 가까워질 능력이 없다고 생각하는 사고방식을 갖고 있음을 깨닫는 것이다. 하지만 이는 첫 걸음을 내딛는 것에 불과하다. 그다음의 좀 더 어려운 단계는 아래에 나와 있는 태도나 행동이 요구되는 상황을 인식하는 것이다. 그래야만 변화를 향한 길에 오를 수 있다.

회피형을 위한 맞춤형 데이트 코칭 A to Z

1. 자신의 불활성화 전략을 자각하자

즉흥적으로 행동하지 말자. 아주 매력적으로 보였던 사람이 더 이상 자신에게 맞지 않는다는 느낌이 들었다면, 행동을 멈추고 먼저 생각해 보자. 이것이 불활성화 전략인가? 파트너의 결점이 보이기 시작하는 것이 파트너와 멀어지기 위한 애착 체계의 전략은 아닌가? 그리고 이러한 사고방식이 왜곡된 것임을 깨달아야 한다. 또한 당신이 불편하게 느낄지라도 당신에게는 친밀감에 대한 욕구가 있다는 것을 상기해야 한다. 처음에 훌륭한 점이 많았던 파트너였다면 그런 파트너를 밀어냄으로써 당신은 나중에 더 많은 것을 잃게 될 것이다.

2. 서로 인정하고 지지해 주자

서로를 인정해 주는 관계가 완성되면 당신의 파트너는 안정감을 얻게 될 것이다. 그로 인해 마련된 안전 지대에서 살아가는 파트너는 지나치게 당신과 가까워지려고 노력하지 않는다. 그러면 당신도 파트너를 멀리할 필요를 느끼지 못할 것이다. 결국 당신과 파트너는 다른 일에 신경 쓸 수도 있고 각자의 일에 집중할 수 있게 된다. 당신은 좀 더 독립성을 가질 수 있을 것이며 파트너도 욕구불만에 시달리지 않을 것이다.

3. 안정형 파트너를 만나자

안정형은 불안형이나 회피형 파트너를 안정형처럼 만들어줄 수 있다. 그러나 불안형 파트너는 종종 끝없는 악순환에 빠지고 마는 당신의 회피적인 경향을 더욱 악화시킬 것이다. 할 수만 있다면 안정적인 길을 선택하기를 권한다. 그러면 당신은 덜 방어하고, 덜 싸우며, 덜 괴로워할 수 있을 것이다.

4. 자신의 단점을 의식하자

파트너의 행동과 의도를 부정적으로 해석하는 경향은 관계에 안 좋은 영향을 끼친다. 이 패턴을 바꿔야 한다! 잦은 오해를 하는 자신의 특성을 깨닫고, 비슷한 상황이 닥치면 그때는 좀 더 설득력 있는 관점을 선택하자. 당신이 마주하고 있는 사람은 당신의 파트너이며, 당신이 함께하기로 선택한 사람이다. 파트너가 당신에게 해를 끼칠 사람이 아니라고 신뢰할 수 있어야 한다.

5. 고마웠던 일을 떠올려 보자

자신에게 파트너나 데이트 상대를 부정적으로 바라보는 경향이 있음을 매일 되새길 필요가 있다. 그것은 회피형인 당신의 어쩔 수 없는 기질이다. 그러므로 파트너의 긍정적인 행동을 눈여겨 보겠다는 목표를 세워놓고 억지로라도 노력해야 한다. 처음에는 쉽지 않겠지만 인내심을 갖고 연습한다면 점점 익숙해질 것이다. 매일 저녁 그날 있었던 일을 떠올려 보자. 그리고 당신의 행복에 파트너가 기여한 부분이나 당신의 삶에 파트너가 있어 감사한 이유가 생각나면, 아무리 사소한 것이라도 적어도 한 가지 이상 열거해 보자.

6. 과거의 유령을 놓아주자

헤어진 파트너를 특별히 이상화하고 있는 자신을 발견한다면 그 생각을 멈추어야 한다. 그리고 그 사람과는 앞으로도 잘 될 수 없다는 사실을 깨달아야 한다. 그 관계가 얼마나 위태로웠고 당신이 얼마나 그 관계에 헌신적이지 못했는지 기억한다면, 그 사람에 대한 기억을 이용해 애착 체계를 억제하는 대신 새로 만난 사람에게 집중할 수 있을 것이다.

7. 소울메이트라는 단어를 내려놓자

소울메이트란 것이 존재하지 않는다는 말이 아니다. 반대로 소울메이트를 만나는 일은 얼마든지 일어날 수 있다. 하지만 당신이 그 과정에서 능동적인 역할을 해야만 한다는 사실을 깨달아야 한다. 당신이 내건 조건에 모두 부합하는 운명의 상대가 눈앞에 저절로 나타날 리가 없다. 알아서 모든 일이 술술 풀리는 날은 오지 않을 것이다. 그 대신 당신이 수많은 사람들 가운데 선택한 바로 그 파트너를 소울메이트라고 생각해 보자. 이 장에서 알려준 전략들을 사용해 그와 가까워지고 그를 자신의 소중한 일부로 여길 수 있도록 마음을 열어보길 바란다.

8. 주의를 분산시키자

회피형인 당신은 산만한 상태가 되면 파트너와 더 쉽게 가까워진다. 앞에서 보았던 단어 인지 실험을 떠올려 보자. 등산, 요트 타기, 식사 준비 등을 같이하면서 관심을 분산시키면 당신은 경계심을 풀고 사랑이란 감정에 더 너그러워질 수 있다. 이 간단한 방법만으로도 파트너와의 친밀감이 높아질 것이다.

Chapter 5

안정형에 관해 설명하는 일은 다소 지루해 보일 지도 모른다. 설명할 것이 얼마나 되겠는가? 안정형은 일관적이며 믿을 만한 사람이라 할 수 있다. 친밀감을 기피하거나 연애 문제 때문에 미쳐버리는 안정형은 거의 없다. 안정형의 연애에서는 드라마에서나 볼 수 있는 극적인 일이 거의 일어나지 않는다. 특별한 기복도 없고, 감정의 요요 현상이 일어나거나 롤러코스터를 오르내리는 일도 없다. 상황이 이러한데 무슨 할 말이 있겠는가?

하지만 놀랍게도 안정형에 대해 할 말은 너무 많다. 애착의 의미와 안정적인 유대감이 어떻게 인생을 변화시키는지를 이해하게 되면서 우리는 이 세상의 모든 안정형에 대해 존경심을 갖게 되었다. 그들은 파트너의 심리적·육체적 신호를 읽어내는 일과 그 신호에 대응하는 일 모두에 능숙하다. 그들의 감정 체계는 불안형처럼 위협을 느낄 때 쉽게 짜증을 일으키지도 않고, 회피형처럼 완전히 폐쇄적으로 변하지도 않는다. 이 장에서는 안정형의 특성에 대해 배우고 왜 그들이 특별한 사람들인지 알아볼 것이다. 그리고 관계에 관한 조언을 거의 구하지 않는 안정형에게도 미리 경고하고 싶다. 안정형도 발을 헛디디면 얼마든지 불행한 관계에 빠질 수 있으며 그런 관계는 안정형에게도 충분히 악영향을 끼칠 수 있다는 사실을 말이다.

안전형이 주는 완충 효과

연인 관계에 행복을 가져다주는 최상의 변수가 안정형이라는 사실은 여러 연구에서 반복적으로 밝혀진 사실이다. 연구에 따르면 안정형은 다른 유형에 비해 관계에 대한 만족도가 제일 높다고 한다. 토론토 대학의 패트릭 킬란Patrick Keelan 박사는 심리학 교수 케네스 디온Kenneth Dion, 카렌 디온Karen Dion과 함께 4개월 동안 100명이 넘는 대학생 커플을 대상으로 안정형에 대한 실험을 진행했다. 그중 안정형은 4개월 동안 관계에 대한 만족도나 기여도, 신뢰도를 높은 수준으로 유지했다. 반대로 안정형이 아닌 사람들은 4개월 동안 만족도, 기여도, 신뢰도가 모두 감소했다.

그렇다면 안정형과 비안정형이 만나면 어떻게 될까? 연구진은 별도의 실험을 통해 커플들의 관계 유지 능력을 관찰했다. 양쪽 파트너가 모두 안정형이었던 안정형 커플은 불안형이나 회피형으로만 구성된 비안정형 커플보다 더 높은 관계 유지 능력을 보였다. 물론 이는 전혀 놀라운 결과가 아니었다. 흥미로운 점은 안정형 커플과 한 사람만 안정형인 '혼합형' 커플 사이에서 어떠한 차이도 발견되지 않았다는 사실이었다. 안정형 커플과 혼합형 커플은 모두 '비안정형' 커플보다 갈등이 적었고 관계 유지 능력도 높았다.

이로써 안정형은 관계 유지 능력만 뛰어난 것이 아니라는 사실이 밝혀졌다. 그들은 비안정형 파트너의 관계 만족도와 관계 유지 능력을 자신의 수준으로 끌어올릴 수 있는 능력 또한 뛰어났다. 이것이 안정형이 만들어내는 완충 효과다. 이는 매우 중요한 발견이다. 안정형이 자신의 파트너를 안정적으로 변할 수 있도록 보살펴 줄 수 있다는 이야기이기 때문이다.

평범한 고수들

안정형이 일으키는 이 마술에 가까운 효과의 정체는 무엇인가? 상냥하고 호감이 가며 사교적으로 보이는 사람들이 안정형일까? 매력, 평정심, 자신감에 근거해 안정형을 구별해낼 수 있을까? 이 질문들에 대한 답은 전부 "아니요"다. 다른 애착 유형들과 마찬가지로 성격이나 육체적 특징을 보고 안정형을 구별해낼 수는 없다. 안정형은 어떤 성격에 대한 묘사에도 다 들어맞는다.

○ 서른 살의 애론은 화학 공학 기술자로 사교 활동을 매우 싫어하는 내성적인 성격이다. 그는 여가 시간에 주로 일을 하거나 책을 읽거나 가족을 만난다. 새로운 사람들을 만나는 경우는 매우 드물다. 그가 처음으로 성 경험을 한 것은 2년 전이었다.

○ 스물일곱 살의 브렌다는 영화 제작자로 사교 활동의 중심에 있는 사람이다. 모든 사람과 알고 지내며 중요한 행사에는 반드시 참여한다. 열여덟 살부터 스물네 살까지 진지하게 만난 남자 친구가 있었다. 하지만 그와 헤어지고 난 뒤로는 다양한 남자들을 만나보는 중이다.

○ 쉰 살의 그레고리는 전기 기사로 두 자녀를 둔 이혼남이며 아주 활발하고 낯을 가리지 않는 성격이다. 실패한 결혼 생활로 인한 상처가 아직 아물지 않았지만 두 번째 부인을 찾는 중이다.

안정형은 어떤 모습으로도 나타날 수 있다. 안정형과 다른 유형 간의 차이는 겉으로 보이지 않는 다른 무언가에 있다. 그 무언가를 처음에는 알아차리기 어려울 수도 있다. 하지만 마흔 한 살의 재닛은 그 '무언가'를 직접 경험해 본 적이 있다.

지난 주부터 밀린 일 때문에 정신이 없었던 재닛은 몹시 무거운 마음으로 월요일 아침을 맞았다. 책상 위에 쌓여 있는 어마

어마한 양의 일을 절대 해낼 수 없을 것 같았다. 자신이 무능력하게 느껴진 그녀는 침대에 함께 누워 있던 남편 스탠에게 의지하고 싶은 마음이 들었다. 그런데 정작 의지하고 싶다는 말 대신 갑자기 그의 사업이 진척을 보이지 않아 실망스럽고 그가 잘해낼 수 있을지 걱정된다는 말이 튀어나오고 말았다. 스탠은 얼떨떨한 기분이었지만 재닛의 공격적인 말에 석대삼을 드러내지 않고 대답했다. "당신이 두려워하는 것은 이해해. 나도 같은 마음이라는 것을 알면 당신 마음이 좀 편해지겠지. 하지만 평소처럼 당신이 내가 일을 더 잘할 수 있도록 격려하고 싶어서 한 말이라면 이건 좋은 방법이 아니야."

재닛은 어안이 벙벙해졌다. 남편이 옳았다. 사실 걱정스러운 것은 자기 자신이었다. 재닛이 울먹이자 스탠은 그녀를 직장까지 데려다 주겠다고 했다. 차 안에서 재닛은 스탠에게 사과했다. 아까 했던 말은 진심이 아니며, 심리적 공황 상태에 빠진 것처럼 모든 일이 두렵게 느껴진다고 말했다.

그때 재닛은 스탠이 얼마나 의지가 되는 남편인지 깨달았다. 만약 그가 자신을 공격했더라면 그녀는 반격했을 것이며 곧 전쟁이 벌어졌을 터였다. 그녀라면 침착하게 무엇이 문제이며 싸움의 원인이 남편이 아니라 자신이 겪고 있는 문제에 있다고 금방 알아차릴 수 없었을 것이다. 돌발적인 상황에도 잘 대처할 줄 아는 스탠의 능력은 진정한 심리적 재능 없이는 불가능한 것이었다. 재닛은 속으로 생각했다. "그런 남편의 배려를 받을 수 있어서 얼마나 고마웠는지 이 순간을 기억해 둬야겠어. 그리고 언젠가는 나도 그를 똑같은 방법으로 배려해 줘야지."

위협에 둔감한 안정형

스탠처럼 안정형 사람들의 장점은 눈에 보이지는 않지만 분명히 존재한다. 그들은 파트너가 자신을 사랑해 주고 자신에게 관심을 가져 주기를 기대하지만 파트너의 사랑을 잃을까 봐 걱정하지는 않는다. 그들은 친밀감을 극도로 편안히 여기며 자신의 욕구를 표현하고 파트너의 욕구를 충족시키는 데 이상할 정도로 뛰어난 능력을 발휘한다.

앞서 살펴본 단어 인지 실험에서처럼, 애착 주체의 무의식에 접근하고자 한 일련의 연구들은 실험을 통해 불안형, 회피형, 안정형의 반응을 비교해 보았다. 연구에서 안정형의 무의식은 사랑, 포옹, 친밀감에 대해서는 민감한 반응을 보였지만 위험, 상실, 이별에 대해서는 둔감한 반응을 보였다. 부정적이고 위협적인 주제어들은 안정형의 무의식에 쉽게 접근하지 못했다. 회피형은 처음에는 부정적인 단어에 반응을 보이지 않았지만 주의가 산만해진 상태에서는 반응했다. 반면 안정형은 산만한 상태에서도 그런 단어들을 못 보고 지나쳤다. 불안형과 달리 안정형은 예기치 못한 공격을 받은 경우에도 관계가 위협받고 있다는 생각은 하지 않았다. 다시 말해, 그들은 부정적인 생각을 억누르기 위해 노력하지 않아도 된다는 뜻이다. 그들은 그런 걱정 자체를 하지 않는다. 의식적으로도 무의식적으로도 말이다.

같은 실험에서 연구자들은 안정형에게 이별, 버림받음, 상실을 의식적으로 연상해 보라고 지시했다. 그들은 연상에 성공했으며, 피부에 난 땀의 양을 측정히는 피부 전도도 검사에 따르면 긴장된 상태를 보이기도 했다. 하지만 연상을 멈추라고 하자마자 놀랍게도 그들의 피부 전도도는 곧바로 정상 상태로 되돌아왔다. 이렇듯 어떤 사람들에게는 아주 힘든 일, 즉 관계에 대한 위협을 느껴도 감정적인 평형 상태를 유지하는 일이 안정형에게는 별 노력이 필요 없는 아주 쉬운 일이다. 그들은 그야말로 부정적인 신호에는 둔감한 사람들이다.

이런 안정형의 태도는 파트너와의 관계에서 모든 면에 영향을 미친다. 그들은 다음과 같다.

▶ **훌륭한 갈등 단속반이다** 다투는 중에 방어적으로 행동하지 않고 파트너를 상처 주거나 처벌하려고 하지 않으며, 상황을 악화시키지 않는다.

▶ **융통성 있는 사고를 지녔다** 상대방의 비판을 겁내지 않는다. 자신의 방식을 얼마든지 재고할 수 있으며 필요하다면 신념이나 전략도 수정할 수 있다.

▶ **효과적인 의사소통에 능하다** 다른 사람들도 자신처럼 이해

심과 대응 능력을 지니고 있다고 생각한다. 그래서 파트너에게도 자신의 감정을 자유롭고 분명하게 드러낸다. 이는 안정형에게 자연스러운 일이다.

▸ **'밀고 당기기'를 하지 않는다**　그들은 친밀감을 원하며 다른 사람들도 친밀감을 원한다고 생각한다. 왜 수고스럽게 '밀고 당기기'를 해야 하는가?

▸ **친밀감은 편안히 여기고 경계심은 드러내지 않는다**　그들은 친밀감을 원하며 파트너에게 "얽매일까 봐" 두려워하지 않는다(불안형처럼). 파트너에게 무시당할지도 모른다는 두려움에 휩싸이지도 않고(회피형처럼) 애착 체계를 억압하고 싶은 욕구도 없기 때문에 그들은 육체적이든 감정적이든 친밀감을 쉽게 즐기는 편이다.

▸ **파트너의 잘못을 쉽게 용서한다**　그들은 파트너의 잘못이 나쁜 의도에서 한 행동은 아니라고 생각한다. 그래서 파트너가 상처 주는 행동을 했다 하더라도 쉽게 용서해 준다.

▸ **섹스와 감정적인 친밀감을 따로 생각하지 않는다**　감정적으로만 가깝거나 성적으로만 가깝거나 둘 중 하나만 가능하다는 식으로 두 가지를 분리해 생각함으로써 굳이 거리를 둘 필요는 없다고 생각한다.

▸ **파트너를 왕족처럼 대우한다**　안정형과 제일 가까운 사람이 되면 그의 사랑과 존경심을 받을 수 있다.

▸ **자신이 관계를 향상시킬 수 있다고 확신한다**　자신이나 다른

사람들에 대한 긍정적인 믿음을 갖고 있다. 그 믿음을 자신하는 안정형에게는 당연한 논리다.

▶ **파트너의 행복에 대해 책임감을 갖고 있다**　그들은 상대방도 자신을 사랑하고 자신에게 관심을 쏟아줄 것이라고 생각한다. 그래서 자신도 상대방의 욕구를 충족시키기 위해 노력한다.

비안정형 파트너를 둔 사람들은 안정형 파트너와 함께하는 삶이 근본적으로 얼마나 다른지 상상하기조차 어려울 것이다. 우선 안정형은 상담사들이 종종 "춤추는 관계relationship dance"라고 부르는, 한 사람은 가까워지려고 하고 다른 한 사람은 거리를 유지하기 위해 계속 물러서는 상황에 쉽게 빠지지 않는다. 대신 친밀감을 높여준다. 두 번째로 그들은 예민함, 공감대, 그리고 가장 중요하게는 일관성을 잃지 않으며 파트너와 자신의 감정을 공유한다. 마지막으로 안정형은 파트너에게 감정적인 방패막이 되어주며 파트너가 세상을 좀 더 쉽게 헤쳐나갈 수 있도록 도와준다. 그것이 얼마나 큰 특혜인지는 그 특혜를 받는 동안에는 알 수 없다. 그래서 안정형 파트너와 비안정형 파트너를 모두 경험해 본 사람만이 안정적인 관계의 진정한 가치를 알아보는 것은 매우 당연한 일이다. 하지만 안정적인 관계와 그렇지 않은 관계에 어마어마한 차이가 있다 해도, 그들 역시 애착 이론의 지식 없이는 그 차이가 무엇인지 정확히 꼬집어 말할 수 없을 것이다.

만들어진 능력자

안정형은 이 예외적인 능력을 선천적으로 타고난 것일까 아니면 후천적으로 습득한 것일까? 보울비는 애착 유형이 유아기에 부모와 어떤 관계였느냐에 따른 인생 경험과 관련된 기능이라고 생각했다. 어렸을 때 부모가 세심하게 욕구를 잘 충족시켜 주었다면, 그 아이는 안정형으로 자랄 것이라는 말이다. 그런 아이는 부모님에게 의지하는 방법을 알고 있으며 자신이 필요로 할 때는 부모님이 언제든 달려와 줄 것이라고 자신한다. 하지만 보울비는 거기서 멈추지 않았다. 그는 안정형 아이의 그러한 자신감이 성인이 되어 연애를 할 때까지 지속된다고 보았다.

이런 예측을 뒷받침할 만한 증거가 있을까? 2000년, 토론토의 라이어슨 대학에서 아동 발달 연구를 이끌고 있는 레슬리 앳킨슨Leslie Atkinson은 여러 동료들과 함께 41가지 연구를 바탕으로 한 메타 분석 연구를 진행했다. 그들은 부모의 세심함과 아이의 애착 유형의 관련성을 알아보고자 총 2,000쌍이 넘는 부모-자식 관계를 분석했다. 결과에 따르면 두 요소 사이에는 약하지만 중요한 연관성이 존재했다. 자녀의 욕구를 세심하게 보살피는 부모 아래서 자란 아이들은 안정형으로 성장할 확률이 높았다. 하지만 방법론적인 문제를 떠나 아이의 애착 유형을 결정하는 데에는 얼마든지 여러 변수가 있을 수 있기 때문에 이를 약한 연관성이라고 결론지은 것이다. 아이가 안정형으로 자랄 확률을 높여주는 요인은 아이의 원만한 성격(부모로 하여금 아이의 욕구에 더 빠르게 반응할 수 있게 해주는 성격), 부모의 긍정적인 태교 여건(만족스러운 결혼 생활, 낮은 스트레스와 우울, 주변의 지지), 아이와 부모가 함께하는 시간(유모나 베이비시터와 지내는 시간이 너무 길면 좋지 않다) 등으로 밝혀졌다.

그런데 여기에 애착 유형이 이미 유전적으로 결정되어 있는 것이라는 가설이 최근 과학적으로 힘을 얻게 되면서 문제는 좀 더 복잡해졌다. 캔자스 대학의 오므리 질라스와 캘리포니아 대학 데이비스 캠퍼스의 여러 동료들은 특정한 유전적 변이가 특정한 성격과 비교적 더 높은 관련성을 가지는지 조사하기 위해 유전적 연관성 연구를 수행했다. 그 결과, 불안형에 관련된 도파민 수용체 DRD2 대립 형질과 회피형에 관련된 세로토닌 5-HT1A 수용체의 특정한 패턴을 발견했다. 이 두 유전자는 감정, 보상, 주의, 그리고 가장 중요하게는 사회적 행동과 관계 형성을 포함하는 다양한 뇌 기능을 담당한다고 알려져 있다. 연구자들은 "여전히 다른 유전자들이나 사회적인 경험으로 개인적인 차이에 따른 변화를 설명해야 할 부분은 남아 있지만, 애착 불안은 어느 정도 특정한 유전자를 통해 설명될 수 있다"라고 결론지었다. 다시 말해, 유전자가 애착 유형을 결정하는 중요한 요인일 수도 있다는 것이다.

하지만 유아기 때 안정형이었다고 해서 그것이 성인기까지 이어질 수 있을까? 이 질문에 대한 답을 확인하기 위해 애착 연구자들은 1970년대 혹은 1980년대에 태어난 사람들의 애착 유형을 20대가 되었을 때 다시 조사했다. 안정형이었던 아이들이 어른이 되어서도 여전히 안정형으로 남아 있었을까?

답은 불확실하다. 유아기 때의 애착 안정도와 성인이 되었을 때의 애착 안정도 사이의 상호 연관성에 대한 세 번의 연구가 이루어졌지만 성공적인 결론이 도출되지는 않았다. 그나마 또 다른 두 번의 연구에서는 통계적으로 중요한 연관성이 발견되었다.

그러나 분명한 사실은 아동기와 성인기의 애착 유형에 어떤 관계가 있더라도 아주 미미한 정도라는 것이다.

그렇다면 안정적인 애착은 어디서 비롯된 것일까? 더 많은 연구결과가 발표되면서 안정형을 형성하는 데는 여러 가지 요인이 작용한다는 증거도 늘어났다. 섬세하고 자상한 부모 밑에서 자란 아이는 평생 안정형으로 살아갈 수 있다는 가설도 지나치게 일차원적인 것이 되었다. 대신 여러 가지 요인들, 즉 부모와의 관계, 유전자, 그리고 성인이 되어서의 연애 경험과 같은 다른 무언가가 합쳐진 모자이크가 이 애착 패턴을 나타낼 수 있을 것이다. 평균적으로 성인의 70~75퍼센트는 인생의 여러 지점에 걸쳐 같은 애착 유형을 유지하지만, 나머지 25~30퍼센트에 해당하는 사람들의 애착 유형은 변화한다고 한다.

연구자들은 그 변화의 원인이 성인이 되었을 때의 연애 경험에 있다고 생각한다. 사랑의 힘이란 사람에게 관계에 대한 자신의 가장 기본적인 신념이나 태도도 수정하게 할 정도로 강력한 것이기 때문이다. 그리고 그 변화는 어떤 방향으로든 일어날 수 있다. 안정형이 비안정형으로 변할 수도 있고, 원래는 비안정형이었던 사람이 점점 안정적으로 변할 수도 있다. 비안정형인 사람은 아래의 세 가지 방법을 기억해 두도록 하자. 이 방법들은 행복해지기 위해 꼭 필요한 것이며 행복으로 기는 지름길을 보여줄 것이다. 안정형인 사람도 비안정형으로 변해 모든 것을 잃기 전에 이 방법들을 명심해야 한다.

안정형의 사고방식과 친해지기

기억하고 있겠지만, 파트너의 인생에서 우리가 맡고 있는 가장 중요한 역할은 그에게 안전 기지를 제공하는 것이다. 이는 파트너가 자신 있게 호기심이 생기는 일을 좇고 세상을 탐험할 수 있도록 기본적인 조건을 만들어주는 일이다. 카네기 멜론 대학의 피니와 록산느 트러쉬는 2010년에 발표한 연구에서 특정한 세 가지 행동이 안전 기지라는 다소 광범위한 조건의 기초가 된다는 사실을 발견했다. 다음의 안정형 행동들을 습득한다면 누구나 파트너에게 안전 기지를 제공할 수 있을 것이다.

• **파트너의 곁을 지켜주자** 파트너가 스트레스를 받을 때 세심하게 보살펴주자. 그리고 필요하면 자신에게 의지할

수 있도록 내버려두자. 이따금 그들의 상태를 확인해야
한다. 만약 일이 잘 안 풀리고 있다면 그들을 위로해 주자.

- **파트너의 일에 간섭하지 말자** 파트너의 노력을 은막 뒤
에서만 지지하자. 도와줄 때는 파트너의 주도권과 통제
력을 빼앗지 말아야 한다. 상황에 개입하거나 너무 세세
히 관리하려고 해서도 안 된다. 파트너의 자신감이나 능
력을 의심하지 말고 파트너가 스스로 해나갈 수 있다고
믿어주자.

- **파트너를 격려하자** 파트너를 격려하고 파트너가 지닌
지적인 목표나 개인적인 성장 목표를 지지하자. 파트너
의 자존감을 북돋아 주는 것도 좋다.

무의미한 밀고 당기기는 하지 않는다

안정형은 다른 유형이 쉽게 뛰어넘지 못하는 장애물을 어떻게
피해가야 할지 알고 있다. 또한 본능적으로 자신을 행복하게 만
들어줄 사람에게 매력을 느끼며 불안형과 달리 활성화된 애착
체계 때문에 혼란에 빠지지도 않는다. 그러므로 모든 것을 혼자
서 추측하게 만드는 회피형을 만나 심한 감정 기복을 사랑이라
고 착각하는 일에도 중독되어 있지 않다. 안정형은 회피형처럼

완벽한 상대가 자신을 기다리거나 이미 떠나간 운명의 상대를 다시 만나겠다는 헛된 망상을 품지도 않는다. 그리고 누군가가 자신과 가까워지려고 한다고 해서 무의식적으로 불활성화 전략을 사용하지도 않는다.

안정형은 불안형과도, 회피형과도 정반대다. 그들은 이 세상에 자신의 욕구를 충족시켜 줄 수 있으며 친밀감을 거부하지 않는 미래의 파트너가 얼마든지 존재한다고 믿는다. 또한 자신은 누군가가 사랑해 주고 소중하게 여겨줄 만한 가치가 있는 사람이라고 항상 생각한다. 그들은 그렇게 생각하도록 프로그래밍되어 있기 때문이다. 만약 일관되지 못하고 애매한 태도를 보이는 상대가 이런 자신의 기대치에 부응하지 못할 것 같은 낌새를 보이면 안정형은 금방 흥미를 잃고 만다. 인터뷰에 참가했던 스물여덟 살의 타냐는 안정형 여성으로, 다음과 같이 단언했다.

"저는 지금까지 살면서 전부 열한 명의 남자와 잠자리를 했어요. 모두 저와 진지하게 만나고 싶어 하는 사람들이었죠. 아마 제가 진지한 관계를 원하는 사람이란 모습을 그들 앞에서 많이 드러낸 모양이에요. 잠자리를 벗어나서도 친해지면 좋을 사람이고 곁에 머물다 보면 소중한 것을 얻게 되리라는 식의 메시지를 제가 전달한다는 걸 알아요.

제가 매력을 느끼는 남자들은 보통 '밀고 당기기'를 하지 않아요. 제겐 아주 중요한 부분이죠. 그들에게서는 보통 만난 다음 날 바로 전화가 와요. 늦어도 저녁까지는 오죠. 그만큼 저도 일찍부터 제가 그에게 관심이 있다는 사실을 솔직하게 드러내요. 이제까지 제 인생에서 만난 지 이틀이나 지난 뒤에 전화한 남자는 딱 두 명 있었는데, 바로 차단해 버렸어요."

타냐는 자신의 욕구에 호응하지 못한다고 느끼는 남자에게는 절대 시간을 낭비하지 않는다. 어떤 사람들에게는 그녀의 결정이 경솔해 보일 수도 있겠지만 안정형에게 그런 행동은 자연스러운 것이다. 애착 분야에서의 연구에 따르면 안정형에 가까운 사람들일수록 '밀고 당기기'를 하지 않는다고 한다. 타냐는 자신에게 맞지 않는 파트너를 직감적으로 알아본다. 적어도 그녀에게는 '밀고 당기기'를 하는 남자는 타협의 여지가 없는 사람이다. 타냐의 접근 방식에서 중요한 점은 만약 파트너가 자신을 존중하지 않으면 그것은 자신의 가치가 낮기 때문이 아니라 상대방을 세심하게 살피지 못하는 그의 무능력 때문이라고 생각하는 것이다. 또한 그녀는 늦게 연락한 두 남자에게 특별히 나쁜 감정을 갖고 있지 않았다. 그들에게는 아예 신경도 쓰지 않았으며 본능적으로 다른 사람을 찾아 나섰다. 이는 데이트 상대의 행동을 자신의 탓으로 돌리는 불안형과는 전혀 다른 모습이다. 그녀가 불안형이었다면 "내가 너무 세게 나갔나 봐", "집으로 초대했어야 했어", "전 여자 친구에 대해 물어보다니 내가 바보 같았어"라는 식으로 자신의 행동을 비판하면서 자신과 맞지도 않는 남자에게 두 번, 세 번, 네 번까지도 기회를 주었을 것이다.

타냐는 많은 경험을 통해 자신의 감정적 욕구를 충족시킬 수 없는 남자와 계속 만나는 것은 아무 의미 없는 일이라는 사실을 깨달았다. 하지만 자신의 판단에 의심이 생길 수도 있다. 이 경우 안정형은 흔히 효과적인 의사소통을 통해 문제를 해결해 나간다. 그들은 자신의 감정을 겉으로 드러내고 상대방이 어떻게 반응하는지 살펴본다. 만약 파트너가 자신의 행복을 진심으로 걱정하고 절충안을 찾기 위해 노력한다면 안정형은 한 번 더 기회를 준다. 그렇지 않다면 그들은 이길 수 없는 싸움에 굳이 뛰어들지 않는다.

자신에게 맞는 파트너 찾기-안정형의 방법

다음은 안정형이 본능적으로 사용하는 방법이다. 자신에게 맞는 파트너를 찾고자 한다면 반드시 기억해야 할 원칙이다.

- "움직일 수 없는 증거"를 일찍 발견하고 그것이 그 사람이 연애에서 협상하지 못하는 사람이라는 증거임을 깨달을 것.
- 첫날부터 자신의 욕구에 대해 효과적으로 의사소통할 것.
- 자신을 행복하게 만들어줄 수 있는 잠재적인 파트너들이 얼마든지 많이(그렇다. 많이!) 존재한다는 믿음에 동의할 것.
- 데이트 상대의 불쾌한 행동을 자신의 탓으로 돌리지 말 것. 안정형이라면 파트너가 자신을 업신여기거나 자신에

> 게 상처를 줄 때 이를 자신에 대한 성찰의 기회가 아니라 상대방의 본성에 대한 깨달음의 기회로 삼는다는 점을 기억할 것.
>
> • 파트너로부터 존중심, 존엄성, 사랑을 기대할 것.

지나친 관대함이 때론 비극을 부른다

안정형이 반드시 안정형 파트너를 만나는 것은 아니다. 그들의 연애나 결혼 상대는 모든 유형에 걸쳐 있다. 다행인 것은 안정형이 불안형이나 회피형과도 잘 지낸다는 점이다. 하지만 안정형 역시 어떤 유형과 만나더라도 안정형의 사고방식을 유지할 수 있도록 노력해야 한다. 안정을 잃으면 안정형만의 귀중한 재능뿐 아니라 관계에 대한 만족감과 행복까지 모두 잃어버리기 때문이다.

안정형이 만족스러운 관계를 유지할 수 있는 이유 중 하나는 비안정형 파트너도 안정형과 함께 있으면 점점 더 안정형에 가까워지기 때문이다. 특히 불안형 파트너는 이런 변화를 경험할 확률이 높다. 에인스워드가 엄마와 아이의 관계를 관찰하면서 알게 된 것 중 하나는 안정형 엄마들이 특별한 사람들이라는 사실이었다.

그들은 단지 아이들을 잘 돌볼 뿐만 아니라 불안형이나 회피형 엄마들보다 더 많이 아이들을 안아주었다. 그런데 그들에게는 아이가 언제 엄마에게 안기고 싶어 하는지 알아보는 '육감'이 있는 것 같았다. 그들은 자기 아이가 스트레스를 받을 것 같은 조짐이 보이면 실제로 스트레스를 받기 전에 바로 달려가 안아주었다. 그리고 아이가 실제로 스트레스를 받게 되면 어떻게 달래주어야 하는지도 잘 알고 있었다.

이 현상은 성인 커플에게서도 발견되었다. 안정형 성인들은 자신의 파트너를 달래고 보살펴주는 방법을 본능적으로 알고 있었다. 선천적으로 타고난 재능이었다.

론 캠벨Lorne Campbell, 캐롤 윌슨Carol Wilson과 더불어 《애착이론과 친밀한 관계 Attachment Theory and Close Relationships》를 공저한 미네소타 대학의 심슨과 텍사스 A&M 대학의 롤스는 아이를 갖게 된 커플이 부모가 되어가는 과정을 관찰했다. 그들은 아이를 가진 불안형 여성을 배우자가 옆에서 지켜주고 격려하며 너그럽게 포용하면(안정형의 자질) 불안형 여성도 안정형에 가깝게 변한다는 사실을 발견했다. 다시 말해 안정형 성인의 섬세함과 격려가 파트너에게 미치는 영향은 안정형 엄마가 아이에게 미치는 영향과 같으며 파트너의 애착 유형까지 바꿀 수 있을 정도라는 이야기다.

그러나 주의해야 할 부분도 있다. 가끔 안정형도 불행한 관계에 빠진다는 것이다. 자신에게 맞지 않는 상대는 피해 가고 파트너로 삼은 사람은 안정적으로 변화시켜 주는 타고난 재능이 있는데도 말이다. 이는 경험이 부족해서 일어난 일일 수도 있지만, 오래 사귀어 온 파트너의 행동 가운데 용납해서는 안 되는 부분을 계속 용서하고 보듬어주다 벌어진 일일 수도 있다.

서른다섯 살의 네이선은 어찌할 바를 모르고 있었다. 결혼한 지 8년이 넘는 그와 셸리의 관계는 그동안 점점 악화되어왔다. 처음에는 드문 일이었지만, 시간이 지나면 지날수록 셸리는 매일같이 성질을 부렸다. 감정을 폭발시킬 때의 강도도 점점 심해졌다. 집 안에 있는 물건들을 부수기도 했고 한 번은 네이선의 뺨을 내리친 적도 있었다. 하지만 문제는 거기서 끝나지 않았다. 네이선은 그녀가 인터넷으로 다른 남자를 만나고 있다는 사실을 알게 되었다. 그리고 현실에서도 따로 불륜 관계를 맺고 있는 것이 분명해 보였다. 셸리는 마치 네이선의 인내심과 관대함의 한계를 시험해 보기라도 하는 것처럼 몇 번이나 그를 떠나겠다고 협박하면서도 진짜로 짐을 싸서 집을 나가지는 못했다. 그는 이 시기가 지나가면 모든 것이 정상으로 돌아오리라고 확신했다. 그는 자신에게 셸리의 불행에 대한 책임이 있다고 생각했기 때문에 힘든 시기를 겪고 있는 그녀를 혼자 내버려둘 수 없었다. 그래서 그녀의 폭력과 불륜을 모두 감수했다. 하지만 결국 셸리는 더 이상 그를 사랑하지 않으며 다른 사람을 만났으니 이혼해 달라고 그에게 말했다. 네이선은 떠나겠다는 그녀의 결정을 받아들였으며 다시 그녀를 되찾고자 애쓰지 않았다.

이혼을 앞둔 네이선은 드디어 셸리가 결단력을 발휘해 힘겨운 생활로부터 그를 자유롭게 놓아주었다는 사실에 안도했다. 심지어 그는 새로운 여성을 만나 그녀를 자신의 삶의 일부로 받아들일 준비도 되어 있었다. 하지만 그는 왜 자신이 그동안 셸리와의 관계에서 빠져나오기가 그토록 어려웠는지 이해할 수가 없었다. 물론 이는 애착 이론으로 설명될 수 있다. 안정형은 자신의 파트너의 행복에 책임감을 느끼기 때문이다. 파트너가 위기에 처했다고 믿는 한 안정형은 파트너를 도우려고 할 것이다. 미쿨린서와 셰이버가 공저한 《성인의 애착 Attachment in Adulthood》은 안정형이 다른 유형보다 파트너의 잘못을 더 쉽게 용서하는 경향이 있다고 이야기한다. 이 책은 이 같은 안정형의 경향을 인지 능력과 감정 능력의 복잡한 조합으로 설명한다. "용서는 …… 잘못을 저지른 사람의 욕구와 동기를 이해하고 그 사람의 특성과 잘못을 똑같이 고려해 너그러이 평가하는 …… 어려운 조절 기술을 필요로 한다. …… 안정형에게는 파트너의 잘못된 행동을 자비롭게 이해하려는 경향이 있다. 그들은 파트너를 용서하려고 한다." 또한 이 장의 앞부분에서 보았듯이 안정형은 파트너의 부정적인 면에 집착하지 않으며 방어적인 자세로 거리를 두는 전략을 쓰지 않고도 속상한 마음을 씻어버릴 수 있다.

다행히 안정형은 훌륭한 본능을 갖고 있으며 파트너로 두기에 적절하지 않은 사람을 재빨리 알아본다. 하지만 불행히도 간혹 해로운 관계에 빠져들었을 때 언제 그 관계를 끝내야 할지 모를 수도 있다. 특히 파트너의 행복에 책임감을 느낄 만큼 오래된 관계나 헌신적인 관계에서는 더더욱 돌아서기가 어렵다.

만약 안정형이 불안, 걱정, 질투심을 느끼기 시작하거나, 감정을 표현하기 전에 두 번씩 생각해 보게 되거나, 혹은 파트너에 대한 신뢰가 감소하고 '밀고 당기기'를 하게 된다면, 이는 커다란 경고나 마찬가지다. 잘못된 파트너를 만났거나 안정된 기반의 중심이 흔들릴 정도로 힘든 일을 겪고 있다는 신호인 것이다. 이는 사랑하는 사람과의 이별이나 질병, 이혼과 같은 사건 때문에 생긴 변화일 수도 있다.

만약 파트너가 있는 안정형이라면, 자신이 어떤 유형의 파트너와도 잘 사귈 수 있다고 해서 꼭 아무 유형의 파트너와 항상 잘 사귀어야 할 필요는 없다는 사실을 명심해야 한다. 지금 만나고 있는 파트너와의 관계를 유지하기 위해 온갖 방법을 시도해 보았지만 여전히 불행하다고 느낀다면 아무리 자신이 안정형이라도 다른 파트너를 찾아보는 편이 나을 것이다. 단순히 자신이 안정형이라는 이유로 자신에게 맞지 않는 사람에게 평생 얽매여 있을 필요는 없다. 제대로 작동하지 못하는 관계는 끝내는 편이 스스로에게도 좋을 것이다.

어떤 이유에서든, 애착 대상을 잃게 되었다고 해서 자신의 신념을 탓할 필요는 없다. 안정형의 신념은 유지할 만한 가치가 있다. 친밀감에 대한 자신의 욕구를 채워줄 사람들이 세상에 얼마든지 존재한다는 희망을 잃지 말고, 상처를 치유할 수 있는 방법을 찾길 바란다. 안정형은 얼마든지 다시 행복해질 수 있다.

♥

　　애착 이론을 접하기 전까지 우리는 안정형의 가치를 대수롭지 않게 생각했다. 심지어는 그들을 지루한 사람들로 치부해버리기도 했다. 하지만 애착 이론이라는 렌즈를 통해 관찰한 결과 안정형의 재능과 능력의 진정한 가치를 인정할 수밖에 없었다. 우스꽝스러운 호머 심슨Homer Simpson(1989년 미국에서 제작된 TV 애니메이션 시리즈 〈심슨 가족〉에서 아버지로 등장하는 캐릭터다. 그는 식탐이 많고 게으르며 사고뭉치고 매우 멍청한 인물로 묘사되지만 때때로 놀라운 능력이나 격렬할 정도의 가족에 대한 보호 본능, 성실함 등을 보여준다-옮긴이) 캐릭터처럼 평범하기 그지없던 동료가 갑자기 아내를 존중할 줄 아는 놀라운 관계 능력을 지닌 남자로, 은둔자처럼 집에만 틀어박혀 있던 이웃이 가족을 돌볼 줄 아는 지각 있고 배려심 많은 사람으로 보이기 시작했다. 하지만 안정형이라고 해서 집에만 틀어박혀 있거나 다소 우스꽝스러워 보이는 사람들이라는 뜻은 전혀 아니다. 정형화된 안정형이란 없다. 안정형은 다양한 모습을 하고 있다. 하지만 평범한 안정형이건 매력적인 안정형이건 간에 우리는 최고로 진화한 "최상의 파트너"인 그들의 존재를 감사히 여긴다. 독자 여러분도 그들의 진가를 알아볼 수 있길 바란다.

Part 3

전면전,
혼자 하는 연애에서
함께하는 연애로

Chapter 6

도망가는 남자, 집착하는 여자

Chapter 7

머무르기, 그리고 놓아주기

Chapter 8

똑똑한 이별을 위한 전략

Chapter 6

연인 사이에서 친밀감에 대한 욕구가 충돌할 때 그들의 관계는 안전한 피난처에 머무르기보다는 폭풍 속에 휘말리게 될 확률이 높다. 다음 예시로 나와 있는 세 커플을 보면 그 의미를 이해할 수 있을 것이다.

세탁기에 얽힌 속사정

서른일곱 살의 재닛과 마흔 살의 마크는 8년 넘게 동거 중이다. 하지만 지난 2년 동안 그들은 세탁기를 살지 말지에 대해 끊임없이 승강이를 벌여왔다. 마크는 세탁기를 꼭 사야 한다고 주장했다. 세탁기가 있으면 힘도 덜 들고 시간도 절약할 수 있을 터였다. 하지만 재닛은 한사코 세탁기를 거부했다. 그들이 사는 맨해튼의 아파트는 너무 좁아서 가전제품을 하나라도 더 들였다가는 지금보다 더 엉망이 될 게 뻔했기 때문이다. 게다가 재닛이 보기에 어차피 빨래는 자기 몫이었다. 왜 마크가 난리일까? 세탁기에 관한 이야기만 나오면 두 사람은 지나치게 감정적으로 대립하게 되었고 재닛이 입을 다물어 버리거나 마크가 폭발해야 싸움이 끝났다.

그들이 싸운 진짜 이유는 무엇이었을까?

한 가지 정보를 더 추가해 보자. 빨래를 할 때면 재닛은 가까운 곳에 사는 여동생 집으로 갔다. 여동생 집에는 세탁기가 있었는데, 공짜인데다 여러모로 편리했다. 그리고 동생네 집에서 온종일 빈둥거리며 놀 수도 있었다. 이렇게 틈만 나면 마크와 떨어져 있으려고 한 재닛은 회피형이었다. 반면 마크는 불안형이었다. 그래서 재닛과 더 많은 시간을 함께하고 싶었기 때문에 세탁기를 원했던 것이다.

결국 세탁기 때문에 벌어진 마크와 재닛의 다툼은 진짜 문제에 대한 징후였을 뿐이었다. 사실 이 다툼은 친밀감을 원하는 정도나 같이 시간을 보내고 싶은 서로의 욕구가 너무 달랐기 때문에 벌어진 일이었다.

전망 좋은 밤과 싱글 침대

스물네 살의 수잔과 스물여덟 살의 폴은 즉흥적으로 버몬트 주에 주말 여행을 가기로 했다. 버몬트 주에 도착한 그들은 두 개의 방을 살펴보았다. 첫 번째 방은 싱글 침대 두 개가 있는 방이었고, 두 번째 방은 퀸 사이즈 침대 하나만 있는 방이었다. 폴은 전망이 좋은 첫 번째 방을 원했다. 하지만 수잔은 큰 침대가 있는 두 번째 방을 원했다. 로맨틱한 주말 여행을 와서 침대를 따로 쓰는 일은 상상할 수 없었다. 폴은 수잔의 의견을 무시했다. "밤에는 같은 침대에서 자면 되지 뭐가 문제야? 이 방 전망이 더 좋잖아." 수잔은 폴과 함께 밤을 보내고 싶어 하는 자신이 부끄럽게 느껴졌지만, 휴가까지 와서 침대를 따로 쓰고 싶지는 않았다. 두 사람은 끝까지 각자의 의견을 굽히지 않았고 싸우느라 여행을 망치고 말았다.

폴과 수잔의 의견 차이는 무엇 때문이었을까? 표면적으로는 서로 좋아하는 방에 대한 취향이 달라서 싸운 것처럼 보인다. 또는 수잔이 지나치게 고집을 부려서 생긴 문제처럼 보인다. 하지만 폴이 수잔과 함께 자기 싫어했던 것이라면? 그래서 수잔이 폴에게 거부당했다고 느껴 기분이 상했던 것이라면? 방에 침대가 두 개라면 폴은 섹스가 끝나자마자 자기 침대로 가버렸을 수도 있지 않을까? 더 넓은 맥락에서 보면 수잔의 행동에도 충분한 이유가 있었다. 수잔이 불안해한 이유도 친밀감에 대한 그녀의 욕구가 채워지지 않았기 때문일 것이다.

페이스북 전쟁

서른세 살의 나오미와 서른 살의 케빈은 6개월 동안 서로에게 충실했다. 하지만 몇 가지 문제에서는 의견이 서로 달랐다. 나오미는 케빈이 예전 여자 친구들을 페이스북 친구 목록에서 아직도 삭제하지 않는 것이 신경 쓰였다. 나오미가 보기에 케빈은 아직도 다른 여자들에게 치근덕거리고 싶어 하는 것 같았다. 한편 케빈은 친구들과 밖에서 술자리를 하고 있을 때마다 나오미가 전화를 걸어대는 것이 싫었다. 그럴 때는 아예 나오미의 전화를 차단해 버렸다. 케빈이 보기에 나오미는 버림받는 것에 대한 두려움이나 질투심이 과했다. 실제로 그는 나오미에게 그렇게 말한 적도 많았다. 나오미도 지나친 의심이나 불안으로 케빈은 물론 나오미 자신을 괴롭히지 않으려고 노력했지만 쉽지 않았다.

예전 여자 친구와 페이스북 친구로 지내거나 계속 연락하고 지내도 되느냐 안 되느냐에 관한 엄격한 연애 규칙이 존재하지는 않는다. 또한 남자 친구가 친구들과 놀고 있을 때 그에게 전화하는 행동이 반드시 옳거나 그르다고 말할 수도 없다. 이런 행동들은 어떤 상황에서는 지극히 평범한 것이다. 하물며 그것이 나오미와 케빈이 다툰 이유는 아니었다. 두 사람이 계속 싸울 수밖에 없었던 이유는 다른 데 있었다. 바로 서로에게 바라는 친밀감과 헌신의 정도가 달랐기 때문이었다. 회피형인 케빈은 나오미와 어느 정도 거리를 유지하고 싶어 했다. 그는 자신이 어디에 가는지 알려주지 않거나 나오미가 아무리 불편해해도 예전에 사귀었던 여자들과 계속 연락하는 등 다양한 전략을 사용해 나오미와의 거리를 유지했다. 나오미는 그녀 나름대로 케빈이 만들어놓은 경계선이나 장애물을 뛰어넘어 그와 더 가까워지려고 노력했다. 하지만 케빈이 진심으로 나오미와 가까워지고 싶다고 욕망하지 않는 한 그녀의 노력은 다 헛수고일 뿐이었다. 친밀감이 생겨나려면 결국 양쪽 모두의 의지가 있어야 하기 때문이다.

♥

이 세 커플에게는 공통점이 있다. 커플 중 한 사람은 진심으로 친밀감을 원하지만 다른 한 사람은 사이가 너무 가까워지면 불편함을 느낀다는 점이다. 이는 회피형과 불안형 혹은 회피형과 안정형이 만났을 때 흔히 생기는 문제다. 물론 둘 중 한 명이 안정형인 경우보다는 불안형인 경우가 더 많기는 하다.

친밀감에 대한 욕구가 충족되면 관계에 대한 만족도 역시 상승한다는 사실은 애착에 관한 여러 연구에서 반복적으로 확인되었다. 반면 서로 간의 친밀감에 대한 욕구가 일치하지 않으면 관계에 대한 만족도는 급격히 감소했다. 그래서 두 사람이 친밀감을 원하는 정도가 다를 때 그들의 모든 대화는 결국 친밀감에 대한 문제로 귀결될 수밖에 없다. 우리는 이런 상황을 "불안

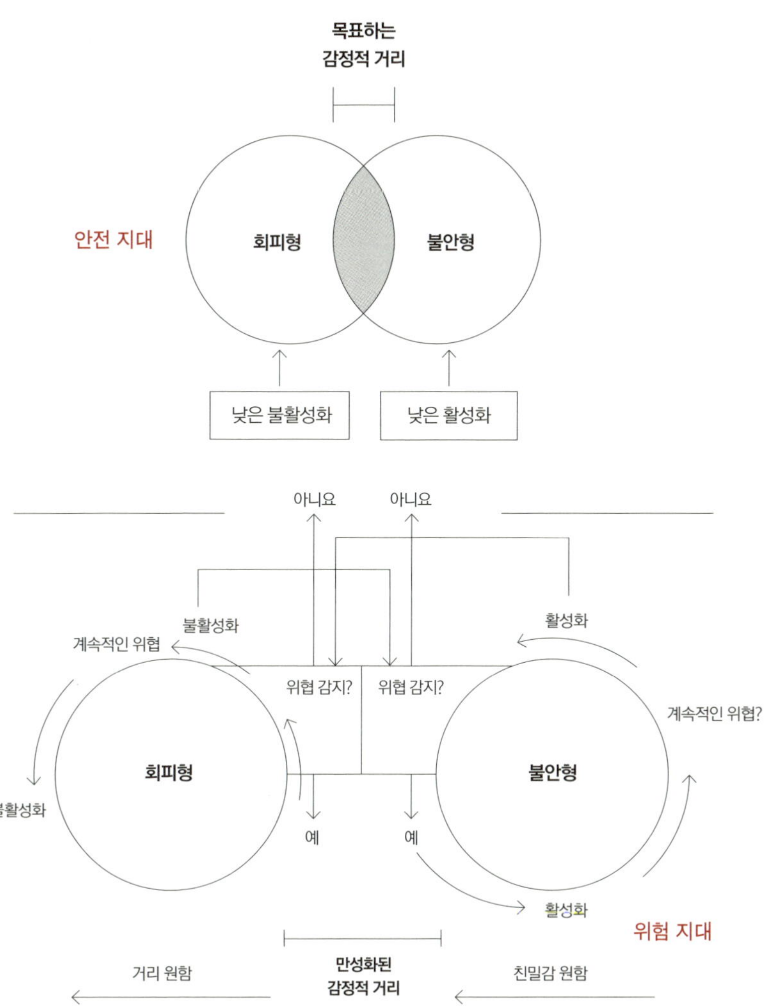

• 불안형 – 회피형의 함정 •
목표하는
감정적 거리
안전 지대
회피형
불안형
낮은 불활성화
낮은 활성화
아니요
아니요
불활성화
활성화
계속적인 위협
위협 감지?
위협 감지?
계속적인 위협?
회피형
불안형
불활성화
예
예
활성화
위험 지대
거리 원함
만성화된
감정적 거리
친밀감 원함

형-회피형의 함정 Anxious-Avoidant trap”이라고 이름 지었다. 함정처럼 자기도 모르는 사이에 수렁에 빠지게 되고 한번 빠지면 나중에 탈출하기도 어렵기 때문이다.

불안형-회피형 커플이 안정적인 관계를 만들어 나가기가 특히 더 어려운 이유는 서로의 불안정한 상태를 더욱 강화시키는 악순환에 쉽게 빠지기 때문이다. 앞 페이지의 다이어그램을 살펴보자.

불안형의 애착 체계는 위협을 느끼면 활성화되기 시작한다. 그리고 그들은 파트너와 더 가까워지고 싶어 한다. 반면 회피형은 정반대로 반응한다. 그들의 애착 체계는 위협이 느껴지면 불활성화된다. 파트너와의 거리를 계산하며 애착 체계의 전원을 꺼버린다. 그러므로 불안형이 가까워지려고 할수록 회피형은 더 멀어지려고 하게 된다. 설상가상으로 불안형의 활성화된 애착 체계는 회피형의 애착 체계를 더욱 불활성화시킴으로써 악순환을 심화한다. 결국 두 사람 모두 ‘위험 지대’에 계속 머무르게 된다. 관계를 더욱 안정적으로 변화시키려면, 즉 다이어그램의 안전 지대로 이동하려면 두 사람 모두 위험 지대에서 벗어날 수 있는 방법을 찾아야 한다. 위협을 덜 느끼고 애착 체계를 덜 활성화시키거나 덜 불활성화시킬 수 있는 방법을 찾아야 하는 것이다.

'불안형-회피형의 함정'이라는 숨길 수 없는 증거

다음은 불안형-회피형 커플이 흔히 겪는 일들을 정리한 것이다.

1. 롤러코스터 효과 불안형-회피형이 탄 배는 결코 평온하게 달리지 못한다. 어쩌다가 한 번씩 회피형 파트너가 불안형 파트너에게 잘해 주면 불안형의 애착 체계가 일시적으로 잠잠해지면서 두 사람은 엄청난 친밀감, '최고조'의 감정을 맛보기도 한다. 그러나 회피형은 그런 친밀감을 위협적이라고 느껴 다시 불안형과 거리를 두려고 한다. 그러면 또다시 불안형은 불만을 느낄 수밖에 없다.

2. 감정적 균형 잡기 회피형은 다른 사람에 비해 자존감이나 독립심이 과한 편이다. 반면 불안형은 애착 체계가 활성화되었을 때 자존감이나 독립심이 다른 사람들보다 부족해지도록 프로그래밍되어 있다. 회피형은 파트너가 욕구불만에 시달리거나 무능력한 상태일 때 자신이 독립적이며 영향력 있는 사람이라고 느끼는 경우가 많다. 그래서 회피형끼리 사귀기가 어려운 것이다. 회피형은 파트너와 함께 힘과 독립성을 나누어 갖길 원하지 않는다.

3. 불안정한 상태의 안정화 불안형-회피형 커플이 오래가는 경우도 있다. 하지만 불안정한 상태를 벗어나지는 못한다. 관계가 지속된다 해도 두 사람은 고질적인 불만족에 시달릴 수밖에

없다. 또한 서로가 편안하게 느낄 수 있는 친밀감이 어느 정도인지에 대해서도 결코 타협점을 찾지 못할 것이다.

4. 이렇게 사소한 일로 싸워야 해? 불안형-회피형 커플은 싸우지 않아도 될 일로 끊임없이 싸우고 있다는 느낌을 받는다. 하지만 사실 그들은 사소한 문제로 싸우는 것이 아니다. 근본적인 문제는 서로에게 원하는 친밀감이 다르기 때문이다.

5. 회피형의 원수가 되어버린 불안형의 삶 불안형은 회피형 파트너가 가장 친밀하게 여기는 사람이 되는 순간부터 회피형에게 '더 나은' 대접이 아니라 '더 못한' 대접을 받게 된다. 여기에 관해서는 다음 장에서 더 자세히 살펴볼 것이다.

6. 함정에 빠졌다는 느낌 불안형-회피형의 함정에 빠진 사람은 잘못된 파트너를 만났다는 불쾌한 느낌을 받게 된다. 하지만 지나치게 감정에 얽매인 나머지 파트너를 떠나지는 못한다.

사랑의 악순환이 계속되는 이유

사랑에 빠진 사람들은 서로의 다른 점을 배려하며 함께하기 위한 방법을 찾으려고 노력하지 않을까? 당연히 "그렇다"는 답을 기대했을 것이다. 하지만 아무리 사랑하는 관계라도 불안형과 회피형은 서로 동의할 수 있는 해결책을 찾지 못할 때가 잦다. 가장 전형적인 해결책은 불안형이 무조건 참는 것이다. 친밀감에 대한 욕구가 다른데도 순조롭게 사귀고 있다면(꼭 그렇지만도 않다는 사실을 잠시 후 알게 될 것이다), 대개 불안형이 회피형 파트너가 세워놓은 규칙을 받아들이며 전부 양보하는 경우가 많다.

그러므로 큰 문제 없이 불안정한 상태를 안정적으로 오랫동안 지속해 온 관계라 하더라도 주의를 기해야 한다. 그렇지 않다면 상황이 나아지기는커녕 오히려 나빠질 것이다. 그 이유는 다음과 같다.

○ 친밀감에 대한 욕구의 차이는 서서히 다른 부분에까지 영향을 미치게 된다. 그 차이가 극단적이라면 문제는 단순히 손을 얼마나 자주 잡고 싶어 하고 얼마나 자주 잡아주느냐 하는 데서 그치지 않을 것이다. 그 차이에는 완전히 반대되는 두 사람의 욕망, 생각, 태도가 반영되어 있기 때문이다. 욕망, 생각, 태도의 차이는 잠자리부터 자녀 양육 방식까지 두 사람이 함께하는 삶의 모든 영역에 영향을 미친다. 결혼, 출산, 이사, 수입의 증가, 질병 등으로 관계가 한 단계씩 발전할 때마다 그 차이는 점점 심해질 것이며, 변화가 클수록 두 사람 사이의 거리도 더 멀어질 것이다.

○ 둘 사이의 갈등은 종종 방치된다. 갈등을 해결하는 것 자체가 친밀감을 요구하기 때문이다. 불안형이나 안정형은 진심으로 문제를 해결하고 싶어 한다. 문제를 해결하기 위해 노력하

다 보면 자연히 두 사람은 가까워질 수밖에 없다. 하지만 이런 상황이야말로 회피형이 무의식적으로 피하고 싶어 하는 상황이다. 불안형이나 안정형은 의견이 충돌했을 때 이를 해결함으로써 더 높은 친밀감을 얻고자 노력하지만, 거리를 유지하려고 노력하는 회피형은 불편함을 느끼게 된다. 그래서 회피형은 가까워질 여지를 남기지 않으려고 언쟁이 심해질수록 더 무심하고 적대적인 태도를 취한다. 불안형-회피형의 갈등이 어떤 과정을 거치는지 깨닫지 못하는 한 두 사람은 계속 싸우며 거리 두기를 반복하게 될 것이고 결국 서로를 불행하게 만들 것이다. 싸움의 진짜 원인을 직시하지 않는 한 상황은 점점 악화될 수밖에 없다.

○ 싸움이 벌어질 때마다 불안형은 점점 설 자리가 없어진다. 회피형 파트너와의 싸움이 관계의 안정과 균형을 해칠 정도로 심각해지면, 불안형은 온갖 부정적인 생각에 휩싸인다. 마음을 다친 불안형은 극단적으로 말하고 행동하며 생각하게 된다. 심지어 헤어지겠다는 협박(항의 행동)도 할 수 있다. 하지만 안정을 되찾은 불안형은 파트너에 대한 좋은 기억만 계속 떠올리게 된다. 그리고 미안한 마음에 회피형 파트너에게 화해를 시도한다. 그러나 회피형은 불안형과는 전혀 다른 방식으로 갈등을 해결하려고 한다. 그래서 불안형의 사과에 적대적으로 반응한다. 그리고 애착을 불러일으킬 만한 기억은 모두 지워버린 사

람처럼 파트너에 대해 제일 안 좋았던 기억만 떠올린다.

이렇게 되면 불안형은 근본적인 갈등을 해결하지 못했을 뿐만 아니라 처음보다 더 난처한 처지에 놓이게 된다. 이제는 이전의 불만족스러운 상태로 돌아가는 것만이라도 애원해야 할 지경이다(종종 이전보다 더 많이 양보해야 할 수도 있다). 함께 만들어 갈 밝은 미래에 대한 희망은 어느덧 빗물에 씻겨 내려가 버린 것이다.

Chapter 7

갈등이 서로의 친밀감에 대한 욕구의 차이에서 비롯되었다는 것을 깨달았다고 한들 무슨 대책이 있을까?

성인 애착에 관한 연구 중 가장 흥미로운 발견은 아마도 애착 유형이 안정적이면서 동시에 가변적이기도 하다는 사실일 것이다. 이는 애착 유형이 장기간 동안 일정하게 유지되기는 하지만 변할 수도 있다는 뜻이다. 지금까지는 불안형-회피형 커플이 흔히 거치는 과정을 상세하게 살펴보았다. 이어서 이 장에서는 불안형-회피형 커플이 안정적인 관계를 만들어 나갈 수 있는 기회를 만들어주려고 한다.

연구에 따르면 사람들은 안정형 파트너를 만나면 더욱 안정적으로 변한다고 한다. 하지만 두 파트너가 모두 안정형이 아니라 하더라도 희망은 있다. 몇몇 연구자들은 안정감을 높여주었던 경험을 떠올리는 준비 활동만으로도 안정감을 더욱 향상시킬 수 있다는 사실을 발견했다. 과거에 안정형과 사귀었던 기억을 떠올리거나 아는 사람 중 롤 모델로 삼을 만한 안정형의 영향을 받으면, 비안정형도 얼마든지 안정형이 될 수 있다는 것이다. 비안정형도 안정형으로 변하면 파트너와 더 건설적인 관계를 맺을 수 있고 심신도 훨씬 건강해질 수 있다. 만약 두 파트너가 모두 안정형으로 변한다면 그 결과는 엄청날 것이다.

주변의 안정형을 롤 모델로 삼아라

안정형이 되려면 어떻게 해야 할까? 간단하게 먼저 주변에 존재하는 안정형이 연인 관계에서 어떻게 행동하는지를 떠올려 보자. 그러려면 가장 먼저 롤 모델을 찾아야 한다. 과거에 알고 지냈던 사람이나 현재 알고 지내는 사람 모두를 다양하게 떠올려 보자. 롤 모델은 부모님이나 형제자매처럼 가깝게 지내는 사람일 수도 있고 일이나 친구 때문에 가볍게 알고 지내는 사람일 수도 있다. 찾을 때 중요하게 봐야 할 부분은 그가 사람들과 안정적인 관계를 유지하는 안정형이어야 한다는 점이다. 한 사람이든 여러 명이든 그런 안정형을 찾았다면, 그다음에는 그들이 사람들과 어떻게 상호작용하는지 알려주는 구체적인 이미지나 기억을 떠올려 보라. 이를테면 어떤 식으로 말하는지, 특정한 상황에서 어떻게 행동하는지, 어떤 것에 반응하거나 반응하지 않는지, 파트너가 기분이 안 좋을 때는 어떻게 행동하는지, 그리고 삶과 인간관계에 어떤 태도를 보이는지를 떠올려 보라는 이야기다. 예를 들면 다음과 같다.

"팀장님의 의견에 반대했던 적이 있었어요. 제가 굉장히 강경하게 나갔죠. 그런데 팀장님은 제 의견에 진심으로 관심을 보이고 계셨어요. 싸우기는커녕 저와 대화를 나누려고 하셨다니까요."

"저의 제일 친한 친구 존과 그의 아내 로라는 서로 열정을 갖고 하는 일이라면 격려를 아끼지 않아요. 로라가 다니던 변호사 사무실을 그만두고 사회복지사가 되겠다고 했을 때 존은 가장 먼저 그녀에게 박수를 보냈어요. 그녀의 결정이 가계에 심각한 영향을 끼칠 줄 알면서도 말이죠."

반려동물과의 관계가 안정형의 롤 모델?

《함께 치유하다 Healing Together》의 저자 중 한 명인 수잔느 필립스 Suzanne Phillips 는 반려동물과의 친밀한 관계가 연인 관계에 좋은 모범이 될 수 있다고 설명한다. 책에서 그녀는 사람들이 반려동물에게는 이타적으로 행동하며 어떤 잘못도 사랑으로 감싸 안아준다고 지적한다. 반려동물 때문에 한밤중에 깨거나 자신이 소중하게 여기는 물건이 망가지고 집중하고 있을 때 방해받아도 다 눈감아 주며 항상 따뜻한 마음으로 그들을 대한다는 것이다. 사실 반려동물과의 관계는 안정된 관계의 아주 훌륭한 롤 모델이다. 누구나 반려동물을 대하는 자신의 태도를 안정형에 대한 기준으로 삼을 수 있다. 반려동물이 고의로 자신을 해쳤다고 생각하는 사람은 없다. 먹으면 안 되는 것을 먹었다든지 방을 어지럽혔다고 해서 화를 내는 사람도 없을 것이다. 어떤 잘못을 했더라도 사람들은 일을 마치고 집에 돌아오면 그들을 기쁜 마음으로 안아주며 항상 그 곁을 지켜준다.

지금까지 찾아낸 안정형의 예시들을 훑어보며 본받고 싶은 점들을 간추려 보자. 그것이 자신이 따라야 하는 안정형의 종합적 롤 모델이다. 그런 사람이 되고자 노력해야 한다.

연인 앞에서만 나타나는 내 모습 파악하기

애착 연구 분야에서 '작동 방식'이란 연인 관계에 대한 각자의 기본적인 신념 체계를 일컫는 용어다. 거기에는 행동을 부추기거나 행동을 멈추게 하는 그 무엇, 태도, 기대치 등이 포함된다. 간단히 말하자면, 작동 방식이란 파트너와의 관계에서 특정한 방식으로 행동하게 되는 원리 같은 것이다. 안정형으로의 변화를 가로막는 생각, 감정, 행동의 패턴을 확인하기 위한 첫 번째 단계로서 자신의 작동 방식을 자세히 알아보자.

애착 관계 분석표 작성하기

첫 번째로 연애에 관련된 행동을 관장하는 자신의 작동 방식을 자각해야 한다. 물론 여기까지 읽은 사람이라면 이제는 자신의 애착 유형을 파악하고 있을 것이다. 하지만 관계 분석표는 애착 유형이 파트너와의 로맨틱한 상황에서 자신의 생각, 감정, 행동에 얼마나 큰 영향을 미치는지를 더 분명하게 깨닫게 해줄 수 있다.

표를 작성하다 보면 애착 이론의 관점에서 과거와 현재의 연인 관계를 더 자세히 이해하게 될 것이다. 기억의 상세한 메커니즘에 대한 연구에 따르면 어떤 기억을 다시 떠올릴 때, 혹은 특정한 기억을 무의식에서 다시 의식으로 끄집어낼 때마다 그 기억은 조금씩 수정될 수밖에 없고 그렇게 수정된 기억은 되살아나지 않는다고 한다. 인간의 기억이란 도서관에 오래 보관되어 있어서 겉은 먼지투성이지만 내용은 변함없이 그대로인 책과는 다르다. 그것은 오히려 살아 있는 생물체, 숨 쉬는 존재에 가깝다. 현재 기억하는 과거는 사실 오랜 시간 동안 그 기억을 꺼낼 때마다 편집되고 수정된 결과물이다. 다시 말해 과거의 경험은 언제나 현재의 관점에서 바라볼 수밖에 없는 것이다. 마찬가지로 애착 분석표를 작성하다 보면 과거의 연애 경험을 새로운 관점에서 다시 살펴볼 수 있다. '애착'이라는 렌즈를 통해 과거를 바라보면 그 과거의 기억에 의지하고 있던 쓸모없는 신념도 버릴 수 있게 된다. 그리고 자신의 작동 모델 또한 안정형으로 고쳐나갈 수 있을 것이다.

206~207페이지를 보면 '애착 관계 분석표'가 나와 있다. 표를 작성할 때는 누구의 도움도 받아서는 안 된다. 또한 꼼꼼하게 표를 작성하려면 충분한 시간을 들여야 할 것이다. 애착이라는 관점에서 자신이 어떤 사람인지 완전하고 정확하게 파악하려면 반드시 필요한 시간이다.

먼저 맨 왼쪽 첫 번째 세로줄에 과거에서 현재까지 관계를 맺었던 파트너의 이름을 적어보자. 짧고 가볍게 만났던 상대라도 상관없다. 단, 세로로 한 줄씩 적어 나가기를 권한다. 세로로 표를 완성해 나가면 특정한 파트너와의 특정한 사건에 지나치게 빠져드는 일을 막을 수 있다. 또 그래야 여러 관계에 걸쳐 나타나는 자신의 '작동 방식'을 종합해 볼 수 있다. 정보는 많으면 많을수록 좋다. 두 번째 세로줄에는 파트너와의 관계가 어떠했는지 기억나는 대로 적어보자. 함께했던 기억을 떠올렸을 때 가장 먼저 생각나는 것들을 적어보자. 그렇게 관계와 관련된 일반적인 사항을 적고 난 후 세 번째 세로줄에는 애착 체계의 활성화 혹은 불활성화를 부추겼던 구체적인 상황을 좀 더 자세히 적어보자. 네 번째 줄에는 그 상황에 어떻게 대처했는지를 적는다.

애착 관계 분석표

1. 이름	2. 파트너와의 관계는 어떠한가? 반복되는 문제가 있는가?	3. 애착 관계를 활성화시키거나 불활성화시키는 상황	4. 내가 보이는 반응(생각, 감정, 행동)

1. 이름	2. 파트너와의 관계는 어떠한가? 반복되는 문제가 있는가?	3. 애착 관계를 활성화시키거나 불활성화시키는 상황	4. 내가 보이는 반응(생각, 감정, 행동)

5. 불안정한 애착 작동 방식과 애착 원리	6. 불안정한 작동 방식과 원리에 지배당함으로써 잃는 것	7. 자신의 상황과 알맞은 본받을 만한 안정형 롤 모델과 안정형의 애착 원리를 찾아보라. 어떤 도움을 얻을 수 있는가?

어떤 행동을 했는가? 무슨 생각으로 한 행동이었나? 어떤 느낌이 들었나? 표 뒤에 나오는 리스트를 보면 자신이 어떻게 반응했는지를 떠올리는 데 도움이 될 것이다.

다섯 번째 줄은 아주 중요한 부분이다. 무엇이 문제였는지 더 잘 이해하려면 애착의 관점에서 당시의 경험을 재평가해야 한다. 그런 반응을 보이게 된 애초의 이유, 즉 '애착' 문제는 무엇이었나? 항의 행동? 애착 체계 불활성화? 필요하다면 표 뒤에 나오는 리스트를 참조하길 바란다. 여섯 번째 줄을 작성하면서는 앞서 애착 원리로 해석한 반응이 과거에 어떻게 자신에게 상처가 되었거나 자신의 행복을 가로막았는지를 자세히 생각해 보자.

마지막으로 일곱 번째 줄은 안정형 롤 모델과 이 책에 나와 있는 안정형의 애착 원리(214페이지의 도표를 포함하여)를 바탕으로 문제 상황을 새롭고 안정적인 방식으로 해결하는 방법을 고민하게 해줄 것이다.

불안형이 흔히 보이는 생각·감정·행동

생각

- 독심술을 쓴다: 그래, 그 사람이 날 떠나려고 하는 것을 다 알아.
- 다른 사람은 못 만닐 거야.
- '모 아니면 도'라는 사고방식을 갖고 있다: 내가 다 망쳐버렸어. 수습이 안 돼.
- 날 이런 식으로 대하다니! 본때를 보여주겠어!
- 이번에도 역시 잘 될 리가 없었어. 내가 하는 일이 다 그렇지 뭐.
- 당장 그 사람과 통화하거나 만나야겠어.
- 그 사람이 내 용서를 바란다면 무릎을 꿇어야 할 거야. 그게 아니라면 헤어지라고 해.
- 내가 눈이 튀어나올 정도로 섹시하거나 유혹적이라면 그 사람과 잘 될 텐데.
- 그 사람은 너무 매력적이야. 그런데 왜 나 같은 사람을 좋아할까?
- 싸움이 끝나고 평정심을 되찾으면 파트너의 좋은 점만 기억한다.
- 싸우고 있을 때는 파트너의 좋은 점보다 나쁜 점만 떠올린다.

감정

- 슬픔   • 분노   • 화

<table>
<tr><td>

- 짜증
- 절망
- 증오심
- 적대감
- 버림받음
- 자기혐오
- 불안

</td><td>

- 두려움
- 굴욕감
- 질투심
- 흥분
- 죄책감
- 외로움
- 인정받지
  못한다는
  느낌

</td><td>

- 우울
- 자포자기
- 자신 없음
- 복수심
- 동요
- 오해
- 사랑받지
  못한다는
  느낌

</td></tr>
</table>

행동

- 과장된 행동을 하거나 싸움을 건다.
- 파트너와 다시 접촉하기 위해 수단과 방법을 가리지 않는다.
- 파트너가 먼저 화해의 제스처를 보일 때까지 가만히 기다린다.
- 적대적으로 행동한다. 눈을 흘기면서 경멸의 눈초리를 보낸다.
- 질투심을 유발하려고 한다.
- 헤어지겠다고 협박한다.
- 파트너를 외면한다. 말을 걸지 않거나 육체적으로 거리를 둔다.
- 교활하게 행동한다.
- 바쁘거나 다른 일이 있는 척한다.

회피형이 흔히 보이는 생각·감정·행동

생각

- '모 아니면 도'라는 사고방식을 갖고 있다: 나와 맞지 않는 사람일 줄 알았어. 이것 봐!
- 성급한 일반화에 빠진다: 나는 친밀한 연인 관계에 부적합한 사람이야.
- 그 사람이 내 삶을 침범하고 있어. 이제 더 이상은 참을 수 없어!
- 그 사람은 뭘 하든지 간에 자기 방식대로 하고 싶어 해. 그러면 내가 치러야 하는 대가가 너무 크잖아.
- 벗어나고 싶어. 숨을 쉴 수가 없어.
- 그 사람이 내 운명의 상대가 맞다면 이런 일이 벌어지진 않았을 거야.
- 예전의 다른 사람(과거의 유령)과 함께였을 때는 이런 일이 없었어.
- 악의적으로 해석한다: 그 사람은 날 괴롭히려고 작정한 거야. 분명해.
- 그 사람은 나를 구속하고 싶어 해. 그건 사랑이 아니라 집착이야.
- 그 사람이 아닌 다른 사람과의 섹스에 대한 환상이 여전히 남아 있는 걸.
- 혼자인 편이 낫겠어.
- 뭐야, 결국 애정 결핍이잖아! 한심하군.

감정

- 외면
- 분노
- 부담
- 속은 느낌
- 경멸감
- 자만심
- 인정받지 못한다는 느낌

- 오해
- 화
- 냉담함
- 자포자기
- 증오심
- 의심

- 짜증
- 적대감
- 공허함
- 긴장감
- 동요
- 업신여김

행동

- 과장된 행동을 한다.
- 비난하는 말을 한다.
- 자리를 뜬다.
- 육체적인 접촉을 삼간다.
- 파트너를 하찮게 여긴다.
- 감정적인 교류를 최소한으로 유지한다.
- 적대적으로 행동하며 경멸의 눈초리를 보낸다.
- 파트너의 이야기를 듣지 않고 무시한다.

불안형과 회피형의 불안정한 애착 원리

불안형

- 항의 행동을 함.

- 활성화 전략: 생각, 감정, 행동이 모두 파트너와의 관계를 강화하려는 욕망으로 연결됨.
- 파트너를 떠받듦.
- 파트너에 비하면 자신은 하찮고 열등한 존재라고 느끼며 자책함.
- 싸움이 끝나면 파트너의 나쁜 면은 잊은 채 좋은 면만 생각함.
- 활성화된 애착 체계를 사랑으로 오인함.
- 위험 지대에서 살아감.
- 감정의 롤러코스터 위에서 오르막길과 내리막길을 반복하는 데 중독됨.

회피형

- 불활성화 전략을 펼침.
- 자존감을 독립심으로 오인함.
- 자존심이 세고 자만심에 차 있으면서 파트너는 하찮게 여김.
- 파트너의 나쁜 면만 눈여겨보며 기존에 누려왔던 좋은 면은 무시함.
- 파트너의 행동에 악의가 있다고 생각함.
- 파트너의 감정적인 신호를 외면함.
- 과거의 유령을 흠모함.
- 운명의 상대에 대한 환상이 있음.
- 사랑에 대한 감정을 억제함.

안정형의 애착 원리

- 파트너가 원할 때 곁에 있어줄 것.
- 간섭하지 말 것.
- 격려해 줄 것.
- 효과적으로 의사소통할 것.
- 밀고 당기기를 하지 말 것.
- 파트너의 행복에 책임감을 느낄 것.
- 솔직하게 행동한다: 용감하고 정직하게 상대방을 대할 것
- 직면한 문제에 집중할 것.
- 싸우는 도중 갈등의 원인이나 서로의 행동을 일반화하지 말 것.
- 산불로 번지기 전에 불씨를 끈다: 파트너의 기분이 더 상하기 전에 주의를 기울일 것.

가족이나 가까운 친구, 혹은 상담치료사 같은 사람을 조언자로 삼고 그 사람과 같이 작성한 애착 관계 분석표를 함께 훑어보는 것도 추천한다. 애착 체계가 지나치게 활성화되거나 불활성화되었을 때 자신의 사고방식이나 행동의 패턴을 잘 아는 사람에게 의지하면 생각을 바꾸는 데 도움이 될 것이다. 애착 조언자는 자기 파괴적인 애착 경향을 깨닫게 하고, 과장된 행동으로 관계를 망치기 전에 안정적인 감정 상태로 돌아갈 수 있는 여지

를 마련해 준다.

애착 관계 분석표를 완성했다면 자신의 작동 방식이 자신의 행복이나 능력에 미치는 영향을 확인하는 작업을 완수한 셈이다. 이를 통해 자신이 반복해 온 연애 패턴과 그동안 자신과 파트너가 어떻게 서로를 괴롭혀 왔는지 깨달을 수 있었을 것이다. 이제 그 내용을 요약해 보자.

나의 작동 방식 – 분석표 요약 정리해 보기

어떤 상황에서 애착 체계가 활성화되거나(불안형) 불활성화되는가(회피형)?

▶ _______________________

▶ _______________________

▶ _______________________

▶ _______________________

쓸모없는 작동 방식이 어떻게 안정감을 방해하는가?

▶ _______________________

▶ _______________________

▶ _______________________

▶ _______________________

파트너와의 관계에서 주로 나타나는 애착 원리는 무엇인가?

▶ ____

▶ ____

▶ ____

▶ ____

애착 관계 분석표로 돌아가 어떻게 하면 안정형 롤 모델(혹은 안정형에 대한 종합적 롤 모델)이 지금 겪고 있는 파트너와의 문제에 새로운 해결책을 보여줄 수 있을지 생각해 보길 바란다.

▶ 그들이라면 같은 상황에서 어떻게 대처했을까?

▶ 그들은 이 문제를 어떤 관점에서 바라보았을까?

▶ 내 문제를 보고 그들은 뭐라고 조언할까?

▶ 그들의 자질이 상황을 해결하는 데 어떤 도움이 될까?

이 질문들에 대한 답은 가장 중요한 의의를 지닌 애착 관계 분석표의 마지막 칸을 채우는 데 많은 도움을 준다.

다음의 예시를 보면 이와 같은 접근 방식과 관계 분석표가 얼마나 유용한지를 더 잘 이해할 수 있을 것이다.

위기를 넘겨 준 문자 메시지

이 책을 쓰려고 조지아와 헨리를 인터뷰했을 때, 그들은 계속 싸움을 반복하는 상태였다. 헨리는 자신이 아무리 노력해도 조지아를 만족시킬 수 없다고 했다. 그리고 조지아가 항상 자신을 비난하며 비판한다고 했다. 한편 조지아는 자기 혼자서 결혼 생활을 책임지고 있다는 느낌이 들었다. 자신이 헨리를 닦달하지 않으면 아무리 사소한 계획이라도 세울 수가 없었다. 작게는 시부모님의 생일 선물을 사는 일부터 크게는 집을 고르는 일까지 자신이 먼저 움직여야만 했다. 결혼한 사이지만 조지아는 여전히 혼자인 기분이었다.

이를 봤을 때 그녀는 불안형임이 분명해 보였다. 우리는 그녀에게 그녀 자신의 작동 방식을 관찰해 보기를 권했다. 그랬더니 그녀는 어떤 상황이 반복되었을 때 기분이 안 좋아지는지 알게 되었다. 평일에 헨리는 거의 조지아와 대화를 나누지 않았다. 조지아가 전화를 걸거나 음성 메시지를 남겨도 그에게서 다시 전화가 걸려 오는 경우는 드물었다. 조지아의 애착 관계 분석표는 다음과 같다.

조지아의 애착 관계 분석표

1. 이름	2. 파트너와의 관계는 어떠한가? 반복되는 문제가 있는가?	3. 애착 관계를 활성화시키거나 불활성화시키는 상황	4. 내가 보이는 반응(생각, 감정, 행동)
헨리	혼자가 된 기분이다. 그는 내게 관심이 없는 것 같다. 관계를 유지하기 위해 나 혼자 노력하는 것이 지겹다.	그가 평일에 항상 내 전화를 무시할 때	불안하고 안심이 되지 않는다. 헨리의 화를 돋운 것은 아닌지 걱정이 된다. 속이 불편해진다. 계속해서 전화를 걸거나 그가 먼저 전화할 때까지 억지로 기다린다. 마침내 그에게서 전화가 오면 적대적으로 말한다.

5. 불안정한 애착 작동 방식과 애착 원리	6. 불안정한 작동 방식과 원리에 지배당함으로써 잃는 것	7. 자신의 상황과 알맞은 본받을 만한 안정형 롤 모델과 안정형의 애착 원리를 찾아보라. 어떤 도움을 얻을 수 있는가?
활성화: 헨리와의 친밀감을 유지하려고 애착 체계가 작동하기 시작하면 불안해지고 걱정이 된다. 그리고 당장 헨리와 이야기해야 할 것 같은 욕구가 인다. 항의 행동: 마침내 헨리에게서 전화가 오면 그가 내 존재감을 깨닫고 사과하길 바라는 마음에서 일부러 적대적으로 반응한다.	헨리와 가까워지는 대신 싸우게 된다. 또한 그가 내게 시간을 내줄지 말지 걱정하느라 직장 일에 집중하지 못한다. 그가 날 사랑하는 걸 알면서도 이렇게 되고 만다.	내 상담 치료사 데비는 내가 아는 사람 중 가장 훌륭한 안정형이다. 그녀는 내게 기분 나쁜 일이 있으면 언제든 전화하라고 했다. 그녀는 "조지아, 기분 나쁜 상태로 하루를 허비하도록 내버려두느니 10분 동안이라도 당신 이야기를 들어주는 것이 나도 편해요"라고 말했다. 실제로 그녀에게 전화해 본 적은 없었다. 그렇지만 그녀가 언제든 내 전화를 받아주겠다고 했다는 사실이 중요했다. 사실 헨리와 자주 통화하고 싶은 마음은 없다. 진짜 원하는 것은 그가 항상 가까운 곳에서 나를 지켜주고 있다는 느낌이다. 결국 헨리에게 너무 자주 전화했던 내 행동은 서로에게 간섭하지 말라는 안전기지 원칙을 어긴 것이었다.

회피형인 헨리는 병원에서 환자를 보느라 바쁘다. 그 와중에 조지아의 전화나 문자를 받으면 짜증이 났다. 거기다 뒤늦게

헨리의 애착 관계 분석표

1. 이름	2. 파트너와의 관계는 어떠한가? 반복되는 문제가 있는가?	3. 애착 관계를 활성화시키거나 불활성화시키는 상황	4. 내가 보이는 반응(생각, 감정, 행동)
조지아	한 번도 평화롭거나 평온한 관계였던 적이 없다. 조지아는 지나치게 많은 관심을 요구한다.	일하느라 바쁜데 조지아가 계속 전화하거나 문자를 보낼 때	짜증이 난다. 애정 결핍 같은 조지아의 행동에 화가 치민다. 휴대전화를 꺼버리거나 화난 상태로 짧게 통화한다.

전화를 걸면 대화는 처음부터 끝까지 시큰둥하게 이어졌다. 다음은 헨리의 애착 관계 분석표다.

5. 불안정한 애착 작동 방식과 애착 원리	6. 불안정한 작동 방식과 원리에 지배당함으로써 잃는 것	7. 자신의 상황과 알맞은 본받을 만한 안정형 롤 모델과 안정형의 애착 원리를 찾아보라. 어떤 도움을 얻을 수 있는가?
불활성화: 조지아는 애정 결핍이며 지나치게 의존적인 사람이라고 생각한다. 그녀가 나와 가까워지고 싶어 하며 나를 사랑하고 아낀다는 사실을 잊어버리게 된다. 물러서기: 거리를 두려고 휴대전화를 꺼버리거나 나중에 통화했을 때 냉담한 말투로 말한다.	집에 들어가 조지아가 기분이 상해 있는 모습을 보면 죄책감을 느낀다. 사실 그녀가 전화할 때에는 그럴 만한 이유(가령 오늘 저녁에 어느 레스토랑을 예약해 두면 좋을지 물어보려고)가 있을 때가 많은데 내가 전화를 무시해서 일을 망쳐버린다.	나의 상사와 그의 아내는 항상 서로의 상태를 체크한다. 그들은 이 병원 최고의 커플로 둘 다 과장직을 맡고 있다. 아내는 남편이 운동할 여유는 남겨두고 스케줄을 짰는지까지 확인한다. 그들은 서로의 성공을 빌며 서로를 도와주려고 노력한다. 내 행동은 '함께하기'라는 안전 기지 원칙을 저버린 것이었다. 조지아가 나를 필요로 할 때 그녀와 함께 있어줄 방법을 찾아야겠다.

자신의 작동 방식을 분석해 본 조지아와 헨리는 서로의 관계를 이전과 다르게 보기 시작했다. 헨리는 아내의 욕구를 무시하고 그녀의 의존적인 면을 비웃는 자신의 행동이 오히려 문제를 악화시키고 관계를 불행하게 만들 뿐이라는 사실을 깨달았다. 조지아는 자신의 항의 행동 때문에 헨리와 가까워지기는커녕 멀어지게 되었다는 사실을 깨달았다. 서로의 반복되는 문제에 관해 이야기하기로 했을 때 그들은 이미 대화할 준비가 되어 있었다. 헨리는 낮에 일하는 동안 줄리아가 생각나도 바빠서 전화할 수 없었을 뿐이라고 말했다. 떨어져 있는 동안에도 자신을 자주 생각한다는 헨리의 말에 줄리아는 안심했고 그가 얼마나 바쁘게 일하는지 알게 되었다. 그녀는 단지 평일에 헨리와 떨어져 있을 때에도 함께인 기분을 느끼고 싶었을 뿐이었다.

그들은 멋진 해결책을 찾아냈다. 헨리는 조지아가 생각날 때마다 미리 저장해놓은 문자를 보내면 어떻겠냐고 제안했다. 그는 부족한 시간을 절약할 수 있었고 조지아는 그 정도만으로도 충분히 불안감을 덜 수 있었다. 이 방법으로 그들의 관계는 눈부시게 달라졌다. 조지아는 "당신 생각 중이야"라는 문자를 받으면 진정이 되었고 자신의 일에 더 쉽게 집중할 수 있었다. 헨리 또한 조지아가 끊임없는 잔소리로 자신의 직장 생활을 망가뜨리는 일은 없을 것이라고 믿게 됨으로써 더는 분노에 휩싸이지 않았다. 나아가 헨리는 이러한 안전 기지가 자신의 직장 생활을 위해서도 도움이 된다는 사실을 깨달았다.

샘과 그레이스의 치약 사건

샘은 그레이스가 뉴욕으로 이사 온다면 자기 집에서 함께 살기를 바랐다. 두 사람이 사귄 지도 2년이 넘었기에 샘은 그레이스와의 관계를 한 단계 더 발전시키면 좋겠다고 생각했다. 거기다 이미 둘은 서로의 집에서 보내는 시간이 많았고 같이 살게 되면 집세도 아낄 수 있을 터였다. 하지만 그레이스는 샘의 집에 들어가 살고 싶지 않았다. 그보다는 더 넓은 아파트를 구해 서로 대등한 권리를 가진 상태에서 동거를 시작하고 싶었다. 하지만 샘은 이미 아파트 한 채를 소유하고 있는데 또 돈을 낭비할 이유는 없다고 생각했다. 물론 망설여지는 부분도 있었다. 그는 한 번도 다른 사람과 살아본 적이 없었고 생활 방식도 어느 정도 굳어져 있었다. 그레이스와 함께 살기 시작하면서 샘은 스트레스를 받기 시작했다. 질식할 것만 같았다. 아파트는 그레이스의 물건들로 가득 차버렸다. 그는 자신만의 성지를 잃은 기분이 들었다. 결국 어느 날 샘은 이성을 잃고 말았다. 고작 치약 때문에 말이다. 그레이스는 항상 치약을 중간부터 짰다. 치약 튜브 모양이 일그러져 있는 것을 보고 몹시 화가 난 샘은 그레이스를 지저분하고 조심성이 없는 사람이라고 비난했다. 그레이스는 갑자기 화를 내는 샘에게 충격을 받았다. 그리고 샘에게 자신도 그의 영역을 침범하지 않으려고 노력해 왔기에 이렇게 공격할 줄은 꿈에도 생각 못했다고 말했다.

좀 더 생각할 시간을 가진 후 샘은 다음과 같이 적었다.

샘의 애착 관계 분석표

1. 이름	2. 파트너와의 관계는 어떠한가? 반복되는 문제가 있는가?	3. 애착 관계를 활성화시키거나 불활성화시키는 상황	4. 내가 보이는 반응(생각, 감정, 행동)
그레이스	그레이스와 잘 사귀고 있다고 생각했는데, 이제는 모르겠다. 어쩌면 나는 다른 사람과 같이 살 수 없는 체질인지도 모르겠다.	그레이스가 내 아파트로 들어온 후 자기 마음대로 뭔가를 바꾸어놓을 때, 가령 치약 사건 같은 경우는 내 인내심의 한계였다.	짜증이 나고 화가 난다. 그레이스와의 동거는 실수였던 것 같다. 내 집인데도 내 집이 아닌 것 같다. 이제 도망갈 수도 없다.

5. 불안정한 애착 작동 방식과 애착 원리	6. 불안정한 작동 방식과 원리에 지배당함으로써 잃는 것	7. 자신의 상황과 알맞은 본받을 만한 안정형 롤 모델과 안정형의 애착 원리를 찾아보라. 어떤 도움을 얻을 수 있는가?
불활성화: 그레이스는 무능력하고 방해만 된다. 그레이스를 사랑하는 감정을 억제한다. 내가 먼저 그레이스에게 함께 살자고 했다는 사실과 내가 혼자 살면서 얼마나 불행하고 외로웠는지를 잊어버린다.	내 집에서는 내 식대로 하고 싶다. 그러다 보면 그레이스뿐만 아니라 나까지 예민해진다. 그레이스와의 관계를 위태롭게 만들고 있으며 진심으로 아끼는 유일한 사람의 마음에 상처를 주고 있다. 혼자 살게 되면 원점으로 돌아가는 셈이다. 혼자 사는 것이 너무 외롭고 불행해서 상담 치료까지 받았다. 치료를 받았기 때문에 그레이스를 만날 수 있었다.	내 상담 치료사는 여유를 가지라고 했다. 누군가와 함께 살 수 있는 체질이 아니라는 둥 거창한 선언을 날리지는 말라고 했다. 나도 적응 기간을 가질 필요가 있었다. 내 가장 친한 친구는 여자 친구와 1년 넘게 동거 중이다. 그들은 장도 같이 보고 집안일도 나눠서 한다. 그레이스와 같이 살기 전까지는 그들이 굉장히 부러웠다. 나는 서로에게 간섭하지 말라는 안전 기지 원칙을 무시하고 있었다. 그녀는 아직 이 아파트에 익숙하지 않았다. 그런 그녀의 마음이 상하지 않도록 내가 도와주어야 했다.

그레이스의 관계 분석표는 다음과 같았다.

그레이스의 애착 관계 분석표

1. 이름	2. 파트너와의 관계는 어떠한가? 반복되는 문제가 있는가?	3. 애착 관계를 활성화시키거나 불활성화시키는 상황	4. 내가 보이는 반응(생각, 감정, 행동)
샘	요즘 왜 이런지 잘 모르겠다. 샘과 잘 사귀고 있다고 생각했었는데, 동거를 시작한 후로 그는 나를 멀리하며 내게 못되게 굴고 있다. 역시 우리 둘 모두에게 익숙하지 않은 다른 아파트로 이사했어야 했다.	같이 살며 샘에게 끊임없이 지적받을 때	내가 하는 모든 행동이 잘못된 것만 같다. 그는 더 이상 날 사랑하지 않는 것이 분명하다. 왜 그와 함께 살겠다고 했을까? 이 아파트는 내 집이기도 한데 나는 마치 손님처럼 행동해야 한다. 이제 도망갈 수도 없다. 내가 부족하다는 생각이 든다. 내가 그렇게 지저분한가? 우리는 이 위기를 견디지 못할 것이다. 곧 헤어질지도 모르겠다.

5. 불안정한 애착 작동 방식과 애착 원리	6. 불안정한 작동 방식과 원리에 지배당함으로씨 잃는 것	7. 자신의 상황과 알맞은 본받을 만한 안정형 롤 모델과 안정형의 애차 원리를 찾아보라. 어떤 도움을 얻을 수 있는가?
구체적인 상황을 일반화해서 관계 전체에 적용한다. 스스로를 우울하게 만든다. "다 끝났어"라고 속단한다. 안 좋은 기억과 감정만 떠올린다.	최악의 경우를 예상한다. 그리고 진짜로 헤어질 지경이 되기 전까지 기분을 풀지 않으며 적대적으로 행동한다. 상황을 극단적으로 해석하다 보니 어떤 해결책도 떠올리지 못한다.	여동생이 문제점을 정확히 지적해 주었다. 집에서 일하고 집에서 쉬는 샘은 나와 항상 붙어 있을 수밖에 없었다. 아마 그에게는 너무 갑작스러운 변화였을 것이다. 동생 말대로 '완충 지대'를 찾아나가면서 동거 생활에 천천히 적응해 가도 나쁘지 않을 것 같다. 누구에게나 적응할 시간은 필요하니까 말이다. 동생도 지금의 매부와 결혼하기 전 동거를 시작했을 때 적응 기간이 필요했다고 한다. 상대에게 힘이 되어주라는 안전 기지 원칙을 내가 무시하고 있었다. 그동안 나보다 샘이 더 힘들었을 것이다.

샘은 관계 분석표를 작성해 본 뒤 혼자서 모든 것을 해결하던 삶을 이제 바꾸어야 한다는 사실을 깨달았다. 그는 그레이스에 대해 새로 알게 된 사실들을 이야기하면서 놀라움을 감추지 못했다. 그레이스도 샘이 새로운 삶에 적응하는 데 힘들어하고 있다는 사실을 인정하고 싶지 않았을 뿐이다. 그녀 또한 관계 분석표를 통해 자신이 샘과의 동거 생활에 어떻게 대처하고 있었는지, 그리고 자신의 대응 방식이 샘과의 관계를 얼마나 망치고 있었는지를 깨달았다.

그레이스는 '완충 지대'를 찾아나가라는 동생의 제안이 마음에 들었다. 그래서 6개월 동안 멀리 떠나 있을 한 친한 친구의 아파트를 한동안 빌리기로 했다. 거기서 샘의 눈치를 보지 않고 작업이나 취미 활동을 할 생각이었다. 샘에게 그레이스의 제안은 뜻밖이었다. 하지만 그레이스에게 가 있을 곳이 있다는 생각에 마음이 한결 편안해졌다. 숨통이 트이는 것 같았고 그녀가 집안의 무언가를 바꾸어놓아도 거슬리지 않았다. 실제로 그렇게 하기로 한 6개월 동안 그레이스는 친구의 아파트에 자주 갈 필요도 없었다. 그 후에 새로 다른 장소를 빌릴 필요도 없었다. 두 사람 다 동거 생활에 완전히 적응을 끝낸 것이다.

한 걸음씩만 물러서다

애착 유형은 안정적이면서도 가변적이라는 사실을 기억하고 있을 것이다. 안정형이 되기 위해서는 끊임없이 노력해야 한다. 새로운 걱정거리나 불만, 갈등 요소가 나타날 때마다 새로운 정보를 흡수해야 한다. 이는 비안정형의 패턴을 깨트려 가는 과정에 도움이 될 것이다. 하지만 안정형으로 변하는 것이 단순히 파트너와의 문제를 해결하기 위해서만은 아니다. 안정형으로 변하면 함께 즐거운 시간을 보낼 수도 있다. 그러므로 공원 산책이나 영화 관람, 근사한 저녁 식사, 혹은 둘 다 좋아하는 텔레비전 프로그램 시청 등 여러 방법을 통해 파트너와 함께 육체적으로도 가까워질 수 있는 시간적 여유를 마련하자. 비안정형의 작동 방식을 버리면 자신의 숨겨져 있던 능력을 마음껏 뽐낼 수 있는 더 넓은 세상이 펼쳐질 것이다.

정서 중심 치료EFT, Emotionally Focused Therapy(주로 커플이나 가족을 대상으로 한 심리 치료법으로 감정 이론과 애착 이론을 바탕으로 하고 있다. 감정에는 자가 조절 능력이 있기 때문에 적절한 자극을 주면 마음의 상처를 치유할 수 있다고 본다-옮긴이)의 창시자 수 존슨 박사Dr. Sue Johnson는 임상 경험과 저술 활동을 통해 파트너와의 유대감을 높이는 최고의 방법은 안정을 유지하면서 무슨 일이 있어도 파트너에게 감정적으로 의지할 수 있다는 사실을 깨닫는 것임을 가르쳐 주었다. 응용 애착 이론의 또 다른 선구자 대니얼 J. 시겔 박사Dr. Dan J. Siegel는 여러 저서(《마음의 발달The Developing Mind》,《부모의 내면이 아이의 세상이 된다Parenting from Inside Out》,《마음을 여는 기술Mindsight》 등이 있다)를 통해 사람들이 안정형으로 변할 수 있도록 도왔다. 그는 그만의 독자적인 기술로 비안정형 사람들이 자신의 과거사를 안정형의 관점에서 재해석할 수 있도록 가르쳤다. 어릴 적 자신을 보살펴준 사람과의 관계가 어떠했는지 일관적인 맥락에서 기억할 수 있게 되자 사람들은 놀라운 변화를 보였다. 그들은 아이를 더 잘 보살필 줄 알게 되었으며 삶의 다른 영역에서도 많은 발전을 이루었다.

안정된 관계는 두 사람 모두에게 이롭다. 불안형은 갈망하던 친밀감을 얻을 수 있고 회피형은 필요로 하던 독립성을 마음껏 누릴 수 있기 때문이다.

여전히 힘든 당신에게

아무리 노력해도 함정과 악순환에 빠진 관계를 구해낼 수 없다면 어떻게 해야 할까? 둘 중 한 사람 혹은 두 사람 모두에게 변화할 의지가 없거나 변화에의 시도가 실패한 경우 이런 결과가 나올 수 있다. 불안형-회피형 커플은 서로 간의 차이를 안고 살아갈 수밖에 없으며 차이를 완전히 없앨 수도 없다. 특히 안정적인 관계로 발전하지 못한 커플은 더 그럴 수밖에 없다. 하지만 아는 것이 힘이라고 했다. 누구 한 사람이 비정상이라서가 아니라 두 사람 사이에는 충돌할 수밖에 없는 부분이 있기 때문에 갈등이 반복된다는 사실을 깨닫는 것이 중요하다.

이런 깨달음을 얻으면 자기 자신을 의식할 수 있게 된다. 이 점이 매우 중요하다. 친밀감에 대한 욕구의 차이에서 비롯된 갈등은 회피형 파트너에게 계속 무시당하는 비회피형에게 큰 악영향을 미친다. 이 책에서 예로 든 몇몇 커플에게서도 있었던 일이다. 회피형은 혼자만의 비밀을 많이 만들어 놓는다. 그리고는 파트너가 관심을 보이면 질투심이 많거나 애정 결핍이라고 비난한다. 또한 침대를 따로 쓰고 함께할 시간을 줄일 방법을 찾는 등의 행동을 보이기도 한다. 이런 회피형을 파트너로 둔 사람은 끊임없이 자신이 거부당하고 있다고 느낄 수밖에 없다. 그리고 회피형의 거리 두기 전략을 계속 겪다 보면 자책감이 들기 시작한다. 그가 자신이 아닌 다른 사람을 만났더라면 지금과 달랐을 것이며 그 사람과는 더 친밀한 사이가 되었을 것이라고 생각한다. 그러면서 점점 자신은 매력도, 능력도 없는 사람이라고 느끼게 된다.

하지만 계속되는 싸움의 숨은 이유가 실은 그 싸움이 결코 해결될 수 없는 갈등이기 때문임을 이해하고 나면 자신의 관계 역할이 전혀 달라 보이게 된다. 마찬가지로 회피형이 끊임없이 언쟁의 여지를 제공하는 이유가 상대방을 멀리하려고 하는 것임을 깨닫고 나면 더는 문제의 원인을 자신의 탓으로 돌리지 않게 될 것이다.

　어쨌거나 표면적으로 보았을 때 상처를 덜 받는 쪽은 회피형이다. 거리 두기는 파트너의 협조가 필요하지 않은 일방적인 행동이기 때문이다. 그러나 무심함이 안정적으로 느껴질 수는 있지만 안정감을 가져다주지는 않는다. 회피형은 적극적으로 자신의 애착 욕구를 억누르려고 한다. 하지만 보고에 따르면 그들이 관계에서 느끼는 행복 수준은 낮은 편이다. 그리고 그들은 그 원인을 파트너의 탓으로 돌린다.

　하지만 사람들이 이런 사실을 알고 있을까?

♥

　인터뷰에 참여했던 알라나는 전 남편 스탠과의 관계를 자세히 털어놓았다. 그녀는 스탠이 평일에는 일만 하고 자신과는 주말에만 조금씩 함께하는 시간을 가졌는데, 그동안만큼은 둘의 관계가 안정적이었다고 말했다. 하지만 알라나가 그와 더 가까워지고 싶은 마음에 주말 여행을 제안하면 그때부터 일이 꼬이기 시작했다고 한다. 스탠은 어떻게든 여행에 갈 수 없는 이유를 만들어냈다. 매번 반복되는 패턴이 있었다. 먼저 알라나는 친구들과 동료들에게 스탠과 주말 여행을 간다고 자랑했다. 그리고 신이 나서 계획을 세우고 짐을 싸기 시작했다. 며칠 후면 그녀는 다시 친구들에게 풀죽은 목소리로 전화해 떠나기 직전에 갑자기 일이 생겨 아무 데도 못 갔다고 이야기해야 했다. 한 번은 스탠이 바빠서, 또 한 번은 스탠이 아파서, 다른 때는 차가 고장 나서 못 갔다고 이유를 댔다. 그럴 때마다 알라나와 스탠은 크게 싸웠고, 싸우고 나면 상황은 다시 잠잠해졌다. 적어도 다시 싸우기 전까지는 말이다. 알라나에게는 기대와 실망을 반복하는 일이 너무 고통스러웠다.

결국 알라나와 스탠은 헤어졌다. 알라나는 갈등의 원인이 단순히 주말 여행 때문이 아니라 더 근본적인 문제에 있다는 사실을 깨닫지 못했다(사랑 때문에 생긴 문제라고 생각하지도 않았다). 대신 자신과의 사이에 벽을 세워놓은 스탠을 원망했다. 만약 그녀가 근본적인 문제를 알아차렸다고 해도 아마 그러한 현실을 받아들일 수는 없었을 것이다.

이와 반대로 친밀감에 대한 욕구가 상충하는 데도 비교적 평화롭게 지내는 커플들도 있다. 그들은 어떻게 관계를 유지하는 것일까? 그들은 관계의 어떤 부분은 절대 변하지 않을 것이라는 사실을 깨닫고 받아들이려 노력한다. 그들 역시 끊임없이 실망하고 좌절할 수밖에 없는 시지푸스의 삶, 즉 어차피 질 싸움을 계속하는 삶을 선택할 수도 있다. 하지만 그들은 서로에 대한 기대치를 조절하며 살아가는 길을 선택한다. 그들은 각자에게 정해진 한계를 인정하고 거기에 맞춰 살아가는 요령을 터득하고자 노력한다.

▶ 파트너가 절대 적극적으로 나서지 않으려고 하는 일이
있음을 인정하고 괜히 파트너를 변화시키려고 하지 않
는다.

▶ 파트너가 자신을 밀어내도 화내지 않으며 그것은 파트
너의 천성일 뿐이라고 생각한다.

▶ 파트너와 함께하고 싶었던 일들을 혼자서도 할 수 있는
방법을 터득한다.

▶ 파트너가 함께해 주지 않는 활동은 마음이 맞는 친구들
과 함께한다.

▶ 파트너가 잘해 주는 부분은 고마워하고 잘해 주지 않는
부분은 신경 쓰지 않는다.

우리가 만난 사람들 가운데에도 서로의 친밀감에 대한 욕
구 차이로 계속 싸우다가 결국 사고방식을 바꾸어 절충안을 찾
아낸 사람들이 많았다.

○ 쉰세 살의 더그는 매일 약속한 시간보다 늦게 집에 들어오는
부인에게 화를 낼 때가 잦았다. 마침내 그는 화를 내는 대신 따
뜻하게 그녀를 맞아주기로 마음먹었다. 아내가 집을 전쟁터가
아닌 안식처로 생각할 수 있게 만들겠다고 결심했다.

○ 서른여덟 살의 나탈리는 항상 여가 시간을 남편과 보내고 싶

어 했다. 하지만 남편은 지난 몇 년 동안 함께 주말을 보내길 거부했다. 이제 그녀는 그 일로 남편과 그만 싸우기로 했다. 그리고 자신이 변하기로 했다. 오늘은 혼자만의 계획을 세울 것이다. 아주 드문 일이겠지만, 그가 함께하고 싶다면 기꺼이 받아줄 것이다. 하지만 아니라고 해도 "안녕, 나중에 봐"라고 말할 수 있다.

○ 마흔세 살의 재니스는 래리와 결혼했다. 이혼 경력이 있는 래리는 재니스의 아이들을 무관심하게 대했다. 자신에게도 공동 양육의 책임이 있는데도 말이다. 하지만 재니스는 아이들에 관한 문제를 포함한 몇몇 다른 문제들도 혼자 힘으로 해결해야 한다는 사실을 받아들였다. 더 이상 래리가 적극적으로 나서주기를 바라지도 않았으며 그가 돕기를 거부해도 화내지 않았다.

세 사람 다 친밀감에 대한 욕구 차이로 파트너와 만성적인 갈등을 겪고 있었다. 하지만 이제 그들은 파트너와 진정으로 친밀해질 수 있을 것이라는 꿈을 버리기로 했다. 그리고 제한된 유대감에 만족하며 사는 방법을 찾았다. 그들은 현실과 타협한 것이다. 하지만 오해해서는 안 된다. 타협은 상호 합의가 아니다. 이 또한 전적으로 일방적인 결정이다. 실망과 절망밖에 남지 않는 끝없는 싸움을 계속하는 대신 그들은 자신의 기대치를 조정해서 갈등의 수준을 견딜 수 있을 정도로 낮추기로 한 것이다.

비현실적 희망은 버리자

이런 방법이 추천할 만한 것일까? 우리는 "경우에 따라 다르다"고 생각한다. 친밀감에 대한 욕구 차이 때문에 파트너와 끊임없이 다투며 해결책을 못 찾고 있지만 어떤 이유에서건 그 관계를 유지하고 싶은 사람에게는 이것이 평화를 이룰 수 있는 유일한 방법이다. 물론 관계에 대한 만족도는 그런 갈등을 겪지 않아도 되는 사람보다 낮을 수밖에 없다. 하지만 절대 없어지지 않을 근본적인 차이를 인정하지 않고 매일 파트너와 싸우기를 선택하는 사람보다는 만족스러운 삶을 살 것이다.

하지만 사귄 지 얼마 되지 않은 사이거나 진지한 관계가 아닌데도 이미 친밀감에 대한 욕구 차이로 많은 문제를 겪고 있다면 그 사람과 함께하기 위해 자신을 얼마나 희생할 수 있는지 충분히 고심해 보길 바란다.

애착과 관계되지 않은 문제로 다투는 커플과 친밀감 때문에 다투는 커플 사이에는 엄청난 차이가 존재한다. 전자에 해당하는 커플은 서로 가까워질 수 있는 합의점을 찾고 해결책을 구하려고 한다. 하지만 후자에 해당하는 커플은 답도 없는 싸움을 계속하거나 둘 중 한 사람이 일방적으로 자신이 간절히 원하는 부분을 어쩔 수 없이 포기해야만 관계를 유지할 수 있다.

하지만 이것이 다는 아니다. 친밀감 때문에 생기는 갈등은 얼마든지 더 악화될 수 있다.

　　다음 장에서는 친밀감에 대한 욕구 충돌이 얼마나 걷잡을 수 없이 악화될 수 있는지 살펴보려 한다. 그리고 그 상황이 되었을 때 문제를 파악하는 방법과 가장 중요한 갈등을 극복하는 방법도 배울 것이다.

Chapter 8

현명한 이별을 위한 전략

○ 기념일을 맞아 클레이와 톰은 로맨틱한 저녁 식사를 즐기고 있었다. 클레이는 톰을 사랑스러운 눈으로 쳐다봤다. 그런데 갑자기 톰이 "뭘 그렇게 쳐다봐? 짜증나니까 그만 좀 쳐다봐." 라며 화를 냈다. 클레이는 벌떡 일어나서 나가버리고 싶었지만 꾹 참았다. 톰은 그 말에 대해 어떠한 변명도 하지 않았다. 결국 식사가 끝날 때까지 둘 다 아무런 말도 하지 않았다.

○ 과테말라로 등반을 갔을 때였다. 개리는 수와 나란히 걸으며 모험을 즐기는 대신 혼자 앞서 나가려고 했다. 그러고는 이따금 너무 느리게 걷는다는 이유로 그녀를 게으르고 무능하다고 비난했다.

○ 팻은 남편이 바라던 "받기만 하면 되는" 섹스를 선사했다. 섹스가 끝나자 남편은 "정말 좋았어. 이런 섹스의 진짜 좋은 점은

누구에게나, 심지어 처음 보는 사람에게도 받을 수 있다는 거지. 끝내준다니까.” 팻은 한 방 얻어맞은 기분이었다.

7장에서는 불안형-회피형의 욕구 차이에서 생긴 문제와 그 문제를 해결할 수 있는 방법을 논의했다. 하지만 어떤 경우에는 갈등을 해결하려고 여러 번 노력해 봐도 불안형과 회피형이 서로에게 더 악영향만 끼치게 될 뿐 결국 아무런 소득 없이 끝날 때도 있다. 불행하게도 이때 불안형과 회피형은 정상적인 상태에서는 겉으로 잘 드러나지 않는 서로의 가장 비정상적이고 나쁜 기질을 지속적으로 끄집어내게 된다. 비정상abnormal이 정상normal이 되는 것이다.

일반적으로 사람들은 마조히즘적 도착증이 있는 한심한 인간이나 파트너의 모욕적인 대우를 참고 견딜 것이라고 생각한다. 물론 실제로 헤어지는 대신 그런 상황을 견디기를 선택한 사람이라면 그런 대접을 받아도 마땅한 인간일 수도 있다. 하지만 이와 달리 불안형의 성향을 유아기 때의 문제가 성인이 되었을 때 다시 나타난 경우라고 보는 사람들도 있다. 하지만 마샤와 크레이그의 경우를 보면 두 가지 가설이 모두 틀렸다는 것을 알 수 있다.

서른한 살의 마샤는 이 책을 쓰기 위한 인터뷰에 참여했던 여성으로 매우 개방적인 태도를 지니고 있었다. 그녀는 스스럼없이 자신의 이야기를 들려주었고 자신의 상처나 은밀한 경험을 털어놓는 데 거리낌이 없었다. 그러면서 자신의 이야기가 비숫한 곤경에 처해 있는 다른 여성들에게 도움이 되길 바란다고 말했다. 자신이 했던 것처럼 다른 여성들도 얼마든지 자기 파괴적인 관계에서 빠져나와 다른 사람을 만나고 행복을 찾을 수 있다고 알려주고 싶어 했다. 마샤는 서로를 사랑하고 아껴주는 화목한 가정에서 자란 사람이었다. 크레이그와 헤어지고 나서 그녀는 자신을 극진히 위해 주는 남자를 만났다. 그 과정에서 마샤가 저질렀던 유일한 실수는 바로 불안형인 그녀가 회피형인 크레이그를 만났던 것뿐이었다. 3장에서 논의했던 대로 불안형과 회피형 사이에는 거부할 수 없는 인력이 존재하는 것처럼 보인다. 그리고 일단 두 유형은 가까워지고 난 후에는 그 관계를 쉽게 떨쳐버리지 못한다. 마샤의 사연은 극단적인 불안형-회피형 커플이 얼마나 나쁜 상황에 처할 수 있는지, 그리고 관계를 끝내려면 얼마나 큰 정신적인 고통이 뒤따르는지 알려준다.

쉽게 수긍하기는 어렵겠지만, 분명 다음에 나오는 마샤의 사연에는 희망적인 메시지가 담겨 있다. 그래서 마샤의 이야기를 이 책에 실었다. 그 이유는 세 가지다. 첫 번째는 애착의 강력한 영향력을 깨닫기 바랐기 때문이다. 두 번째는 아무리 건강한 정신을 가진 사람이라도 자기 파괴적인 상황에 빠질 수 있다는 사실을 알려주기 위해서였다. 마지막으로는 불안형-회피형 관계에서 빠져나올 용기가 필요한 사람들에게 관계를 끝내도 얼마든지 더 밝은 미래가 기다리고 있다는 사실을 알려주고 싶어서였다.

한 번쯤은 들어본 나쁜 남자 이야기

크레이그를 만난 건 대학생 때였다. 그는 귀엽고 활동적인 남자였으며 내 마음에 꼭 드는 외모를 갖고 있었다. 거기다 그는 내가 전공하고 있던 물리학 수업의 강사였기에 나는 나보다 훨씬 실력이 뛰어난 그가 굉장히 똑똑해 보였다. 하시만 처음부터 그의 행동에는 나를 헷갈리게 하거나 속상하게 만드는 부분들이 있었다.

그가 처음으로 나에게 데이트 신청을 했을 때였다. 나는 진짜 데이트인 줄 알고 나갔는데 알고 보니 그의 친구들도 함께 모이는 자리였다. 하지만 그가 했던 말은 누가 보아도 데이트 신청이었다. 그래도 나는 내가 그의 말을 잘못 해석했을 수도 있다고 생각하며 넘어갔다. 얼마 후 그는 내게 둘만의 데이트를 신청했고 나는 첫 번째 '데이트'를 내 오해쯤으로 여겼다.

한 달 후 나는 크레이그가 육상팀 연습을 하고 있을 때 깜짝 응원을 갔다. 하지만 그는 내 응원을 고마워하지 않았을 뿐 아니라 나를 완전히 무시했다. 그는 친구들과 어울리며 내게는 인사도 하지 않았다. 그가 나를 부끄러워한다고 생각할 수밖에 없지 않았을까?

이후 나는 크레이그에게 그때 왜 그렇게 행동했는지를 물어보았다. 그는 "마샤, 다른 사람들과 같이 어울릴 때 꼭 그들이 우리가 사귀는 것을 알 필요는 없잖아"라고 말했다. 나는 그의 말에 화가 났고 급기야 눈물까지 흘렸다. 그러자 그는 나를 안아 주며 키스해 주었고, 우리는 화해했다. 나중에는 크레이그가 이야기하지 않아도 다들 우리가 사귄다는 것을 알고 있었다.

하지만 불행히도 크레이그와 내 생각이 달랐던 것은 그 일이 마지막이 아니었다. 몇 개월 동안 나는 우리 사이가 순조롭게 발전하고 있다고 생각했다. 그리고 크레이그와의 관계를 좀 더 확실하게 하려고 그때까지도 가끔 만나던 전 남자 친구도 더는 만나지 않기로 했다. 그 사실을 크레이그에게 말했을 때 그는 "전 남자 친구에게 뭐하러 그런 말을 했어? 우리가 만난 지 얼마나 되었다고? 잘 안 될 수도 있잖아!"라고 대답했다. 나는 당황스러웠다.

그리고 두 달 정도 더 지나서야 크레이그와 나는 한마음이 된 것 같았다. 그는 새 오피스텔로 이사하면서 내게 함께 살자고 했다. 나는 그가 우리 사이를 진지하게 생각하는 것 같아 기뻤으며 흔쾌히 같이 살겠다고 했다. 누가 보기에도 자연스러운 일이었다. 크레이그는 멋진 남자였으며 사람들에게 좋은 인상을 주었다. 그를 잘 모르는 사람들은 그가 내게 잘해 준다고 생각했다. 하지만 사실 크레이그와의 생활은 롤러코스터처럼 기복이 심했으며 나는 거의 매일을 눈물로 보냈다.

한 예로 크레이그는 항상 나를 전 여자 친구인 진저와 비교했다. 그의 말에 따르면 진저가 똑똑하고, 예쁘고, 매력적이며 세련된, 그야말로 완벽한 여자였다고 한다. 그들이 아직도 연락하는 사이라는 사실이 나를 힘들게 했고 나는 점점 자신감을 잃어갔다. 그는 진저를 과대평가하는 만큼 나를 과소평가했다. 특히 그는 나의 지적 능력을 완전히 무시했다. 나는 그가 나를 어딘가 모자란 사람으로 여긴다는 사실이 너무 괴로웠다. 하지만 나는 아이비리그 대학의 학생이었고 그만큼 내가 얼마나 명석한지 알고 있기에 그가 마음대로 생각하도록 내버려두었다.

외모에 대한 자신감도 문제였다. 나는 내 외모에 자신감이 없었다. 거기다 크레이그가 몇 주 내내 내 몸의 특정한 부분, 예를 들면 살찐 부분을 지적하면 난 더 자신감이 없어졌다. 그가 샤워할 때 처음으로 내 벗은 몸을 보고 한 말은 "가슴만 큰 난쟁이"였다. 그의 비아냥거리는 말은 쉽게 잊히지 않았고 가끔 그 말이 떠오를 때면 또다시 우울해졌다. 한번은 과식을 하고 난 뒤 살찐 기분이 들어서 크레이그에게 나처럼 추한 사람과 섹스하고 싶냐고 물었던 적이 있었다. 대부분의 평범한 남자 친구라면 그런 끔찍한 자기 비하적인 질문을 던지는 여자 친구에게 "마샤, 그게 무슨 말이야? 당신은 충분히 매력적이야!"와 같은 말로 용기를 주려고 할 것이다.

하지만 크레이그는 간단히 "넌 딱 그만큼이야"라고 대답했다. 그는 그 말이 내게 얼마나 상처가 될지 신경도 쓰지 않았다. 단지 본 대로 말했을 뿐이라고 생각했을 것이다.

그가 얼마나 내게 상처를 주는지 알려주려고 해본 적도 있었다. 심지어 몇 번은 그의 정서에 문제가 있는 것 같다고 말할 뻔한 적도 있었다. 하지만 그는 내 말을 한 귀로 듣고 한 귀로 흘렸다. 그의 행동을 더는 용납하지 않겠다거나 그와 헤어지겠다고 결심한 적도 여러 번 있었다. 하지만 결국 그렇게 하지 못했다. 내가 그러려고 하면 그는 내게 사랑한다고 말했으며 결국 나는 그런 그의 말에 넘어가고 말았다.

그가 나를 사랑했을까? 그랬을지도 모른다. 그는 매일 내게 사랑한다고 말했다. 나는 그의 행동을 정당화하면서 건강한 인간관계가 무엇인지 모르고 자란 그를 탓하지 말라고 나 자신을 설득했다. 그의 아버지는 매우 권위적이었으며 그의 어머니를 거칠게 대했다. 나는 단지 더 좋은 방법을 모르기 때문이라는 이유로 그의 행동을 정당화하는 데 익숙해졌다. 만약 그의 행동이 후천적으로 습득된 것이라면 나는 그가 그런 행동을 버릴 수도 있을 것이라고 희망하고, 생각하고, 심지어 기대까지 했다.

나는 그렇게 현실을 부정하면서 크레이그의 많은 부분을 받아주었다. 그의 아버지처럼 크레이그도 매우 강압적인 면이 있었다. 전부 자기 위주였다. 항상 그가 하고 싶은 대로 했고, 무슨 일이든 그의 의견이 우선이었다. 영화도, 내가 요리할 저녁식사 메뉴도 그가 다 골랐다. 내가 인테리어에 특히 신경을 많이 쓰는 줄 알면서도 그는 거실에 샤킬 오닐의 포스터를 꼭 걸어야겠다고 주장했다. 거실에 말이다!

크레이그가 나를 대하는 방식, 그가 제멋대로 하도록 내버려두는 나의 방식이 너무 부끄러웠던 나는 그와 같이 있을 때는 친구들을 부르지 않았다. 수치심은 그의 친구들을 만날 때만으로도 충분했다. 나는 수줍음을 많이 타는 성격이다. 한번은 그가 아는 사람들을 만나는 자리에서 내가 대화에 끼려고 한 적이 있었다. 그랬더니 그는 내 말을 가로막으면서 말했다. "자, 다들 주목해 주세요. 제 '천재' 여자 친구가 뭐라고 말씀하실지 한번 들어봅시다." 또 한번은 해변으로 놀러 갔을 때였다. 그에게 수건을 건네 달라고 하자 그는 사람들도 많은 곳에서 내게 "알아서 햇빛에 말려!"라고 소리 질렀다. 여기서는 단지 두 가지 예시만 들었을 뿐이다. 그 외에도 수많은 일이 있었다. 나는 그에게 내게 그런 식으로 말하지 말아달라고 계속 요구했지만 이루어지지 않았다.

한 가지 견딜 만한 부분도 있었다. 말은 그렇게 해도 크레이그는 정이 많았다. 우리가 그렇게 오랫동안 만날 수 있었던 이유도 다 그 때문이었다. 우리는 포옹도 자주 했고 껴안고 잠들 때도 잦았다. 그런 다정함 때문에 나도 성생활이 만족스러운 척할 수 있었다. 사실 크레이그는 성적인 면으로만 따지자면 내가 만났던 남자 중에서 가장 소극적인 남자였다. 하지만 어찌 됐든 그와 느긋하게 껴안고 있으면 그에게 거절당하며 생긴 상처가 덜 고통스럽게 느껴졌다.

나도 머릿속으로는 어떻게든 상황을 타개해 보려고 노력했다. 하지만 시간이 갈수록 내 생각도 점점 삐뚤어졌다. 나는 스스로에게 말했다. "완벽한 관계란 존재하지 않아. 누구를 만나든지 타협해야 하는 부분이 있어. 그럴 수밖에 없다면 크레이그와 계속 만나는 편이 낫지." 크레이그와 만난 지 몇 년이 지났을 때 나는 시간 낭비는 그만하고 이제 결혼해야겠다는 생각이 들었다. 크레이그에게 결혼 이야기를 꺼내자 그는 "결혼하면 이제 영영 20대 여자랑은 못 잘 거 아니야!"와 같이 형편없는 말을 구구절절 늘어놓았다. 하지만 나는 여전히 그와 결혼하고 싶었다.

결혼은 내가 크레이그를 몰아붙여 내린 유일한 결정이었다. 하지만 그가 결혼을 승낙하자마자 나는 내가 큰 실수를 저질렀다는 사실을 깨달았다. "결혼하자"가 아니라 "결혼해 보자"라고 했던 그의 말부터가 잘못된 것이었다. 크레이그가 산 결혼반지는 평범하기 그지없었다. 반지에 박혀 있던 보석도 계속 빠졌다. 이보다 더한 흉조가 어디 있겠는가?

파리로 간 신혼여행도 끔찍했다. 항상 크레이그와 붙어 다녀야 했던 나는 말 그대로 쇠고랑을 찬 기분이었다. 즐겁게 지낼 기회도 있었지만 그럴 때마다 크레이그는 어떻게든 문제점을 찾아냈다. 크레이그는 호텔 서비스가 불만스럽다며 불평을 하기도 했고, 지하철을 잘못 탄 일로 내게 불같이 화를 내기도 했다. 하지만 그건 그나마 좋은 때였다. 크레이그가 욕을 하기 시작했을 때 나는 결코 그를 변화시킬 수 없다는 사실을 깨달았다. 마침내 끔찍했던 신혼여행을 끝내고 집으로 돌아온 내게 식구들은 신혼여행이 어땠냐고 물었다. 나는 차마 그대로 말할 용기가 나지 않았다. 그래서 불쌍할 정도로 기어들어가는 목소리로

"좋았어요"라고 말했다. 한심한 대답이었다.

함정에 빠진 기분이었지만 악몽에서 깨어날 결심은 서지 않았다. 그리고 그를 떠나겠다고 결심할 때마다 그가 나를 붙잡았다. 급기야 나는 그가 다른 사람과 사랑에 빠져 나를 떠날 수도 있다는 환상을 품게 되었다. 내게 그를 떠날 용기가 없을까 봐 두려웠기 때문이다. 다행스럽게도 크레이그가 용기를 발휘해 주었다. 그에게 이혼하고 싶다고 말한 것이 몇 번째인지 셀 수도 없을 지경이 되었을 즈음이었다. 그는 마지막으로 내게 매달리면서 내가 또다시 이혼을 요구하면 그때는 붙잡지 않겠다고 약속했다. 나는 그에게 내가 견딜 수 없는 상황이 또다시 온다면 그때는 진짜 놓아달라고 했고, 그는 "그럴게!"라고 대답했다. 그리고 그때가 되었을 때 그가 약속을 지켜서 다행이었다.

헤어질 때는 크레이그와 함께 살기로 했던 아파트의 계약을 취소하면서 만 달러나 손해 보기도 했다. 하지만 뒤돌아보면 그 만 달러야말로 내 생에 최고로 유익하게 쓴 돈이었다.

이혼은 비교적 빠르고 쉽게 끝났다. 하지만 그 후로도 연락은 하고 지낸다. 오히려 헤어지고 나니 길지 않은 시간이나마 그와 즐거운 시간을 보낼 수 있었다. 여전히 그는 내겐 흥미롭고 다정하고 매력적인 사람이었다. 하지만 또다시 그가 상처를 주려고 하면 나는 이제 자리를 떠나버린다.

서로 다른 욕망들의 충돌

다행히도 마샤는 지금 다른 남자를 만나 행복하게 잘 살고 있다. 새로운 남자를 만난 후 그녀는 더 나은 직장으로 옮겼고 새로운 취미 생활도 시작했다. 물론 다시는 크레이그를 만나는 동안 겪었던 감정적인 소용돌이에 빠져들지 않았다.

마샤와 크레이그의 이야기는 불안형-회피형의 함정이 얼마나 험악한 상황으로 발전할 수 있는지를 잘 보여준다. 크레이그는 친밀감이 높아지면서 불편함을 느꼈다. 그래서 기회가 있을 때마다 자신과 마샤 사이에 벽을 만들려고 했다. 그래서 연애를 시작할 때부터 불확실하게 행동하면서 관계를 애매모호하게 만들었던 것이다. 그리고 마샤가 강하게 요구할 때까지 결혼을 미루었으며 그녀를 하찮게 여겼고, 섹스도 기피했다. 그 외에도 여러 가지 불활성화 전략을 펼쳤다. 그는 확실히 회피형이었다. 반면 마샤는 불안형이었다. 그녀는 크레이그와의 친밀감을 갈망했고 결혼을 강요했으며 항상 크레이그와의 관계에 집착했다. 처음에 그의 행동에 상처를 받고 매일 울었던 것도 일종의 집착이었다. 그리고 나중에 이혼을 간절히 원하게 되었을 때조차 계속 관계에 대한 집착을 드러냈다. 그녀는 불안형의 전형적인 태도를 보였다. 감정 기복이 심했고 크레이그가 보내는 신호에 민감했으며 실제로 행동에 옮기지도 못하면서 헤어지겠다고 협박만 하는 항의 행동으로 자신의 처지를 호소하기도 했다. 적어도 처음 몇 년 동안 그녀의 애착 체계는 만성적으로 활성화되어 있었다. 하지만 그 뒤로는 그에게 완전히 무관심해졌다.

　두 사람은 서로 다른 욕망을 지니고 있었기 때문에 계속 충돌할 수밖에 없었다. 크레이그는 마샤와 멀어지고 싶은 욕망이 있었고 마샤는 크레이그와 더 가까워지고 싶은 욕망이 있었다. 크레이그의 자만심(회피형의 특성)은 마샤의 부족한 자신감(불안형의 특성)을 더욱 자극했다. 하지만 마샤로 하여금 크레이그를 떠날 수 없게 하는 유혹적인 순간들도 있었다. 예를 들어 크레이그는 가끔 서로 견딜 수 없는 상황이 되었을 때(자신 때문에 그런 상황이 되었을지라도!) 마샤를 다정하게 대하는 방법을 알고 있었다. 그리고 자신이 어떻게 했을 때 마샤가 안심하는지도 알고 있었다. 하지만 가까워진 둘은 크레이그의 행동으로 또다시 멀어질 수밖에 없었다. 마샤와 크레이그는 전형적인 불안형-회피형 커플이었다.

침대에서 하는 서로 다른 생각들

마샤가 크레이그를 "성적인 면으로만 따지자면 내가 만났던 남자 중 가장 소극적인 남자"라고 했던 말을 다시 떠올려 보자. 회피형은 종종 파트너와 거리를 두려고 섹스를 이용한다. 그렇다고 그들이 바람을 피운다는 이야기는 아니다. 물론 다른 유형보다 회피형이 바람을 피울 확률이 제일 높은 것은 사실이다. 필립

셰이버는 당시 캘리포니아 대학 데이비스 캠퍼스의 석사생이었던 도리 샤흐너Dory Schachner와의 공동연구에서 세 애착 유형 중에서 회피형이 다른 사람의 애인에게 접근하거나 그런 유혹에 응할 가능성이 가장 크다는 사실을 발견했다.

하지만 바람을 피우지 않는 회피형도 파트너와 거리를 두고자 섹스를 이용한다. 불안형은 섹스하는 동안에 강렬한 감정을 느끼고 싶어 하며 사랑을 나눌 때 키스나 애무로 친밀감을 표현하기를 즐긴다. 하지만 회피형은 다르다. 그들은 섹스 자체에만 집중하길 원하기 때문에 서로 보듬어주는 행위는 피하고 싶어 하고, 섹스를 덜 친밀한 행위로 만들려고 "키스 금지"와 같은 규칙을 내걸기도 한다. 그나마도 어떤 회피형은 아주 가끔 섹스를 하거나 아예 섹스를 하지 않기도 한다. 혹은 다른 사람을 상상하며 섹스를 하기도 한다(오래된 커플도 좀 더 자극적인 섹스를 위해 상상력을 이용할 때가 있다. 하지만 그들에게 상상력은 서로에게 더 가까워지기 위한 수단에 불과하다. 반면 회피형에게 상상력은 파트너와 함께하기 위한 모험이 아니라 파트너와 떨어져 있기 위한 불활성화 전략이다). 실제로 결혼한 부부나 동거 중인 커플을 대상으로 한 캐나다인 과학자 오드리 브라사르Audrey Brassard와 이반 루시에Yvan Lussier, 그리고 셰이버의 연구에서 회피형은 다른 유형보다 파트너와의 섹스 횟수가 적다는 사실이 발견되었다.

흥미로운 점은 같은 회피형 중에서도 불안형을 파트너로 둔 회피형의 섹스 횟수가 더 적다는 사실이었다. 연구자들은 마

샤와 크레이그 같은 불안형-회피형 커플이 섹스를 덜 하게 되는
이유가 불안형 파트너는 높은 수준의 육체적 친밀감을 요구하
는 반면 회피형 파트너는 그 요구 때문에 더욱 섹스를 거부하게
되기 때문이라고 생각했다. 과연 친밀감을 회피하는 데 섹스를
적게 하는 것보다 더 좋은 방법이 있을까?

게다가 불안형 파트너는 섹스를 통해 파트너와의 친밀감이
나 자신의 매력을 확인하려고 한다. 불안형은 섹스를 매우 중요
하게 생각하지만 회피형은 섹스가 주는 육체적인 친밀감을 회
피하려고 하기 때문에 두 사람은 갈등을 피하기 어렵다.

물론 섹스가 문제 되지 않는 불안형-회피형 커플도 있다.
이 경우에 회피형의 감정적 거리 두기는 다른 형태로 나타난다.

남보다도 못한 사이

크레이그와 사귀는 동안 마샤의 가장 큰 걱정거리는 섹스가 아
니었다. 섹스는 크레이그가 친구와 같이 있는 자리에서나 둘만
있는 집에서나 매일같이 사용했던 불활성화 전략의 일부에 불
과했다. 그 외에도 그는 끊임없이 다양한 불활성화 전략을 사용
했다. 간단히 말해 크레이그는 마샤를 원수처럼 대했던 것이다.
다른 사람들이 생각하는 다정하고 세심한 모습("크레이그는 멋진
남자였으며 사람들에게 좋은 인상을 주었다. 그를 잘 모르는 사람들은 그

가 내게 잘해 준다고 생각했다.")과는 모순이 있었다. 크레이그의 그런 이중성이 마샤를 헷갈리게 했다. 그는 이 세상에서 자신이 가장 가깝게 여기는 그녀에게 가장 못되게 굴었다. 다른 사람에게는 항상 친절하게 대하면서 왜 그녀에게는 못되게 굴었을까? 이해가 되지 않았다. 마샤는 크레이그가 자신에게 얼마나 상처를 주고 있는지 깨닫는다면 잘해 줄지도 모른다고 생각했다.

마샤는 크레이그가 자신을 가장 친밀하다고 느끼면서도 못되게 구는 것이 아니라, 가장 친밀하다고 느끼기 때문에 못되게 군다는 사실은 몰랐다. 그녀는 크레이그의 최측근이 되어버렸던 것이다. 사람들은 최측근이 된 파트너를 배우자나 자녀, 혹은 부모님이나 형제자매와 같은 가족처럼 여기게 된다. 불행히도 불안형-회피형 커플의 경우 최측근으로서의 삶은 그리 달콤하지 않다. 크레이그의 최측근이 된 마샤는 그와 너무 가까워졌기 때문에 그의 원수가 될 수밖에 없었다. 마샤가 가까워지려고 노력하면 할수록 크레이그는 그녀를 더 멀리했다. 그것이 회피형의 최측근이 된 불안형의 인생이다.

회피형 파트너의 앙숙이 되었다는 신호

▶ 실제로 파트너가 당신을 어떻게 대하는지 친구나 가족에게 말하기 부끄러워진다.

▶ 사람들이 파트너를 상냥하고 착하며 사려 깊은 사람으

로 보고 있다는 사실에 놀란다.

▶ 파트너에게 실제로 무슨 일이 생겼는지 궁금해 그의 전화를 엿듣게 된다.

▶ 파트너가 당신의 고민보다는 다른 사람들의 고민을 들어줄 때가 더 많다.

▶ 당신이 위급한 상황에 처했을 때 파트너가 하던 일을 모두 멈추고 달려와줄지 확신이 서지 않는다.

▶ 파트너가 당신보다 다른 사람들에게 더 좋은 인상을 남기려고 노력한다.

▶ 파트너가 친구들을 극진히 배려하는 모습을 보고 놀란다.

▶ 파트너가 모욕감을 주거나 깎아내리는 사람은 주로 당신이다.

▶ 당신의 정신적·육체적 건강은 파트너의 우선순위에서 최하위에 해당한다.

이 가운데 당신에게도 해당하는 사항이 있는가? 파트너가 당신을 바람 맞히고, 당신보다는 모르는 사람들에게 더 상냥하게 대하고, 거의 매일 "묵비권을 행사"하며 당신과 대화하지 않는 쪽을 선택한다면, 당신은 그의 적이 된 셈이다. 하지만 당신의 유일한 죄는 친밀감을 견디지 못하는 사람에게 너무 가까이 다가간 것뿐이다.

안정형은 정반대의 방식으로 최측근을 대한다.

왕족처럼 대우받는 최측근

- ▶ 파트너에게 당신의 행복보다 중요한 것은 없다.
- ▶ 비밀이 생기면 당신에게 가장 먼저 털어놓는다.
- ▶ 당신의 의견을 가장 중요하게 생각한다.
- ▶ 파트너에게 존중받고 보호받고 있다는 느낌이 든다.
- ▶ 원하던 것보다 더 높은 친밀감을 얻게 된다.

불안형-회피형 커플은 대개 "왕족 같은 최측근"이란 존재할 수 없다고 생각할 것이다. 그리고 누구나 자신들처럼 최측근을 대하고 최측근에게 대접받는다고 생각할 것이다. 단지 다른 사람들은 자신들처럼 속사정을 솔직히 털어놓지 못할 뿐이라고 생각한다. 하지만 우리는 그런 관계가 존재한다고 장담할 수 있다. 그리고 그런 커플을 찾는 일은 그리 어렵지 않다. 안정형은 전체 인구 중 50퍼센트 이상을 차지하고 있으며 그들의 최측근은 분명 왕족처럼 대우받으며 살아가고 있기 때문이다.

불안형-회피형의 함정에 빠진 채 살아가는 사람들은 대부분 자신이 곤경에 처해 있다는 사실을 쉽게 인정하지 못한다. 그 중에는 파트너와의 관계에 만족스럽지 못한 부분이 있다는 사실을 인정하는 사람들도 있을 수 있다. 하지만 "완벽한 연애가 어디 있겠어? 어느 커플이나 싸우고 상처받고 그러잖아. 우리라고 다르겠어?"라면서 그 관계를 다시 합리화할 것이다. 그들은

마샤의 이야기에 등장하는 "움직일 수 없는 증거"

두 사람이 사귀기로 한 첫 몇 주간 울린 신호가 경고 신호
인 줄 알았더라면 마샤는 함정에 빠지지 않을 수도 있었다.

- 크레이그는 자신의 육상 연습을 응원하러 온 마샤를 모
  르는 사람처럼 취급했다.
- 마샤와 연인 사이라는 사실을 숨기려 했다.
- 마샤가 전 남자 친구를 그만 만나기로 했다는 말에 당황
  했다(서로에게 충실한 관계를 중요하게 생각하지 않는다면서).
- 종종 마샤를 업신여기거나 비하하는 말을 했다.
- 마샤를 "과거의 유령" 진저와 비교하며 비하했다.
- 마샤가 불안해할 때 그녀의 기분을 더 악화시켰다.
- 가장 심각한 점은 크레이그가 위와 같이 행동하면서 마
  샤에게 자신은 그녀의 감정적 욕구를 제대로 채워줄 수
  없다는 완강한 메시지를 전달했다는 사실이다.

파트너의 행동이 그렇게 나쁘지는 않다고 자기 자신을 설득한
다. 한편 마샤와 같은 사람들은 자신이 비참한 상황에 처해 있음
을 알면서도 그 상황에서 자발적으로 벗어나지 못한다. 이별을
시도해 보기도 하지만 그 고통을 견디지 못하고 오히려 반동 효
과rebound effect를 경험하게 된다.

이별보다 덜 아픈 전쟁 같은 사랑

자신이 파트너의 앙숙이 되었다고 확신하면서도 왜 그를 떠나기가 그토록 어려운 것일까? 첫 번째 이유는 이별이 아주 고통스럽기 때문이다. 파트너가 자신을 함부로 대할 때의 괴로움보다 애착을 떼어내는 괴로움이 훨씬 고통스럽다. 이성적으로 생각하면 헤어지는 것이 맞지만 감정을 조절하는 뇌는 아직 떠날 준비를 하지 못했을 수도 있다. 애착 체계를 구성하는 감정 회로는 혼자 남게 되는 상황을 기피하도록 진화해 왔다. 혼자가 되었을 때 반드시 느끼게 될 외로움의 고통을 생각하면 파트너가 아무리 자신을 함부로 대한다 해도 그의 품이 주는 안정감이 아쉬울 수밖에 없는 것이다. 연구에 따르면 다리를 다쳤을 때와 사귀던 사람과 헤어졌을 때 반응하는 뇌의 영역이 동일하다고 한다. 이별에 반응하는 뇌는 애착 대상의 떠남을 육체적인 고통과 동일한 경험으로 취급한다는 뜻이다.

　하지만 단지 고통 때문에 이별이 힘든 것은 아니다. 이별은 사고 체계의 다른 부분도 잠식한다. 애착 체계가 활성화되면 또 다른 흥미로운 현상이 나타난다. 바로 파트너와의 몇 안 되는 즐거웠던 기억만 넘쳐흐르고 수많은 나쁜 기억은 사라지는 현상이다. 다시 말해 스트레스를 심하게 받고 있을 때 파트너가 자신에게 얼마나 잘해 주었는가만 기억하고 애초에 스트레스를 준 장본인이 파트너였다는 사실은 망각하게 되는 것이다. 활성화된 애착 체계의 영향력은 막대하다. 마샤가 크레이그와의 관계를 오랫동안 유지할 수 있었던 것도 다 활성화된 애착 체계 때문이다.

지나간 사랑에 대한 미련

헤어졌던 파트너와 다시 사귀면 어떻게 될까? 엄마와 아이 사이의 애착에 관한 정신생물학 분야의 뛰어난 연구자이자 아미르의 동료인 컬럼비아 대학의 마이론 호퍼Myron Hofer는 한 연구에서 흥미로운 사실을 발견했다. 어미와 분리한 새끼 생쥐에게서 몇 가지 생리학적 반응이 나타났던 것이다. 새끼 생쥐의 활동성이 낮아졌고, 심장박동수도 하락했으며, 성장 호르몬 수치 역시 떨어졌다. 계속해서 호퍼는 어미가 제공했던 것들을 한 가지씩 인공적인 방법으로 대체해 보았다. 첫 번째로는 새끼 생쥐들을 보온 장판으로 따뜻하게 감싸주었다. 다음으로는 배불리 먹여 보았으며, 마지막으로는 어미의 핥아주는 행동을 모방해 브러시로 털을 빗겨주었다. 이를 통해 호퍼는 세 가지의 개입 방법과 세 가지의 생리적 문제가 일대일로 대응한다는 사실을 발견했다. 먹이는 새끼 생쥐의 심장박동수를 정상 상태로 유지해 주었고, 보온 장판은 활동성을 본래대로 지속시켜 주었으며, 빗은 떨어진 성장 호르몬 수치를 다시 올려주었다.

　　하지만 세 가지 증상 모두를 완화하는 개입 방법은 하나뿐이었다. 바로 어미와의 재결합이었다.

인간도 이와 매우 비슷하다. 새끼 생쥐와 마찬가지로 이별을 경험하는 사람은 과열된 애착 체계 때문에 사랑하는 사람과 다시 함께하고 싶다는 생각만 하게 된다. 그 사람을 만나면 자신의 불안이 눈 깜짝할 사이에 사라질 수 있다는 사실을 알고 있기 때문에 재결합의 유혹을 물리치기란 매우 어렵다. 같은 방 안에만 있어도 불안은 눈 녹듯이 사라질 것이기 때문이다. 이는 다른 친구나 가족에게서는 얻을 수 없는 부분이다.

헤어지겠다고 결심했던 많은 연인들이 여러 번 노력했음에도 계속 헤어지지 못하는 이유도 여기에 있다. 마샤가 크레이그와 헤어진 후에도 오랫동안 연락을 유지했던 것도 이런 이유 때문이었다. 불안형은 잘못된 애착을 버리는 데 오랜 시간이 걸린다. 그리고 결국 혼자 힘으로는 버리지 못한다. 온몸의 세포가 파트너가 변할 리는 결코 없다고, 다시는 그와 만나면 안 된다고 부르짖어야만 비로소 그들의 애착 체계는 불활성화되고, 이별을 인정하게 된다.

재결합의 유혹에서 벗어나라

반동 효과에 대해 몰랐다고 해도 마샤는 자신이 불행한 상황에 처해 있다는 사실을 알고 있었다. 그녀도 반동 효과를 경험해 보았기 때문이다. 그녀는 자신의 마음이 또 바뀔까 봐 두려웠고 크레이그가 직접 이별을 결정지어서 안심했다. 마샤가 또다시 이혼해 달라고 말한 그날 밤에는 모든 일이 일사천리로 진행되었다. 마샤는 작은 가방에 짐을 싼 뒤 여동생에게 빨리 데리러 와 달라고 전화를 걸었다. 애착 이론의 관점에서 이는 아주 효과적인 이별 방식이다.

여동생네 집의 익숙하고 따뜻한 환경은 그녀의 지친 애착 체계를 달래주었다. 친구들의 격려 전화도 힘이 되었다. 그리고 아이스크림이나 초콜릿을 먹는 것도 도움이 되었다.

물론 이 모든 안락함이 이별의 고통을 완전히 없애줄 수는 없었다. 가끔 크레이그와 헤어진 이유를 잊어버릴 때도 있었다. 그러면 마샤의 친구들이나 가족들이 그녀에게 반드시 헤어져야만 했던 이유를 다시 상기시켰다. 가끔은 한 시간마다 상기시켜야 할 때도 있었다.

맞춤형 이별 전략

사실 크레이그와 헤어지기 훨씬 전부터 마샤는 무의식적으로 자신의 애착 체계를 불활성화시키며 이별을 준비하고 있었다. 그전까지 마샤는 마음이 난도질당하면서도 그의 잘못을 용서하고 자신이 어떤 마음인지 설명하면서 크레이그와 잘 지내보려고 노력했다. 하지만 결국 그녀는 모든 희망을 접었다. 우리와의 인터뷰에서 마샤는 처음 몇 년 동안은 거의 매일 울면서 지냈지만 그와 헤어지기 전 1년 동안은 거의 울지 않았다고 말했다. 그녀는 그때부터 이미 감정적으로 애착을 버리기 시작했던 것이다. 그러면서 많은 변화가 있었다. 더 이상 그녀는 상황이 바뀌거나 크레이그가 변할 수 있다고 믿지 않게 되었다. 또한 크레이그의 단점을 더 많이 발견하게 되었으며 가끔 생기는 좋은 일에 지나치게 몰입하지도 않게 되었다. 이렇듯 이별 전부터 그녀는 회피형이 항상 사용하는 불활성화 전략을 사용하고 있었다. 회피형은 파트너와 너무 친밀해지는 것을 막으려고 파트너의 단점만 눈여겨보며 거리를 두려고 한다. 마샤는 회피형은 아니었지만 크레이그로부터 셀 수 없을 정도로 마음에 상처를 입은 뒤 똑같은 불활성화 전략을 사용하게 된 것이다. 불활성화 전략은 자신의 애착 체계에서 누군가를 쫓아내려면 반드시 거쳐야 하는 과정이다. 하지만 파트너와 헤어지기 전에 미리 그 전략을 사용하고 있었다고 해서 반동 효과가 없으리라는 보장은 없다. 이별의 고통을 견디지 못하고 애착 체계가 다시 활성화되면 그동안의 노력은 모두 물거품으로 돌아간다. 마샤는 불활성화 전략이 이별에서부터 이혼을 마무리 지을 때까지 쭉 도움이 된 경우다.

이제 마샤는 크레이그와 완전히 관계를 끊었으며 친구로도 만나지 않는다. 대신 그녀는 자신의 진정한 소울메이트를 찾아 나섰다.

이별을 극복하는 방법

애착 원리를 활용한 다음의 아홉 가지 기술은 이별의 고통을 덜어줄 것이다.

1. "최측근"으로서의 삶이 어땠는지 스스로에게 질문해보자. 이별에 대한 결심이 서지 않는다면 파트너가 자신을 왕족처럼 대했는지 앙숙처럼 대했는지 스스로에게 질문해보자. 앙숙처럼 대했다면 이제 그를 떠나야 한다.

2. 미리 지원군을 확보해 놓자. 친구나 가족에게 파트너와의 관계가 실제로 어떤지 털어놓기 시작하는 것이 좋다. 그러면 수치심이나 비참함 때문에 만나길 피해 왔던 친구들과의 우정도 되살아날 것이다. 그리고 그들은 결정을 내려야 할 순간에 도움이 되어줄 수 있다.

3. 헤어진 뒤 며칠 동안 지낼 수 있는 편안하고 든든한 장소를 찾아두자. 처음 며칠 동안은 최대한 많은 도움을 구하는 편이 좋다. 반동 효과로 생기는 유혹을 뿌리치기란 매우 어렵다. 부모님, 형제자매, 가장 친한 친구들은 그런 유혹에 저항하도록 도와줄 수 있다.

4. 애착 욕구를 충족시킬 다른 방법을 찾자. 가장 가까운 친구들의 도움을 얻어서 마사지나 운동, 편안하고 건강한 외식 등으로 머리를 식히길 권한다. 애착 체계가 평온해질

수록 이별의 고통도 덜할 것이다.

5. 실수로 "범행 현장"에 되돌아가더라도 부끄러워하지 말자. 당연히 헤어진 파트너와는 다시 만나지 않는 편이 좋다. 하지만 다시 연락하게 되었다고 해서 너무 자책하지는 말자. 지금 가장 중요한 일은 자신감을 회복하는 것이다. 자신감이 약해지면 헤어진 파트너와의 고통스러웠던 관계가 주었던 가짜 안정감을 그리워하게 된다. 그리고 애착 체계도 더 활성화되며 그를 만나고 싶은 마음도 더 커진다.

6. 힘들어도 죄책감을 느끼지는 말자. 기억하자. 고통은 거짓된 환상이 아니다! 친구들이 헤어진 사람은 잊고 이제 그만 신세 한탄에서 벗어나 새로운 사람을 찾아보라고 닦달할 수도 있다. 하지만 고통은 혼자만의 환상이 아니다. 그러므로 자신의 고통을 부정해서는 안 된다. 대신 스스로를 측은하게 여기며 자신의 몸과 마음을 소중히 보살펴야 한다. 다친 부위가 다리였다면 당연히 그렇게 했을 것이다.

7. 좋은 기억만 넘쳐나기 시작하면 친한 친구에게 현실을 깨우쳐 달라고 부탁하자. 활성화된 애착 체계 때문에 헤어진 파트너와의 관계를 제대로 파악하지 못하는 상태임을 명심하자. 친구에게 실제 관계는 어떠했는지 물어보자. 아직은 헤어진 파트너가 그립고 이상적으로 보일지라도 서서히 현실을 깨닫게 될 것이다.

8. 애착 체계를 불활성화시키자. 헤어지고 싶었던 이유를
모두 적어놓자. 활성화된 애착 체계를 불활성화시키기 위
해서다. 불활성화에 가장 좋은 방법은 가장 나쁜 기억을 떠
올리는 것이다. 그리고 나쁜 기억을 잊지 않는 가장 좋은
방법은 종이에 적어두는 것이다. 좋은 기억이 마음속에서
꿈틀거리기 시작하면 적어놓은 종잇장을 재빨리 디시 훑
어보자.

9. 지금 아무리 고통스러워도 결국 고통은 사라진다는 것
을 기억하자. 대부분은 이별의 상처를 말끔히 씻어내고 결
국 새로운 사람을 만나게 된다!

Chapter 9

솔직함이라는 무기

로렌은 에단과 몇 번 데이트해 본 후 혼란에 빠졌다. 첫 데이트에서 두 사람은 해변에 있는 낭만적인 술집에서 시간을 보내며 서로에 대해 더 자세히 알게 되었다. 하지만 에단은 데이트가 끝나자 짧은 인사를 남기고 사라져 버렸다. 그래서 그에게서 다시 전화가 왔을 때 로렌은 내심 놀랐다. 에단은 그녀에게 바닷가에서 하는 공연에 함께 가자고 했다. 그들은 술도 마시고 춤도 추면서 즐거운 시간을 보냈다. 해변을 따라 산책도 했다. 하지만 역시나 또 아무 일도 없었다. 헤어질 때도 "또 만나요"라는 인사뿐이었다. 그다음 데이트도 동일한 패턴이었다. 불안형이었던 로렌은 에단이 자신에게 매력을 느끼지 못한다고 생각했다. 하지만 그것이 사실이라면 왜 에단은 계속 로렌에게 데이트를 신청했던 것일까? 단지 친구가 필요했던 것일까? 하지만 로렌은 만나지 말아야 할 확실한 이유가 없다면 그와 계속 만나고 싶었다. 에단을 아주 좋아하게 되었기 때문이다. 한 친한 친구는 로렌에게 에단이 그렇게 행동하는 이유를 혼자 짐작하지 말고 그에게 직접 물어보라고 충고했다.

이전의 로렌이었다면 에단의 반응에 상처받는 것이 두려워 물어볼 용기를 내지 못했을 것이다. 하지만 이제는 그녀도 자신과 맞지 않는 남자에게 아까운 시간을 낭비하면 안 되겠다는 생각이 들었다. 결국 그녀는 에단에게 말을 꺼냈다. 처음에는 망설였지만 그와 대화를 나누다 보니 점점 직설적으로 말하게 되었다. "플라토닉한 관계는 원치 않아요. 무슨 생각으로 나랑 만나고 있는 거예요?" 하지만 로렌은 자신의 예상과 달리 에단이 자신에게 매력을 느끼고 있다는 사실을 알게 되었다. 그도 로렌을 매우 좋아하고 있었으며 자신의 짝을 찾고 싶다고 이야기했다. 그러나 로렌이 한발 더 나아가 그의 "접촉 거부" 원칙에 관해 구체적으로 물어보자 그는 답을 피하며 대강 둘러대려고 했다. 로렌은 에단과의 대화에서 그가 육체적 접촉을 원하지 않는 이유를 정확히 알아내지는 못했지만 에단과의 미래가 어떤 모습일지는 확실히 알게 되었다. 그것은 존재하지 않는 미래였다!

로렌은 에단과 사귈 수도 있다는 생각을 그만두었다. 하지만 그와 친구로서는 계속 만났다. 그 후 에단은 그녀에게 자신이 만나는 다른 여자들 이야기를 하기도 했다. 듣자하니 그 여자들도 에단의 헷갈리는 행동에 짜증이 날 대로 난 상태인 것 같았다. 로렌은 그의 이야기를 종합해 보고 난 후 자신을 포함한 여러 여자들이 이해할 수 없었던 에단의 행동에 충분한 이유가 있다는 것을 알 수 있었다. 에단은 자신의 성적 취향을 심각하게 고민하고 있는 것이 분명했다. 로렌은 자신에게 일찍 불만을 털어놓을 배짱이 있었다는 사실에 얼마나 안심했는지 모른다. 덕분에 헛된 희망을 품었다가 실망하느라 몇 달을 허비하지 않아도 되었으니까 말이다.

로렌의 이야기는 효과적인 의사소통의 중요성을 알려주는 훌륭한 예시다. 파트너를 비난하지 않으면서도 그에게 자신의 욕구와 기대치를 솔직하게 표현할 줄 아는 것은 매우 강력한 무기다. 안정형은 이를 아주 자연스럽게 해내지만 불안형이나 회피형이 그 정도로 솔직해지려면 기존의 직관적인 행동 방식을 버려야 한다.

로렌은 에단과의 솔직한 대화 한 번으로 자신의 머릿속을 가득 채웠던 추측과 '이론'을 모두 날려버렸다. 계속 로렌이 에단의 행동을 묵묵히 받아주었다면 그로서는 편했을 것이다. 친구와 가족에게는 그들을 안심시키려는 목적으로 여자 친구가 있다고 자랑해 놓고 뒤로는 자신의 성적 취향을 파악할 수 있는 여유를 가질 수 있었을 테니까 말이다. 그것이 에단이 원했던 것이다. 하지만 로렌은 그에게 자신의 욕구를 표현했다. 그리고 그렇게 함으로써 에단의 속셈에 휘말리지 않고 자신을 보호할 수 있었다. 당시 로렌은 몰랐겠지만 이런 경우에 애착 유형은 더 이상 문제가 되지 않는다. 만약 에단이 그 자신의 애착 유형 때문에 헷갈리는 행동을 해왔다면 그의 애착 유형은 서로 간의 효과적인 의사소통으로 밝혀졌을 것이다. 그리고 두 사람은 서로의 애착 유형이 맞지 않지 않는다는 사실을 일찍 깨달았을 것이며 그 사실이 두 사람 모두에게 이롭게 작용했을 것이다.

하지만 정작 로렌이 에단에게 정면으로 문제 제기를 하고 보니 그의 행동이 애착 유형이나 성적 취향 때문이 아니라 단순한 수줍음 때문이었다면, 그래서 그에게 수치심만 준 모양세기 되었다면 어땠을까?

♥

티나도 로렌과 비슷한 상황에 처했다. 세르주와의 세 번째 데이트에서 티나는 그와 함께 소파에 앉아 영화를 보며 왜 그가 자신을 더 유혹하지 않는지 궁금해하고 있었다. 그녀 역시 미래가 보이지 않는 연애를 충분히 경험했기 때문에 세르주가 어떤 문제를 숨기고 있을까 고민하느라 쓸데없이 시간을 낭비하고 싶지 않았다. 그래서 요염한 미소를 띠며 그에게 "우리 키스할까?"라고 물었다. 세르주는 깜짝 놀라며 잠시 우물쭈물했지만 재빨리 마음을 추스른 뒤 몸을 기울여 티나에게 키스했다. 그 뒤로 그들의 관계에서 세르주의 수줍음이 문제 된 적은 없었으며 3년이 지난 지금까지도 두 사람은 잘 사귀고 있다.

유혹적으로 키스를 요구한 티나의 행동은 효과적인 의사소통을 적절히 사용한 경우다. 티나는 자신의 욕구를 표현했고, 잠시 어색한 순간이 있긴 했지만 그녀의 솔직함 덕분에 세르주와 그녀의 관계는 엄청난 진전을 이룰 수 있었다. 두 사람은 육체적으로뿐만 아니라 정신적으로도 이전보다 훨씬 가까워졌다. 그때 세르주가 다른 반응을 보여 사태가 다른 방향으로 흘러갔다 하더라도 그 역시 문제를 해결하는 데 도움이 되었을 것이다. 효과적인 의사소통을 시도했을 때 상대가 어떻게 반응하는지를 보면 틀림없이 그 사람의 많은 것을 알아낼 수 있다. 그러면 로렌과 에단의 경우처럼 미래가 없는 관계에 얽매이게 되는 일을 피할 수도 있고, 티나와 세르주의 경우처럼 관계를 한 단계 더 발전시킬 수도 있다.

효과적으로 의사소통하면 사람마다 연인 관계를 통해 채우고 싶어 하는 욕구가 다르다는 사실을 깨닫게 된다. 물론 그 욕구는 주로 애착 유형에 따라 결정된다. 세상에는 나쁜 욕구도 좋은 욕구도 없다. 욕구는 단순히 욕구일 뿐이다. 불안형은 친밀감을 느끼고자 하는 욕구가 강하며 파트너가 자신을 사랑하고 존중하는지 항상 확인하고 싶어 한다. 회피형은 파트너와 정신적으로나 육체적으로나 어느 정도 거리를 유지하고 싶어 하며 독립성을 많이 확보하고 싶어 한다. 하지만 어떤 유형이든 행복한 관계를 원한다면 공격이나 방어 전략을 쓰지 않고도 자신의 애착 욕구를 정확하게 소통할 수 있는 방법을 찾아야 한다.

숨김없이 말해야 하는 이유

효과적인 의사소통을 하면 다음의 두 가지 목적을 이룰 수 있다.

○ 자신에게 맞는 파트너를 고를 수 있다. 파트너가 될지도 모르는 후보가 당신의 욕구를 충족시킬 수 있는 사람인지 파악하고 싶다면 효과적인 의사소통이 가장 신속하고 정확한 방법이다. 효과적인 의사소통을 시도했을 때 데이트 상대가 보이는 5분간의 반응은 그런 대화가 생략된 몇 달간의 데이트보다 상대에 대해 훨씬 많은 것을 알려준다. 상대방이 당신의 욕구를 진심으로 이해하고자 하고 당신의 행복을 가장 중요하게 생각한다면 그 사람과의 미래는 밝을 것이다. 하지만 당신의 걱정을 사소한 것으로 치부하거나 당신을 어딘가 부족하고 어리석으며 제멋대로인 사람으로 취급한다면 그는 당신에게 이롭지 못한 사람이다. 그리고 어차피 당신과는 맞지 않을 사람이다.

○ 막 연애를 시작한 관계든 오래된 관계든 그 관계에서 자신이 원하는 것을 얻을 수 있다. 자신의 욕구를 자세히 설명하면 파트너도 당신의 욕구에 훨씬 쉽게 반응할 수 있다. 그는 당신이 괴로운 상태인지 아닌지 확인할 수 있고, 괴로운 상태라면 당신을 괴롭히는 것이 무엇인지 파악할 수 있다.

효과적인 의사소통의 좋은 점은 자신의 약점을 장점으로 변화시킬 수 있다는 것이다. 파트너가 자신을 사랑하는지 자신에게 매력을 느끼는지 자주 확인해야만 안심이 되는 사람은 그런 바람을 숨기는 것보다 있는 그대로 행동하는 편이 낫다. 그렇게 하면 나약하거나 애정 결핍인 것처럼 보이는 대신 자신감 있는 당당한 사람으로 보일 수 있다. 물론 효과적인 의사소통으로 상대방을 기분 나쁘게 하거나 파트너를 곤란하게 만들라는 의미는 아니다. 대신 파트너가 당신으로부터 공격이나 비판을 받았다거나 원망을 샀다는 기분을 느끼지 않으면서 당신과 열린 마음으로 대화를 나눌 수 있도록 해보자.

효과적인 의사소통의 또 다른 이점은 파트너에게 자신이 롤 모델이 될 수 있다는 점이다. 효과적인 의사소통을 하려고 노력하다 보면 서로에게 솔직해지고 서로의 행복에 신성한 책임감을 가지려는 분위기가 형성된다. 당신의 열린 태도를 파트너도 따라 배울 것이다. 6장에서도 봤듯이 효과적인 의사소통으로 관계를 향상시키려는 노력은 언제 시작해도 늦지 않다. 이것은 안정형이 파트너나 자녀와의 관계, 직장에서의 관계에서 일상적으로 사용하는 가장 강력한 수단 중 하나다. 이를 실천하다 보면 주변 사람들을 대하는 방식도 놀라울 정도로 변할 것이다.

효과적인 의사소통을 한다고 해서 단번에 문제가 해결되거나 서로 간의 차이가 사라지지는 않는다. 하지만 자신의 행복을 파트너가 얼마나 중요하게 생각해 주는지는 곧바로 파악할 수 있다. 당신의 파트너는 어떠한가?

▶ 당신이 불안해하는 이유를 알고 싶어 하는가?

▶ 당신과의 문제를 직면하려 하는가, 아니면 회피하려 하는가?

▶ 당신의 불안을 진지하게 염려하는가, 아니면 하찮게 여기며 당신으로 하여금 자신이 불안을 스스로 키웠다고 느끼게 하는가?

▶ 당신의 기분을 풀어주려고 노력하는가, 아니면 자신에게는 잘못이 없다는 변명만 늘어놓는가?

▶ 재판관이라도 된 것마냥 오로지 사실만을 근거로 들며 당신의 불안을 잠재우려고 하는가, 아니면 당신의 심리적 행복도 함께 바라는가?

파트너가 당신의 행복과 안정을 진심으로 걱정하고 책임지려는 사람이라면 그 관계에는 청신호가 켜져 있다고 보면 된다. 하지만 파트너가 중요한 사안을 회피하려 들고 방어적으로 행동하며 당신을 부족하다거나 애정 결핍이라고 생각하는 사람이라면 심각한 경고등이 켜져 있다고 봐야 한다.

의사소통의 일인자, 안정형

효과적인 의사소통이 어려워 봤자 얼마나 어려울까 생각할 수도 있다. 의지만 있다면 누구든 할 수 있는 일 아닌가? 글쎄, 안정형이라면 맞는 말이다. 하지만 비안정형은 종종 자신을 괴롭히는 것이 무엇인지 알지 못하고 있을 때가 잦다. 그럴 때 그들은 감정에 휘둘려 결국 폭발하고 만다. 많은 연구 결과들이 보여 주듯이 안정형은 격한 반응을 보이거나 감정에 압도되는 일이 별로 없으며 자신의 감정을 전달하거나 파트너의 욕구에 반응하는 데 능숙하다. 또한 그들은 자신이 사랑과 애정을 받을 자격이 있다고 믿으며 파트너가 자신의 욕구에 잘 반응해 주고 자신을 잘 보살펴 주리라 기대한다. 이를 보면 왜 안정형은 부정적인 생각에 잘 휩싸이지 않는지, 어떻게 그들은 파트너의 긍정적인 반응을 기대하며 차분하고 침착하게 행동할 수 있는지 쉽게 이해할 수 있을 것이다. 그리고 사실 안정형의 태도에는 전염성이 있다. 캘리포니아 대학 샌타바버라 캠퍼스의 낸시 콜린스Nancy Collins와 서던캘리포니아 대학의 스티븐 리드Stephen Read의 주된 관심사는 성인기의 친밀한 관계 형성에 작용하는 사회적 발달 과정과 인지 발달 과정 및 그 과정이 건강과 행복에 미치는 영향이었다. 그들은 안정형이 파트너와의 관계에서 효과적인 의사소통을 주도하는 역할을 맡는다는 사실을 발견했다. 연구에 따르면 그들은 다른 사람들이 자신에게 마음을 열고 사적인 이야기를 털어놓도록 하는 데 재능이 있었다. 그렇다면 안정형이 아닌 사람들은 어떨까?

진솔한 감정을 드러내야 하는 불안형

파트너와의 관계가 힘겹다고 느끼기 시작하면 불안형은 금방 부정적인 감정에 휘말리고 극단적으로 생각하기 시작하는 경향이 있다. 안정형과 달리 불안형은 파트너의 긍정적인 반응을 기대하지 않는다. 오히려 정반대의 반응을 예상한다. 불안형은 연인 관계를 언제라도 무너질 수 있는 연약하고 불안정한 것으로 여긴다. 그렇게 가정하고 생각하는 불안형은 자신의 욕구를 효과적으로 표현하는 일을 매우 힘들어한다. 그러다 막상 파트너에게 자신의 욕구를 이야기해야겠다고 결심하고 나면 오히려 감정이 폭발해 파트너를 원망하거나 비난 또는 협박하게 되는 경우가 많다. 그 결과 불안형은 파트너가 자신을 안심시켜 주기를 바랐던 마음과는 달리 오히려 파트너와 멀어지는 결과를 낳기도 한다. 사실 콜린스와 리드는 한 연구에서 불안형을 파트너로 둔 남자들은 파트너에게 자신을 잘 드러내 보이지 못하는 경우가 많으며 파트너와의 소통 수준도 다른 남자들보다 낮다는 사실을 확인했다. 결과에 따르면 불안형은 자신의 욕구를 표현함으로써 결국 효과적인 의사소통을 한 것이 아니라 파트너를 밀어냈을 뿐이었다. 그리고 파트너가 멀어지면 다시 과장된 행동으로 친밀감과 안심에의 욕구를 표현하는 항의 행동을 했다. 결국 불안형은 효과적인 의사소통이라는 강력한 도구의 이점을 하나도 누리지 못했다. 효과적인 의사소통과 달리 항의 행동으로는 자신의 불안을 솔직하게 표현할 기회를 얻을 수 없다. 그리고 항의 행동에 파트너가 소극적인 반응을 보여도 그것이 자신의 욕구에 대한 반응인지 자신의 항의 행동에 대한 반응인지 확실히 파악하기 어렵다.

예를 들어 불안형이 파트너가 바람을 피우고 있을까 봐 두려워 그에게 계속해서 전화를 걸었다고 해보자. 그리고 그 파트너가 견디지 못하고 결국 불안형과 헤어졌다고 해보자. 그러면 불안형은 또다시 고민에 빠질 수밖에 없다. 그가 떠난 이유가 자신이 너무 매달렸기 때문인지 단지 그가 자신과 맞지 않는다고 느꼈기 때문인지 알 수 없기 때문이다. 이렇게 되면 애초의 걱정거리에 대해서는 아무런 답도 얻을 수 없다. 그리고 그 남자가 자신의 불안에 귀 기울여주고 자신의 불안을 잠재워주며 안정감과 사랑을 느끼게 해주기 위해서라면 무엇이든 할 사람이었는지도 알 수 없다.

그러므로 상처받을지도 모른다는 두려움과 항의 행동은 접어두자. 그리고 파트너를 믿고 효과적인 의사소통을 시도해 보길 바란다. 사실 우리가 만난 많은 사람 중에서도 오랫동안 효과적인 의사소통의 덕을 본 사람들이 많았다. 파트너가 자신을 얼마나 열렬히 좋아하는지 알게 되는 것만으로도 효과적인 의사소통이 가져다주는 안도감은 엄청나다. 그리고 두 사람의 유대감도 강화될 수 있다. 가끔은 파트너의 반응이 자신이 바랐던 것과 다를 수도 있고 자신이 관계를 망가뜨렸다는 생각이 들 때도 있을 것이다. 다르게 말하거나 행동했더라면 더 좋지 않았을까 하고 생각힐 수도 있다. 하지민 인디뷰하먼서 만났던 시람 중 어떤 이도 데이트 단계나 관계를 맺어 나가는 단계에서 자신에게 중요한 문제를 확실하게 표현했던 것을 뒤돌아보며 후회하지는 않았다. 오히려 그들은 효과적인 의사소통 덕택에 자신에게 맞는 사람을 찾거나 이미 함께하고 있는 파트너와의 유대감을 강화시키겠다는 장기적 목표에 한 발 더 다가갈 수 있었다고 다행스러워했다.

힐러리의 경우를 살펴보자. 어느 화창한 토요일 아침 힐러리는 스티브와 함께 로맨틱하게 브루클린 다리 위를 산책하고 싶었다. 하지만 토요일 아침 스티브에게 전화를 걸었더니 그는 빨래하는 중이라며 나중에 통화하자고 했다. 힐러리의 친구는 그녀가 속상해하는 것을 보고 스티브에게 다시 전화해 산책을 다녀오고 나서 빨래를 하는 것이 어떻겠냐고 이야기해 보라고 했다. 그냥 지나치기에는 아까울 정도로 아름다운 봄날이었기 때문이다. 마지못해 힐러리는 전화를 다시 걸어보았다. 하지만 스티브는 이번에도 역시 빨래를 마저 하겠다고 완고하게 말했을 뿐 아니라 오늘은 그녀와 만날 생각이 없다고까지 말했다. 힐러리는 큰 충격을 받았다. 그리고 자신에게 계속 전화하라고 설득한 친구에게 화가 났다. 좋아하는 감정을 너무 많이 드러내서 스티브와 잘될 수 있었던 기회를 망쳐버린 것 같았다. 몇 달 후 힐러리는 자신과 스티브를 모두 아는 친구를 만났다. 그 친구는 그녀에게 스티브는 아직 이혼의 상처가 아물지 않아서 누군가와 새로 시작하고 싶은 마음이나 그럴 만한 여유가 없다고 이야기해 주었다. 힐러리는 그날 아침 솔직하게 밀어붙였던 것이 멀리 보면 더 나은 행동이었다는 것을 깨달았다. 마음이 닫혀 있는 스티브를 만나며 겪어야 했을 고통을 미리 던 셈이었다. 당시 힐러리는 친구에게 화를 내며 스티브와 잘 안 된 것을 친구 탓으로 돌렸지만 나중에는 그 덕분에 최고로 가치 있는 교훈을 얻었음을 깨달았다. 바로 자신의 욕구를 효과적으로 전달하는 방법이다. 힐러리는 처음으로 연인 관계에서 밀고 당기기 없이 자신을 진정으로 솔직하게 드러낸 기분이었다. 결국 스티브와 잘되지는 않았지만 힐러리는 자신이 최선을 다했다고 믿었다. 그리고 종종 사람들이 자신을 상냥하게 대하지 않는 이유가 자신이 매력이 없거나 사람들에게 호감을 주지 못해서가 아니라는 사실을 깨달았다.

변명 없이 자신의 욕구를 있는 그대로 표현하는 것이 매우 효과적이라는 사실을 보여주는 또 다른 예가 있다.

제나는 절박해 보이는 것이 싫어 몇 년 동안 결혼해서 아이를 낳고 싶다는 자신의 욕망을 숨긴 채 남자들을 만나왔다. 마흔

살이 되자 그녀는 자신에게 시간이 얼마 남지 않았다는 생각이 들었다. 그래서 파트너가 될지도 모를 남자들에게 자신은 빨리 엄마가 되고 싶으며 가능한 한 빨리 아이를 갖고 싶어 하는 남자에게만 관심이 있다고 말하기로 마음먹었다. 이런 이야기를 들으면 대부분의 남자는 도망갈 것이라고 생각했지만 버림받을지도 모른다는 두려움은 더 이상 제나의 관심사가 아니었다. 그녀는 몇 명의 남자를 떠나보내야 했지만 결국 네이트를 만났다. 그는 위협을 느끼기는커녕 그녀와 똑같은 것을 원했다. 그리고 네이트는 그녀가 자신이 원하는 것이 무엇인지 알고 있으며 그것을 말로 표현하기를 두려워하지 않는다는 사실에 신선한 자극을 받았다. 효과적인 의사소통은 제나에게 좋은 결과를 가져다주었다. 현재 제나와 네이트는 두 아이의 행복한 부모로 살고 있다.

　누구나 제나와 힐러리처럼 효과적인 의사소통을 하는 방법을 터득할 수 있다. 불안형에게는 두렵게 느껴질 수도 있겠지만 말이다.

연인을 이해시켜야 하는 회피형

친밀해지기 위해 두 사람이 서로를 진심으로 이해해 주는 것보다 더 좋은 방법은 없을 것이다. 이러한 효과적인 의사소통은 친밀감을 불편해하는 회피형에게도 유용하다. 회피형은 보통 상대방과의 거리나 독립성을 원하는 자신의 욕구를 자각하지 못하는 경우가 많다. 도망가고 싶지만 정작 도망가고 싶은 이유는 모르는 것이다. 일단 회피형은 그런 느낌을 받으면 이제 자신은 파트너에게 관심이 없어졌다고 생각한다. 무슨 말이 더 필요하겠는가? 그 사람은 운명의 상대가 아닌 모양인데 계속 괴로워하면서 만나야 할 필요가 있는가? 하지만 그 후로도 회피형은 계속 연애에 실패하면서 똑같은 과정을 반복할 수밖에 없다. 그러지 않으려면 첫 번째로 자신에게는 누군가와 너무 친밀해졌다고 느끼면 육체적으로든 감정적으로든 거리를 두고 싶은 욕구가 생긴다는 사실을 깨달아야 한다. 그 욕구를 전달하는 방법도 배워야 한다. 처음부터 파트너에게 자신은 관계가 너무 밀착되었다고 느끼면 혼자만의 시간을 가지려고 하며 그것은 파트너의 잘못 때문이 아니라고 설명하는 것이 좋다. 그리고 자신은 어떤 파트너를 만나도 항상 그런 욕구를 느꼈다고 말해 주어야 한다(이 부분이 중요하다!). 이는 파트너의 불안을 잠재우고 파트너의 애착 체계도 어느 정도 안정시킬 수 있다. 그러면 파트너도 회피형을 가장 불편하게 만드는 방식인, 과도하게 친밀감을 높이려는 행동을 자제하게 될 것이다. 결과적으로 회피형은 파트너와 밀고 당기기를 해야 하는 최악의 사태를 피할 수 있다.

회피형인 안드레는 모니카와 결혼한 지 25년 정도 되었을 무렵 자신이 진행이 느린 자가면역질환을 앓고 있음을 알게 되었다. 의사는 치료는 불가능하지만 나이가 나이인 만큼 수명이 크게 단축되지는 않을 것이라고 말했다. 다만 정기검진은 필요하다고 했다. 안드레는 처음 진단 결과를 들었을 때는 충격을 받았지만 곧 병에 대한 걱정을 제쳐두고 일상으로 돌아왔다. 그러나 모니카는 그러지 못했다. 그녀는 평소대로 생활할 수 없다고 느꼈다. 다른 의사의 진단도 받아보라고 안드레를 설득했으며 인터넷을 뒤져 자가면역질환에 관한 모든 정보를 긁어모았다. 대개 안드레는 모니카와의 그런 대화를 회피하거나 그녀의 의학적 조언을 무시하고 넘어갔다. 하지만 어떨 때는 두 사람 사이에 싸움이 벌어지기도 했다. 결국 몇 달간의 갈등 끝에 안드레는 모니카에게 말했다. 불안하고 자신이 걱정되어서 간섭하는 것은 알지만 그녀의 간섭이 자신에게 도움이 되기는커녕 자신이 병에 걸렸다는 사실만 계속 떠올리게 할 뿐이라고 말이다. 그는 자기 주치의를 신뢰하며 또 다른 의사에게 검사받을 필요는 없다고 말했다. 그리고 그는 모니카의 행동이 자신의 건강뿐만 아니라 서로의 관계에도 나쁜 영향을 끼치고 있다고 생각했다. 모니카는 안드레의 말을 듣고 자신이 그에게 전혀 도움이 되지 못했다는 사실을 깨달았다. 그것은 병을 감당하기 위한 자신의 방식이지 안드레의 방식은 아니었다. 모니카는 자신의 방식을 강요하지 말고 안드레의 바람을 존중해야 그에게 더 힘이 될 수 있음을 깨달았다. 그 후 모니카는 완전하게는 아니지만 자신의 행동을 의식적으로 살펴볼 줄 알게 되었으며 그 결과 두 사람 사이의 충돌도 많이 줄어들었다.

함께 있고 싶다고 말하기

모니크와 그렉은 사귄 지 두 달 정도 된 사이였다. 그리고 곧 있으면 7월 4일(미국 독립 선언 기념일-옮긴이)이었다. 모니크는 이날을 친구들과 같이 보내려고 했다. 하지만 그렉은 초대하지 않고 있었다. 그 사이 그렉은 점점 더 속이 상해갔고, 모니크가 자신을 초대하지 않는 이유가 무엇인지 알고 싶었다. 모니크는 자신을 잠시 스쳐 지나갈 남자로 생각하고 있는 것일까? 어쩌면 자신이 부끄러워서 친구들에게 소개하고 싶지 않은 것은 아닐까? 자신이 너무 간절하고 절박해 보일까 봐 두려워한 그렉은 모니크에게 단도직입적으로 묻지 못했다. 대신 암시만 주었다. "4일에는 어떻게 해야 할지 아직 모르겠네. 몇 군데에서 초대를 받긴 했는데 딱히 갈 만해 보이는 곳도 없고." 사실 그렉은 아무 계획도 없었다. 하지만 초대받고 싶어서 아등바등하는 것처럼 보이기도 싫었다. 그러나 불행히도 모니크는 그의 신호를 이해하지 못했다. 그녀는 정말 그가 몇 가지 선택권을 두고 고민하고 있다고 생각했으며 그를 도우려고 했다. 그쯤 되자 그렉은 포기해 버렸다. 그렇게 신호를 보냈는데도 자신을 초대하지 않는다면 그녀는 자신이 오길 바라지 않는 것이 분명했다. 그는 점점 분노가 치밀어 올랐고 모니크가 자신에게 정말 어울리는 여자인지 제대로 진지하게 고민해 봐야겠다고 생각했다.

하지만 그렉이 효과적인 의사소통을 시도했더라면 어땠을

까? 불안형인 그는 효과적인 의사소통에 필요한 대화 방식을 불편하게 느낄 수도 있다. 그는 항의 행동으로 넘어가는 데 더 익숙하다. 하지만 이번에는 달랐다. 모니크에게 그는 "7월 4일엔 우리 같이 있자. 내 친구들과 함께 모이는 자리로 당신이 올래, 아니면 내가 당신 친구들이 모이는 자리로 갈까?"라고 물어봤다. 모니크는 저녁에 고등학교 때 친구들과 모여서 노는데 그를 초대할 생각은 못 해봤다고, 그가 오고 싶어 할 자리가 아니라고 생각했다고 대답했다. 하지만 그가 원한다면야 안 될 이유가 어디 있겠는가? 간단한 질문 하나로 그렉은 원했던 바를 얻었다. 더 중요한 사실은 성공적인 첫 대화 이후 서로 더 솔직하게 이야기하게 되었다는 것이다.

만약 모니크가 그렉의 요청을 거절했다면 어땠을까? 효과적인 의사소통을 한 그렉에게는 어느 쪽이든 유리하다. 모니크가 그의 요청을 무시하고 바로 화제를 바꾸었다고 하더라도 그는 확실한 깨달음을 얻을 수 있다. 그가 처한 현실, 그의 욕구와 예민함을 수용하지 못하는 모니크의 본질을 알려주는 적신호가 켜졌을 테니까 말이다. 물론 모니크가 그렇게 반응했다고 해서 그렉이 곧장 그녀와 헤어져야 한다는 말은 아니다. 하지만 움직일 수 없는 증거가 발견된 것은 사실이다. 그런 그녀의 회피성 전략을 두세 번 더 겪고 나면 분명 그렉도 다른 사랑을 찾아 떠나게 될 것이다.

서로의 생각이 통한다는 것

효과적인 의사소통을 언제 해야 하는지에 관한 질문을 받으면 우리는 자동적으로 대답한다. "항상!" 그러면 사람들은 종종 되묻곤 한다. "파트너와의 관계에서 생기는 문제를 매번 일일이 화제로 꺼내야 하나요? 전 불안형입니다. 그 말은 제 머릿속에 떠오르는 모두 불안과 의심을 말해야 한다는 이야긴데요. 그 양이 얼마나 엄청난지 모르실 겁니다." 하지만 처음부터 자신을 괴롭게 만드는 문제가 무엇인지 이야기하고 파트너의 긍정적인 대답을 듣고 나면 그 후로는 태도가 완전히 바뀔 것이다. 걱정을 털어놓지 않고 쌓아두기만 할수록 불안과 두려움은 더 수면 위로 떠오르게 된다.

만약 아직 효과적인 의사소통이 불편한 이들에게는 완전히 편안해질 때까지 다음의 기본적인 법칙을 따르길 권한다.

○ 당신이 불안형이라면: 항의 행동이 나오기 시작할 때 효과적인 의사소통을 시도해 보길 권한다. 파트너의 말이나 행동, 혹은 말이나 행동을 억누르고 있는 상태 때문에 애착 체계가 활성화되어 파트너의 전화를 받지 않거나 헤어지겠다고 협박하는 등의 항의 행동을 할 정도가 되었다면 그런 자신을 멈춰야 한다. 그런 뒤 자신의 진정한 욕구가 무엇인지 파악하고 나서 효과적인 의사소통을 시작해 보자. 하지만 그전에 꼭 안정을

되찾아야 한다(불안형에게는 하루나 이틀이 걸릴 수도 있는 일이다).

○ 당신이 회피형이라면: 도망치고 싶은 욕구가 억제할 수 없을 정도로 강렬해졌을 때를 효과적인 의사소통을 사용해야 한다는 확실한 신호가 켜진 때로 보면 된다. 효과적인 의사소통으로 파트너에게 자신만의 시간이 필요하며 파트너의 마음이 상하지 않는 선에서 그런 거리를 확보할 수 있는 방법을 찾고 싶다고 말해 보자. 이때 당신은 파트너를 위한 몇 가지 대안을 제시해야 하며 파트너는 상대의 욕구를 꼭 배려해야 한다. 그렇게 하면 회피형도 숨 쉴 공간이 더 넓어질 것이다.

처음부터 잘못된 관계도 효과적인 의사소통을 하기에는 늦지 않았다. 래리와 셰일라는 7년째 사귀고 있다. 셰일라가 친구를 만나러 나가고 없었던 어느 토요일, 래리는 직장에서 온 이메일을 받았다. 이후 집에 돌아온 셰일라가 다시 운동을 가려고 짐을 챙기자 래리는 불안하고 울적해졌다. "또 나가? 방금 집에 왔으면서! 주말마다 얼굴도 제대로 못 보잖아!" 그렇게 말하면서 래리도 자신이 억지를 쓰고 있다는 사실을 알고 있었다. 셰일라는 예기치 못한 래리의 공격에 놀라 뒤로 물러났다. 래리도 자신의 일정을 다 알고 있었다. 약속을 정하기 전에 그가 원한다면 함께 집에 있겠다고 제안도 했었다. 두 사람 사이의 긴장감이 점점 팽팽해졌고 침묵이 계속되었다. 책을 읽으며 마음을 좀 가라앉힌 래리는 자신이 왜 그런 행동을 했는지 진짜 이유를 깨달았다. 사실 그는 직장에서 온 이메일 때문에 신경이 날카로워졌던 상태였다. 그래서 셰일라 옆에서 안정감을 되찾고 싶었지만 그녀에게 계획을 바꾸라고 말하기는 꺼려졌던 것이다. 그러자 본능적으로 항의 행동이 튀어나왔다. 그녀의 관심을 끌려고 싸움을 걸었던 것이다. 그는 셰일라에게 자신의 욕구를 제대로 전달하지 못해서 미안하다며 상황을 설명했다. 그의 속사정을 알고 나니 셰일라도 안심이 되었다. 그녀는 래리에게 힘이 되어주려고 했고 래리도 그녀에게 편히 운동을 다녀오라고 말했다.

래리는 처음에 자신이 항의 행동을 하긴 했지만 포용적인 파트너와 함께라면 뒤늦게라도 효과적인 의사소통을 통해 문제를 해결할 수 있음을 깨달았다.

바람직한 소통의 5가지 원칙

효과적인 의사소통이란 개념 자체가 그렇듯 그 원칙 또한 매우 간단하다.

1. 솔직하게 행동할 것 효과적인 의사소통에는 자신의 감정에 대한 솔직함과 엄격한 정직함이 요구된다. 용기를 갖자!

2. 자신의 욕구에 집중할 것 효과적인 의사소통의 기본은 자신의 욕구를 전달하는 것이다. 자신의 욕구를 표현할 때는 파트너의 행복도 항상 고려해야 한다. 파트너의 마음을 다치게 하면 자신의 마음도 다치게 된다. 두 사람의 마음은 연결되어 있을 수밖에 없기 때문이다. 자신의 욕구를 표현할 때는 "필요하다", "느끼다", "원하다"와 같은 동사를 사용하면 좋다. 이러한 어휘를 사용하면 파트너의 단점을 끄집어내지 않고 자신의 목적을 달성하는 데 집중할 수 있을 것이다.

- "우리 관계에 대한 확신이 필요해. 당신이 여종업원에게 눈길을 줄 때면 난 마치 살얼음판을 걷는 기분이야."
- "당신 친구들 앞에서 내 의견을 반박하면 내가 너무 형편없게 느껴져. 나에겐 당신이 내 의견을 존중하고 있다는 느낌이 필요해."
- "당신이 내게 신뢰를 주길 원해. 당신이 친구들과 술집에 갈 때면 당신이 바람을 피울까 봐 너무 걱정돼."

3. 구체적으로 표현할 것 일반론적으로 이야기하다 보면 정말로 자신이 원하는 것이 무엇인지 파트너가 정확히 알지 못할 수도 있다. 그러면 자신의 욕구를 제대로 이해받을 확률도 낮아진다. 무엇이 자신을 힘들게 하는지 구체적으로 말하도록 하자.

- ▶ 밤에 자고 가지 않을 때
- ▶ 매일 연락해 주지 않을 때
- ▶ 사랑한다고 했다가 다시 아니라고 할 때

4. 파트너를 탓하지 말 것 어떤 경우에도 파트너가 자신이 이기적이거나 무능하고 부족하다고 느끼게 하지 말자. 효과적인 의사소통은 상대방의 단점을 부각시키기 위한 것이 아니다. 상대방을 비난하다 보면 합의점으로부터 멀어지면서 금방 싸움으로 번지게 된다. 침착한 태도로 대화를 나눌 수 있는 때를 찾는 것이 좋다. 감정적으로 폭발하기 직전에 효과적인 의사소통을 시도하면 절대로 좋은 결과를 얻을 수 없다. 화난 목소리로 상대를 비난하는 말만 늘어놓게 될 확률이 높다.

5. 변명하지 말고 당당하게 말할 것 연인 관계에서 애착 욕구를 갖는 것은 당연한 일이다. 자신과 다른 애착 유형에게는 그런 욕구가 잘못된 것처럼 보일 수도 있다. 하지만 애착 욕구는 자기 행복을 위해 본질적으로 필요한 요소이며 그런 욕구를 정직하게 표현해야만 효과적인 의사소통이 가능하다. 이는 특히 불안형에게 중요하다. 우리가 속해 있는 문화는 불안형의 욕구가 대부분 잘못된 것이라고 가르치기 때문이다. 하지만 그런 여러 가지 욕구가 다른 사람들이 보기에 좋은 것인지 나쁜 것인지는 중요하지 않다. 자신의 행복을 위해 필요하다면 그만이다.

미란다 원칙으로 데이트 주도권을 잡아라

1966년 미국 연방대법원의 판결로 미란다 원칙 Miranda warnings이 확립되었다. 경찰은 체포된 피의자에게 다음과 같은 말로 미란다 원칙을 알려주어야 한다. "당신은 묵비권을 행사할 수 있으며, 당신이 하는 말은 법정에서 당신에게 불리하게 작용할 수 있고, 변호사를 선임할 수 있으며, 경제적 능력이 없을 때는 당신이 원하는 조건에서 선임될 수 있습니다. 이 권리의 내용을 이해하셨습니까?"

우리의 동료 다이앤은 종종 자신에게 "미란다 원칙을 적용"하던 남자들을 농담처럼 이야기했다. 예를 들어 남자들은 다이앤에게 가능한 모든 결과를 예측할 "권리"가 있음을 알려주었다. "아직 난 진지한 관계를 맺을 준비가 되지 않았어"라고 그들은 말했다. 그 뜻은 "나는 분명히 경고했다. 일이 잘 안 풀려도 원망 마"였다. 용의자를 심문할 때 법적 보호를 받는 경찰처럼 다이앤이 만났던 남자들도 "원칙"을 한 번 읊어주고 난 뒤 그녀의 감정을 책임져야 한다는 부담을 벗어던졌다.

애착 원리를 이용해 회피형이 아닌 안정형의 미란다 원칙을 만들 수도 있다. 그 내용은 사랑에 빠진 사람은 모두 자신의 영혼을 파트너의 손에 맡길 수밖에 없고 그 영혼의 안정과 번영을 위해서는 두 사람이 함께 노력해야 한다는 믿음을 포함할 것이다. 이러한 사랑과 연인 관계에 관한 안정형의 작동 방식을 파트너에게 전파하면 처음부터 안정된 친밀감을 쌓아나갈 수 있다.

> - 솔직해진다.
> - 상대방의 반응을 판단할 수 있다.
> - 자신과 파트너 모두 안정적이고 상호 의존적인 유대감을
>   위해 노력하게 된다.

아직도 두려운 당신을 위한 준비 작업

효과적인 의사소통에 익숙하지 않은 사람은 자신이 전달하고 싶은 메시지를 대본으로 작성해 보면 많은 도움을 얻을 수 있다. 단 기분이 안 좋을 때 쓰지는 말자. 그리고 파트너에게 질투심을 유발해 보라는 등 자신의 욕구를 충족시키기 위한 간접적인 수법을 권유하는 친구들의 조언은 무시하길 바란다. 가능하다면 자신의 애착 조언자나 효과적인 의사소통 방식에 익숙한 안정형 친구의 도움을 얻어 정확하게 작성해야 한다. 대본에 확신이 생기면 익숙해질 때까지 혼자 소리 내어 읽어보자. 모든 내용을 글로 적어보면 갑자기 긴장하거나 '대사'를 잊어버릴지도 모른다는 두려움을 떨칠 수 있을 것이다. 그리고 파트너 앞에서 당당해질 수도 있다. 효과적인 의사소통에 익숙해지고 그것이 삶에 가져다주는 긍정적인 효과를 경험하고 나면 나중에는 대본이 없어도 타고난 사람처럼 말할 수 있게 될 것이다.

연습하기

대본의 주제를 정하기 위해 다음의 질문에 답해 보자.

왜 관계가 불안정하다고(활성화 혹은 불활성화되었다고) 느끼는가? 구체적으로 파트너의 어떤 행동이 그런 느낌을 주는가?

1. ____
2. ____
3. ____

구체적으로 파트너의 어떤 행동에 안정감을 얻으며 사랑받고 있다고 느끼는가?

1. ____
2. ____
3. ____

위의 행동 중에서 말을 꺼내거나 대화를 나누기에 가장 편안한 행동은 무엇인가?

____

____

____

위 질문에 대한 답을 바탕으로 당신의 효과적인 의사소통을 위한 첫 번째 주제를 정해 보자. 이제 효과적인 의사소통의 다섯 가지 원칙을 지키면서 그 주제에 초점을 맞춘 짧은 대본을 만들어보자.

나의 대본:

____

____

다음의 예시를 살펴보자. 효과적이지 못한 의사소통은 얼마든지 의도와 다르게 해석될 수 있지만 효과적인 의사소통은 딱 한 가지 의미만을 갖는다. 그래서 항의 행동이나 효과적이지 못한 의사소통에 대한 파트너의 반응이 효과적인 의사소통에 대한 반응보다 파악하기 어려운 것이다.

상황	효과적이지 못한 의사소통 (항의 행동)	효과적인 의사소통
그가 바빠서 잘 만나지 못한다.	2시간마다 전화해 자신을 계속 생각하게 만든다.	그에게 보고 싶다고 말한다. 일시적인 상황인 줄은 알지만 그의 새로운 업무 스케줄에 적응하기가 힘들다고 말한다.

그녀는 내 말을 제대로 듣지 않는다. 자신이 하찮은 사람이 된 기분이 들고 오해받고 있다는 느낌이 들 때도 있다.	대화 도중 자리에서 일어나 다른 곳으로 가버린다. 그녀가 따라와 사과하길 바라기 때문이다.	아무 반응 없이 듣고만 있는 것으로는 충분하지 않다고 확실히 말한다. 자신에게는 누구보다 그녀의 의견이 중요하며 그녀가 어떻게 생각하는지 아는 것이 중요하다고 말한다.
그가 전 여자 친구 이야기를 할 때마다 불안해진다.	아직도 전 여자 친구 이야기나 하는 그가 한심하다고 말한다. 혹은 자신이 만났던 남자들 이야기를 하며 내 입장이 되어보게 한다.	그가 전 여자 친구 이야기를 꺼낼 때면 주눅이 든다고 알려준다. 자신이 그에게 어떤 의미인지 모르겠으며, 자신은 안정감이 있어야 행복한 관계라고 느낄 수 있다고 말한다.
그는 미리 약속하지 않고 즉흥적으로 연락해 만나자고 한다.	그럴 때마다 바쁘다고 말해 결국 그가 미리 전화하는 법을 배우게 한다.	그에게 자신은 언제 만날지 미리 정하지 않으면 불안하며 데이트 계획을 대강이라도 미리 알고 있으면 좋겠다고 말한다.
그녀는 자주 전화를 수신 차단으로 돌려놓는다. 그러고는 한참이 지난 뒤에야 다시 연락한다.	웃으면서 괜찮은 척 한다.	자신은 그녀의 부재중 전화를 보면 바로 다시 전화해야 한다고 생각하며 그녀도 똑같이 해주었으면 좋겠다고 마음을 전달한다.

그가 며칠 동안 전화하지 않았다. 갑자기 헤어지자고 할까 봐 불안하다.	마침내 그에게서 전화가 오면 바쁘다고 하고 끊는다. 그도 당해봐야 한다고 생각한다.	그와 연락이 안 되면 얼마나 마음이 아픈지 알려준다. 그리고 자신은 연애할 때 남자 친구가 언제든 자신을 최우선으로 여겨주는 것이 가장 중요하다고 이야기한다.

물론 효과적인 의사소통만으로 모든 문제가 곧바로 해결되지는 않는다는 점을 명심하길 바란다. 가장 중요한 것은 파트너의 반응이다. 당신의 행복을 걱정해 주고 당신을 가장 소중하게 생각하는지, 문제를 함께 해결해 나갈 의지가 있는지 살펴보아야 한다.

Chapter 10

흔히 사이가 좋은 연인은 싸움도 덜 한다는 잘못된 통념이 있다. 서로 잘 맞는 커플은 대부분의 일에서 의견 차이가 없을 테니 거의 혹은 아예 말다툼조차 하지 않을 것이라고 생각하게 마련이다. 마찬가지로 말다툼이 잦으면 안 어울리는 커플이거나 관계가 삐거덕거리고 있다는 증거로 여겨지기도 한다. 그러나 애착 이론은 그것이 근거 없는 통념이라고 말한다. 안정형 커플을 포함한 모든 커플은 많이 싸우는 것이 정상이다. 잘 어울리는 정도나 관계의 만족도의 차이를 만들어내는 요소는 얼마나 자주 싸우는가가 아니라 어떻게 싸우고 무엇 때문에 싸우는가이다. 애착 연구자들은 갈등이 파트너와의 친밀감과 유대감을 더 높일 수 있는 기회로 작용한다는 사실을 알아냈다.

갈등에는 두 가지 종류가 있다. 바로 생활형과 친밀감 중심형이다. 앞에서 보았듯이 친밀감에 대한 욕구가 완전히 정반대인 두 사람이 만나면 아무리 선의가 있어도 서로 간의 타협점을 찾기가 매우 어렵다. 이러한 욕구의 충돌은 삶의 다른 영역에도 영향을 미치게 되며 종종 한 사람이 모든 것을 양보하게 된다. 하지만 생활형 갈등에는 보통 친밀감에 대한 욕구 충돌이 포함돼 있지 않다.

생활형 갈등에 익숙해지기

명칭에서도 알 수 있듯이 생활형 갈등은 각기 다른 의지와 성격을 지닌 두 사람이 일상을 공유할 때 당연히 생길 수밖에 없는 언쟁이다. 텔레비전을 볼 때 어느 채널을 시청할 것이냐, 에어컨을 몇 도로 설정할 것이냐, 중국 음식을 시킬 것이냐 일본 음식을 시킬 것이냐 하는 문제들이다. 그런 의견 충돌은 사실 긍정적이다. 타인과 함께 살며 서로 양보하는 방법을 배우도록 하기 때문이다. 그런 점에서 인간에게 가장 잔인한 형벌은 독방에 감금당하는 벌이다.

인간은 사회적인 동물로서 타인과 관계를 맺으며 살아갈 수밖에 없다. 당연히 다른 사람을 배려하고자 융통성을 발휘하려고 하면 불편함을 감수해야 할 때도 있다. 하지만 그런 생활은 뇌세포마저 재생시킬 수 있을 정도로 사람의 정신을 젊고 활발한 상태로 유지시켜 준다.

물론 말은 쉬워도 자신과 반대되는 타인의 욕구와 취향을 고려하기란 결코 쉬운 일이 아니다. 흥미롭게도 안정형은 어떻게 하면 되는지를 본능적으로 안다. 그들은 싸우다가도 흥분을 가라앉힐 줄 알며 싸움이 심해지면 갈등을 완화시킬 줄도 안다. 싸우던 중 상대방이 자신의 불안을 진심으로 신경 써주고 염려하고 있다는 사실에 허를 찔린 적이 있다면 아마 안정형과 싸우고 있었을 가능성이 크다. 하지만 그런 기술을 부어받지 못한 나머지 유형의 사람들은 자신의 천성을 따라도 될까?

사실 가까이에서 보면 안정형의 본능적인 행동에 숨겨진 비법을 발견할 수 있다. 그들은 마법을 부릴 줄 아는 것이 아니라 좋은 습관을 갖고 있을 뿐이다.

아래는 안정형이 갈등을 해결하고자 할 때 취하는 태도를 다섯 가지 구체적인 법칙으로 정리한 것이다. 안정형이 아닌 사람들도 안정형의 법칙을 터득할 수 있다. 성인 애착 이론에서 반복적으로 밝혀낸 바와 같이, 애착 유형이란 얼마든지 변할 수 있다. 새로운 관계 기술은 언제 배워도 늦지 않다.

갈등을 기회로 바꾸는 5가지 법칙

파트너와 의견 충돌이 있을 때 안정형이 사용하는 다섯 가지 법칙을 자세히 살펴보자.

> **갈등을 해결하기 위한 안정형의 다섯 가지 법칙**
>
> 1. 파트너의 행복을 걱정해 준다.
> 2. 눈앞에 닥친 문제에 집중한다.
> 3. 문제를 일반화하지 않는다.
> 4. 문제를 피하지 않는다.
> 5. 효과적인 의사소통으로 감정과 욕구를 전달한다.

1. 파트너의 행복을 걱정해 준다

프랭크는 야외 활동을 즐겨 부모님으로부터 물려받은 버크셔의 여름 별장을 무척 좋아했다. 샌디는 정반대였다. 짐을 쌌다 풀었다 해야 하는 번거로움이나 먼 버크셔까지 가는 동안 겪을 교통 체증을 생각하면 두려움이 앞섰다. 그녀에게 버크셔로의 휴가는 그럴 만한 가치가 없는 골칫거리였다. 그들은 몇 번의 싸움을 거친 뒤에야 서로가 서로를 불행하게 만들고 있다는 사실을 깨달았다. 그제야 그들은 서로 자신이 원하는 것만 내세우며 상대방의 의견은 무시하고 있다는 사실을 자각했던 것이다. 그 뒤 두 사람은 서로의 차이를 극복하고 함께 여가를 즐길 방법을 찾아냈다. 샌디는 프랭크가 도시 생활에 너무 지쳐 보이면 수고스러움을 감수하고서라도 함께 교외로 나가기로 했다. 마찬가지로 프랭크도 여행간 지 오래되었더라도 샌디가 여행에 부담을 느끼는 듯 보이면 그냥 집에서 쉬기로 했다. 그런 경우에 프랭크는 적당한 야외 활동으로 건강한 생활을 유지하려 노력했다. 물론 이것이 완벽한 방법은 아니다. 당연히 가끔은 어느 한 사람이 짜증을 내며 불만을 터뜨릴 때도 있다. 하지만 두 사람 모두 최선을 다해 상대방에게 맞춰 주려고 노력한다.

프랭크와 샌디는 좋은 관계의 기본적인 요소가 무엇인지 이해하고 있다. 바로 파트너의 행복을 자신의 행복만큼 중요하게 생각하는 것이다. 파트너의 욕구를 무시하면 자신의 감정, 만족감, 심지어 육체적 건강까지 위험에 빠뜨릴 수 있다. 사람들은 흔히 갈등을 제로섬 게임으로 생각한다. 내 마음대로 되든지 상대방 마음대로 되든지 둘 중 하나라는 것이다. 하지만 애착 이론은 자신의 행복이 파트너의 행복에 달려 있으며 반대도 마찬가지라고 가르친다. 둘은 떼려고 해도 뗄 수 없는 관계인 것이다. 프랭크와 샌디의 바람이 서로 다르다고 해도 두 사람 사이에는 서로에 대한 합의가 있다. 합의를 통해 그들은 상대방이 자신의 욕구를 이해해 준다는 사실을 앎으로써 만족감을 얻을 수 있다. 애착이라는 관점에서 이는 매우 뿌듯한 경험이다.

2. 눈앞에 닥친 문제에 집중한다

켈리는 자신의 기억을 떠올렸다. "데이트를 시작한 지 얼마 안 되었을 때 조지의 아파트에 들렀던 적이 있었어요. 하지만 그는 제게 들어오지 말라고 했어요. 리모델링 중이라서 보여주기가 꺼려진다면서요. 저는 의심이 많은 편이라 그의 변명이 말도 안 된다고 생각했죠. 곧바로 두 개의 칫솔이 꽂혀 있는 그의 욕실과 다른 여자의 속옷이 놓여 있는 그의 침대가 머릿속에 그려졌어요. 그는 제 기분이 바뀐 것을 보고 왜 그러냐고 물었죠. 전 그에게 나한테 뭔가 숨기는 것이 있는 것 같다며 따졌고 결국 그날 데이트는 안 좋게 끝났어요.”

“그런데 다음날 저녁, 조지가 저를 자기 집으로 초대했어요. 건물 정문을 열고 올라가니 현관문을 열어주며 들어오라고 손짓했어요. ‘잘 왔어, 어서 와, 환영해!’라면서 말이죠. 그의 집은 정말 엉망진창이었어요. 하지만 우리는 한바탕 웃은 뒤 안 좋았던 감정을 털어낼 수 있었어요.”

조지는 안정형이었기에 상황을 쉽게 호전시킬 수 있었다. 그는 자연스럽게 대처했지만 조금만 더 자세히 들여다보면 그런 태도가 모두에게 자연스러운 것은 아님을 알 수 있다. 조지는 자신에게 닥친 문제에 계속 집중했다. 불안형인 켈리는 문제의 핵심에서 벗어나 그의 인간성을 의심했지만 조지는 그녀의 항의 행동을 꿰뚫어보고 그녀를 거슬리게 하는 것이 무엇인지 정확히 짚어냈다.

그의 행동은 여러 연구 결과와도 상당히 일치한다. 일리노이 주립 대학의 애착 연구소 소장인 개리 크리시 Garry Creasey 는 특히 애착 관점에서 본 유형별 갈등 해결 능력에 관심이 많았다.

같은 일리노이 주립 대학 심리학과의 매튜 헤슨-맥기니스Matthew Hesson-McInnis와 크리시는 파트너를 이해하고 문제에 집중하는 능력이 가장 뛰어난 것은 안정형이라는 사실을 발견했다. 켈리의 두려움에 대처하고 그녀의 두려움을 빠르게, 그리고 효과적으로 제거함으로써 조지는 더 심한 갈등을 막을 수 있었다. 안정적인 관계를 만들어 나가는 그의 능력은 두 사람 모두에게 이롭다. 켈리는 조지가 자신의 행복에 책임을 느낀다는 사실을 알 수 있고 조지는 켈리가 어수선한 자신을 있는 그대로 좋아해 준다는 사실을 알 수 있다. 문제를 해결하려는 의지만 있으면 상대방도 파트너가 자신의 목소리에 귀 기울이고 있음을 느낄 수 있다. 그리고 그런 느낌 때문에 두 사람은 더 가까워질 수 있다.

하지만 안정형이라고 해서 항상 우아한 방식으로 갈등을 해결하는 것은 아니다. 그들도 이성을 잃고 파트너의 욕구를 간과할 때가 있다.

3. 문제를 일반화하지 않는다

테리와 알렉스는 둘 다 50대 중반의 안정형이다. 하지만 그들은 지난 30년간 한 문제로 계속 다퉈왔다. 테리는 알렉스에게 마트에 다녀오라고 하면서 으깬 토마토, 통밀 빵, 바릴라Barilla 상표의 파스타 등 아주 세세하게 적은 쇼핑 목록을 준다. 그러면 2시간 후 알렉스는 비슷하지만 완벽히 똑같지는 않은 재료들을 사서 집으로 돌아온다. 다른 브랜드의 파스타를 사오거나 으깬 토마토가 아닌 토마토 페이스트를 사오는 식이다. 짜증이 난 테리는 그가 사온 재료들이 쓸모없다고 하며 자기가 직접 다시 장을 봐오겠다고 나선다. 그러면 알렉스는 버럭 화를 내며 장 본 것들을 들고 집 밖으로 뛰쳐나간다. 얼마 후 그는 목록에 있는 재료들을 정확하게 다시 사 집으로 온다. 하지만 이미 두 사람의 하루는 벌써 싸움으로 엉망이 된 뒤다.

테리와 알렉스가 서로를 진심으로 아낀다 해도 자신들이 어떻게 싸우는지 자세히 살펴본 적은 없을 것이다. 그랬다면 더 좋은 해결방법을 찾았을지도 모른다. 알렉스는 투박한 사람이었다. 섬세한 디테일까지는 신경 쓰지 못하는 그에게 장보기는 어울리지 않는 일이었다. 반대로 테리는 섬세한 디테일을 아주 중요하게 생각했다. 그냥 지나치려고 노력해도 소용없는 일이었다. 하지만 그렇다고 해서 테리가 모든 일을 도맡아 할 필요는 없다. 뜻밖의 해결책도 있을 수 있다. 테리가 마트에 있는 알렉스에게 전화해 카트에 제대로 된 물건을 담고 있는지 확인하는 것이다. 아니면 인터넷으로 장을 본 뒤 알렉스에게 찾아오라고 하거나 그에게 집안일을 맡기고 테리가 직접 장을 보러 갈 수도 있다. 이렇게 좀 더 충돌을 줄일 수 있는 방법을 찾아 실행하면 된다.

여기서 한 가지 주목할 만한 점이 있다. 온갖 야단법석을 떨었음에도 테리와 알렉스는 관계를 망가뜨릴 정도로 위험한 상황에 빠지지는 않았다. 가장 중요한 점은 싸움이 다른 삶의 영역으로 번지거나 걷잡을 수 없을 정도로 악화되도록 만들지 않았다는 사실이다. 그들은 상대방을 폄하하는 발언을 하거나 상대방의 마음에 상처가 될 정도로 일반론에 치우쳐 말하지 않았다. 눈앞에 닥친 문제만 갖고 싸웠으며 문제를 더 부풀리지도 않았다. 비록 가끔 테리가 화를 내며 자신이 식접 장을 뵈오겠다고 협박조로 이야기할 때는 있었어도 "이제 더는 못 참겠어요"라거나 "이봐요, 이제 저녁은 당신이 직접 만들어 드세요. 저는 나갈 거니까!"처럼 더 심한 말을 하는 경우는 없었다.

4. 문제를 피하지 않는다

위의 세 커플의 싸움은 평화롭게 마무리되었든 감정이 격한 상태로 끝났든 안정형 파트너(혹은 두 안정형 파트너 모두)가 육체적으로나 감정적으로 자기 "자리를 지켰다"는 공통점이 있다. 조지는 켈리가 기분이 상한 데 책임감 있게 대처함으로써 그녀의 인신공격을 본능적으로 막아냈다. 그리고 그녀와의 갈등을 피하지 않으면서도 그 갈등 국면을 완전히 바꿔 놓았다. 그가 회피형이나 불안형이었다면 오히려 침묵시위를 하는 켈리를 더 멀리하고 적대시했을 것이다.

프랭크와 샌디 또한 서로 끝까지 고집을 피웠을 수도 있었다. 샌디는 "그래? 하고 싶은 대로 해. 어쨌든 난 주말도 도심에서 보낼 거야!"라고 말하고 나서 입을 다물 수도 있었다. 프랭크도 똑같이 할 수 있었다. 그랬다면 두 사람은 이러지도 저러지도 못한 채 서로를 그리워하며 우울한 주말을 보냈을 것이다. 하지만 둘은 함께 문제를 해결해 나가려는 의지가 있었기에 서로 감수할 수 있는 해결책을 찾아냈다. 그리고 그 과정에서 서로 자신과 다른 상대방의 욕구에 맞춰 주는 법도 배웠다.

5. 효과적인 의사소통으로 감정과 욕구를 전달한다

레베카는 톰이 일로 워낙 바빠서 평일이면 그의 얼굴을 거의 못 볼 때가 잦았고, 외로움도 자주 느꼈다. 또 토요일은 레베카가 근처에 사는 여동생 집에 가는 날이었다. 하지만 보통 톰은 그녀와 함께 가지 않았다. 그는 집에 있거나 소파에 누워 느긋하게 쉬는 것을 더 좋아했다. 보통은 레베카도 톰이 그러도록 내버려 두지만 이번 주 토요일은 달랐다. 자신도 일 때문에 긴 한 주를 보냈고 그동안 톰을 보는 것이 평소보다 더 힘들었기 때문이다. 그래서 레베카는 톰에게 꼭 같이 가자고 했다. 하지만 한 주 동안 일로 지쳤던 톰은 단호하게 거절했다. 레베카는 그의 거절을 용납할 수 없었고 계속 그를 졸랐다. 그럴수록 톰은 더 완고하게 입을 다물었다. 결국 레베카는 톰에게 너무 이기적이라고 말했고, 그는 아무 말 없이 텔레비전만 쳐다봤다. 레베카는 혼자 길을 나서야 했다.

레베카의 행동은 전형적인 불안형의 행동이다. 평소보다 집에 있는 시간이 더 적었던 남편 때문에 애착 체계가 활성화되자 그녀는 그와 다시 가까워지고 싶다고 느꼈다. 그녀는 톰이 언제든 자신을 위해 시간을 내어줄 것이라고 확신하고 싶은 마음이 가장 컸다. 그도 자신을 보고 싶어 하는지 확인하고 싶었다. 하지만 레베카는 자신이 괴로운 이유를 설명하고 자신의 마음을 솔직하게 말하는 대신 항의 행동을 했다. 그가 이기적이라고 비난하면서 자신과 함께 여동생 집에 가야 한다고 주장했다. 톰은 그녀가 갑자기 비이성적으로 행동하는 이유를 알 수 없었다. 그동안 두 사람 사이에는 톰이 처제 집에 함께 가지 않아도 된다는 합의가 있어왔기 때문이다.

레베카가 그저 "여동생 집에 가기 싫어하는 줄 알지만 이번만은 좀 같이 가줘. 나한테는 정말 중요한 일이야. 이번 주 내내 얼굴도 제대로 못 봤잖아. 주말에도 따로 떨어져서 지내기는 싫어"라고만 말했다면 톰은 굉장히 다른 반응을 보였을 것이다.

자신의 감정적 욕구를 효과적으로 표현하는 것은 자신의 생각을 상대방이 읽어주길 바라는 것보다 훨씬 낫다. 이는 적극적으로 자신을 드러내면서 서로의 감정을 훨씬 더 잘 이해할 수 있도록 해주기 때문이다. 톰이 끝까지 레베카와 같이 가지 않겠다고 할 수도 있다. 그래도 괜찮다. 이미 레베카가 어떤 감정인지 이해한 톰은 다른 방법으로 그녀를 안심시켜 줄 수 있다. "꼭 원한다면 같이 갈게. 하지만 좀 쉬고 싶어. 저녁에 단둘이서 외식하는 건 어때? 그러면 좀 기분이 풀어지겠어? 사실 처제를 보러 가는 데 내가 꼭 필요한 건 아니잖아? 두 사람이 그동안 못 했던 이야기를 나누는 데 난 방해만 될 거야.”

미연에 갈등 방지하기 – 애착 생물학 개론

갈등에 관한 한 누가 무슨 잘못을 했는지, 누가 피해를 입었는지가 문제의 전부는 아니다. 어떻게 타협해야 하는지, 어떻게 자신의 의견을 효과적으로 전달해야 하는지도 마찬가지로 중요한 문제다. 갈등을 미리 예방하는 데는 가끔 애착의 기본적인 생물학적 지식이 도움이 되기도 한다. 최근 많은 언론이 주목했던 옥시토신 oxytocin은 호르몬이자 신경전달물질로 애착 작용에 중요한 역할을 하며 그 외에도 여러 가지 일을 한다. 분만을 도와주고, 애착을 강화하며, 신뢰와 협동심을 높임으로써 사회 응집성 호르몬으로도 기능하는 것이다. 특히 뇌에서의 옥시토신 분비량은 오르가슴을 경험하는 동안이나 누군가를 껴안고 있는 동안 눈에 띄게 증가한다. 그래서 옥시토신은 “포옹 호르몬”이라는 별명으로 불리기도 한다.

그렇다면 옥시토신이 갈등을 잠재우는 데 어떤 도움이 될까? 가끔 파트너와 보내는 시간을 효율적으로 활용하지 못했다는 생각이 들 때가 있을 것이다. 특히 다른 일로 압박감을 느끼고 있을 때는 더욱 그렇다. 하지만 신경과학 분야에서의 발견에 따르면 우선순위를 조정할 필요가 있다고 한다. 다른 일 때문에 파트너와의 친밀감을 포기하면 옥시토신 분비량이 줄어들게 된다. 그리고 그 결과 주변 상황을 더 부정적으로 바라보게 되고 갈등에 대처하는 능력도 더 떨어지게 된다.

밀린 일 때문에 일요일 아침에 파트너와 함께 껴안고 있는 시간을 포기해야 한다고 느껴지면 다시 한번 생각해 보길 바란다. 이 사소한 노력으로 적어도 며칠간은 파트너와의 갈등에 면역력이 생길 것이다.

좁혀지지 않는 갈등의 진짜 원인

불안형과 회피형은 그들 특유의 사고방식 때문에 안정형의 갈등 해결 원리를 받아들이는 데 어려움을 겪을 수밖에 없다.

불안형은 갈등을 겪으면 자기 내면의 근본적인 불안을 끄집어낸다. 파트너가 자신의 욕구를 무시할까 봐, 혹은 파트너로부터 버림받을까 봐 불안해지는 것이다. 그래서 언쟁이 벌어지면 그들은 부정적인 생각에 빠지며 항의 행동을 보이고 결국에는 파트너의 관심을 받겠다는 목표를 세우게 된다. 즉 파트너를 심하게 의심하거나, 울음을 터뜨리거나, 침묵시위를 벌이게 되는 것이다. 파트너가 자신의 욕구에 무관심할까 봐 두려운 나머지 그들은 자기 목소리를 내고자 파트너를 향해 확실한 표시를 남기려고 한다. 하지만 그들의 그러한 행동은 대개 극적이기는 하지만 효과적이지는 못하다.

회피형도 필요할 때 파트너가 자기 곁을 지켜주지 않을지도 모른다는 사실에 위협을 느끼기는 마찬가지다. 하지만 같은 문제에 그들은 정반대로 접근한다. 그들은 마음의 문을 잠가 버리며 독립성에서 비롯되는 방어적인 분위기를 풍김으로써 친밀감에 대한 자신의 욕구를 억누른다. 갈등이 더 감정적으로 흐를수록 그 상황으로부터 거리를 두고 싶은 그들의 충동 또한 더 강해진다. 그 결과 회피형은 파트너의 단점을 찾아내는 등 여러 불활성화 전략을 사용하며 파트너와의 친밀감을 낮추려고 하게 된다.

당시에 석사생이었던 캐시 커쇼Kathy Kershaw, 에이다 보스턴Ada Boston과 공동으로 진행한 연구에서 크리시는 불안형과 회피형 모두 안정형에 비해 효과적인 갈등 해결 전략이 부족하며 더 공격적으로 행동해 문제를 회피하거나 갈등을 고조시키는 경향이 있음을 발견했다. 이 연구 결과는 갈등에 대처하는 불안형과 회피형의 태도 간의 유사성—기본적으로 파트너가 자신의 곁을 지켜주지 않을 것이라고 생각하며 자신의 욕구를 효과적으로 전달하기 어려워하는—을 통해 설명될 수 있을 것이다.

나만의 문제를 우리의 문제로 공유하라

사귄 지 1년이 넘은 재키와 폴은 거의 매일 밤을 같이 보내는 사이였다. 하지만 재키는 아직 폴의 세 자녀를 한 번도 만나보지 못한 상태였다. 재키의 친구들과 가족은 그녀의 상황을 몹시 걱정했고 둘의 관계가 앞으로 어떻게 될지 궁금해했다.

재키는 폴과 아이들 문제를 이야기하고 싶었지만 폴은 여전히 시기상조라고 생각했다. 폴은 자기에게는 아이들이 안정적인 생활을 유지하는 것이 제일 중요하다고 말했다. 2주마다 한 번씩 아이들이 올 때마다 그는 재키에게 집에 오지 말라고 했다. 재키는 다시 그 이야기를 꺼냈다가는 폴이 헤어지자고 할 것만 같은 기분이 들어 말을 삼갔다. 말을 꺼내기 적절해 보이는 타이밍일 때, 가령 폴이 그녀를 얼마나 사랑하는지 이야기할 때나 함께 집을 장만하자고 이야기할 때조차 재키는 아무 말도 꺼내지 않았다. 그런 때에는 폴의 사랑이 담긴 표현에도 화답하지 않았다. 만약 그가 정말로 친밀한 관계를 원했다면 아이들을 포함한 그의 삶에 그녀가 완전히 들어올 수 있도록 해주었을 것이라고 생각했다.

재키의 부모님이 들러 저녁식사를 함께할 때면 폴은 자기 아이들이 얼마나 사랑스러운지 끊임없이 이야기했다. 한번은 후식까지 다 먹은 뒤 재키의 아버지가 잠깐 나눌 이야기가 있다며 폴을 불렀다. 그는 폴에게 아이들이 정말 사랑스러울 것 같다며 재키도 아이들을 곧 만나볼 수 있으면 좋겠다고 이야기했다. 그리고 자신과 아내는 폴을 정말 좋아하며 그와 재키의 관계가 앞으로 더 발전하길 원한다고 말했다. 폴은 자신도 재키와의 관계를 진지하게 생각하고 있다며 재키의 아버지를 안심시켰다. 그리고 두 사람 다 재키에게 그런 대화를 나누었다는 사실을 숨겼다.

그다음 주가 되었다. 폴은 계속 시무룩해 있었다. 하지만 재키는 이유를 알 수 없었다. 그는 재키의 모든 질문에 "응", "아니", 혹은 "몰라"라고만 대답했다. 결국 그녀는 폴에게 무슨 문제가 있느냐고 물어보았다. 그러자 그는 갑자기 재키를 몰아세우며 자신이 아이들 이야기를 했다는 이유로 그녀의 아버지가 자신을 비난했다고 말했다. 그리고 자신이 그 문제를 어떻게 생각하는지 몇 번이나 말해 주었느냐며 그녀를 다그쳤다. 재키는 폴에게 그의 인생에서 커다란 부분을 차지하는 영역을 자신과 함께 나누지 않으면 자신도 그에게 마음을 터놓기가 어렵다고 말했다. 그러자 폴은 재키와의 대화를 이어가는 대신 자리에서 일어나 짐을 챙겨 나가버렸다. "자기만의 시간"이 필요하다면서 말이다. 그는 몇 주 뒤 다시 나타났지만 두 사람은 계속해서 아이들 이야기를 기피했고 관계는 고착 상태를 유지했다.

전형적인 비안정형답게 재키와 폴은 갈등에 대처하는 안정형의 법칙을 하나같이 다 어겼다. 두 사람 다 자신의 욕구에 관해 효과적으로 의사소통하지 않았고, 폴이 자녀들에게 재키를 소개해야 하는 눈앞에 닥친 문제를 회피하려 했다. 하지만 그렇게 된 이유는 각자 달랐다. 폴은 자녀 문제에 대해 확고한 입장을 취했다. 그는 아주 진지한 관계가 아닌 이상 자신의 아이들에게 자신이 만나는 여자를 소개하지 않으려고 했다. 그러다 보니 재키도 폴의 사랑 표현에 응하고 싶은 마음이 들지 않았다. 또한 폴은 재키에게 2주마다 한 번씩 주말 내내 떨어져 있어야 한다는 사실이 불편하지 않았느냐고 물어봐야 한다는 생각을 한 번도 해보지 못했다. 재키를 사랑한다고 말하면서도 그 사랑이 아이들 문제에 관한 그녀의 감정도 고려해야 한다는 생각으로 이어지지는 않았던 것이다(전형적인 회피형의 행동). 거기다 그는 재키가 자신의 아이들을 만나보고 싶다고 자주 말하지 않았으므로 그 문제에 별로 신경 쓸 리가 없다고 생각했다.

　　반면 재키가 그의 아이들을 만나고 싶다는 말을 입 밖으로 꺼내지 않았던 이유는 불안형인 그녀의 특성상 무리한 요구로 괜히 관계를 위험에 빠뜨릴까 봐 걱정되었기 때문이었다. 그녀는 폴이 자신을 "노력할 가치가 없는" 상대라고 결론짓는 것이 두려웠다.

　　또한 폴은 재키의 아버지와 나눈 대화를 그녀에게 말하지 않으려고 했을 때 또 한 번 안정형의 법칙을 무시했다. 더 안 좋은 점은 그녀의 아버지와 나눈 대화에 관한 이야기가 나왔을 때 진짜 문제를 피하면서 갑자기 재키와 거리를 두려고 했다는 사실이다. 그 과정에서 장시간 동안 화를 억누르고 있었던 폴은 재키가 그에게 무슨 일이냐고 물었을 때 한계를 느끼고 그녀를 공격해 버리고 말았다. 비안정형이었던 재키도 상황을 수습하지 못하기는 마찬가지였다. 그녀는 폴의 마음을 가라앉히며 사태를 진정시키려고 노력하는 대신 그에게 반격을 가했다. 불안형인 그녀는 폴의 말을 자신을 버리겠다는 의미로 받아들여 방어적으로 반응했다. 불행히도 두 사람 다 자신이 받은 상처만 볼 줄 알았지 상대방의 상태까지 살필 줄은 몰랐던 것이다.

파트너의 자녀를 만나는 것처럼 예민한 주제는 자주 입에 올려야 한다. 이야기하지 않는다고 덜 중요해질 수 있는 문제가 아니기 때문이다. 물론 이야기한다고 곧바로 해결될 문제도 아니다. 하지만 적어도 서로의 의견을 솔직하게 털어놓을 수도 있고, 감정의 폭발로 이어지기 전에 마음의 상처를 미리 보살펴줄 수도 있다. 그리고 문제를 무시해 버리지 않고 대화로 풀어 나가다 보면 당연히 문제를 해결할 확률도 높아질 것이다.

안정형의 법칙을 기억하라

비안정형의 사고방식은 갈등을 해결하는 데 방해만 될 뿐이다. 자신의 욕구와 자신이 받은 상처만 중요하게 생각하다 보면 여러 가지 문제가 생길 수밖에 없기 때문이다. 상대방이 자신만큼 감정을 쏟아붓지 않을지도 모른다거나 자신만큼 친밀감을 원하지 않을지도 모른다는 두려움은 당연한 것이다. 하지만 갈등을 해결해야 하는 상황에서 그런 두려움은 매우 해로울 수 있다. 싸우는 동안에도 몇 가지 진실은 꼭 기억할 수 있도록 노력하자.

▸ 한 번의 싸움으로 관계가 끊어지지는 않는다.

▸ 두려움을 드러내자! 두려움에 지배당해서는 안 된다. 파트너에게 버림받을까 봐 두렵다면 파트너에게 그렇다고 이야기해야 한다.

▸ 파트너가 기분이 안 좋은 이유를 무조건 자기 때문이라고 생각하지 말자. 대개는 아닐 가능성이 더 크다.

▸ 파트너가 자신을 아껴주고 신경 써줄 것이라고 믿자. 그리고 주저하지 말고 파트너에게 스스로의 욕구를 표현하자.

▸ 파트너가 자신의 생각을 읽어주길 바라지 말자. 무슨 생각을 하고 있는지 말하지 않는다면 파트너도 당연히 모를 수밖에 없다!

▸ 파트너의 말을 전부 이해했다고 장담하지 말자. 의문이 생길 땐 물어보자.

갈등이 있는 상황에서는 항상 최악이 아닌 최선에 대비하는 것이 가장 효과적이다. 실제로 최악을 예상하다 보면 그 예상대로 일이 흘러가는 경우가 많다. 파트너가 자신에게 상처를 주

고 자신을 버릴 것 같다고 생각하면 자동적으로 방어적인 행동
이 나오게 되고 악순환이 반복될 수밖에 없다. 처음에는 내키지
않더라도 앞에서 이야기한 낙관적인 관점을 억지로라도 믿다
보면 노력할 만한 가치가 있었다는 생각이 들 것이다. 대부분의
경우 그러한 믿음이 대화를 올바른 방향으로 이끌어줄 것이다.

다음은 싸우는 동안 피해야 할 습관을 정리한 것이다.

피해야 할 비안정형의 갈등 해결 전략

1. 진짜 문제에서 빗나간다.
2. 자신의 감정과 욕구를 효과적으로 의사소통하기를 피
   한다.
3. 인신공격을 하거나 관계에 악영향을 끼치는 방식으로
   대응한다.
4. 파트너가 소극적으로 나오면 그에 맞서 더 소극적으로
   나간다.
5. 파트너로부터 멀어진다.
6. 파트너의 행복에 대한 책임감을 저버린다.

폴과 재키의 갈등은 생활형이 아니라 친밀감 중심형이다.
이 커플을 예로 든 이유는 한 번의 싸움으로도 "하지 말아야 할
행동"을 충분히 다 저지를 수 있다는 사실을 보여주기 위해서다.

그들은 서로 사랑하는 사이지만 매번 진짜 문제에서 빗나간다 ("당신 아버지가 내가 아이들 이야기를 했다고 비난했어."). 그리고 절대 자신의 감정과 욕구를 효과적으로 의사소통하지 않는다. 특히 파트너로부터 감정적으로 멀어지려 한다. 폴이 다른 방식으로 진밀해지려고 노력해도 재키는 응하지 않으며 하고 싶은 말이 많아도 꾹 참아버린다. 한 주 동안 침묵을 지키다가 결국 입을 열면 두 사람은 "이에는 이, 눈에는 눈"으로 맞받아친다. 두 사람은 항상 자기 자신만 걱정하면서 사귀는 내내, 특히 다툴 때는 더더욱, 상대방의 행복에 무신경한 태도를 보인다.

갈등 해소를 위한 실전 연습

자신의 갈등 해결 전략을 자각하고 변화시키려면 자신이 사용하고 있는 전략을 효과적인 전략과 효과적이지 못한 전략으로 나누어보는 것이 좋다. 다음의 예시들을 살펴보면서 각 경우의 커플이 안정형의 원칙을 따르고 있는지 비안정형의 전략을 따르고 있는지 살펴보자. 만약 비안정형의 전략을 사용하고 있다고 판단되면 대신해서 적용할 수 있는 안정형의 원칙을 적어보자.

1. 다리아와 사귄 지 6개월 된 마커스에게는 그녀를 만나기

전부터 예약해 두었던 브라질행 싱글 전용 크루즈 선박 티켓이 있었다. 다리아는 마커스가 혼자 그런 여행을 가는 것이 싫었지만 그와 함께 가기에는 크루즈 여행을 좋아하지 않았다. 그녀가 마커스에게 그 이야기를 꺼냈을 때 그는 "사귀면 뭐든 다 같이 해야 하는 거야? 어차피 당신은 이런 거 좋아하지도 않잖아. 뭐하러 그래? 거기다 이미 돈도 다 냈어. 나보고 어쩌라고? 3천 달러를 날리란 말이야?"

마커스의 반응

☐ 안정적　　　　　　　　☐ 비안정적

마커스의 행동 중 비안정적인 전략

____

____

마커스에게 도움이 될 안정형의 원칙

____

____

▶ **정답: 비안정적** 마커스는 대부분 비안정적 전략을 사용하고 있다. 그는 다리아를 공격할 때 문제를 일반화하며("나보고 어쩌라고? 3천 달러를 날리란 말이야?"), 그녀가 애정 결핍에 지나치

게 의존적인 사람인 것처럼 만들어 버린다("사귀면 뭐든 다 같이 해야 하는 거야?"). 그렇게 함으로써 그가 여행하다가 바람을 피울지도 모른다는 다리아의 불안을 못 본 척하려고 한다. 동시에 화제를 돈이나 다리아의 애정 결핍으로 돌리려고 한다.

▶ **마커스에게 도움이 될 안정적 전략** 마커스에게 가장 도움이 될 조언은 눈앞에 닥친 문제에 집중하라는 것이다. 다리아의 불안에는 충분한 근거가 있다. 하지만 마커스가 회피하는 한 문제는 결코 해결될 수 없다.

2. 상황 1에서 다리아는 남자 친구의 반응에 항복했다. 그녀는 그런 말을 해 미안하다고 했다. 어쨌든 그 여행은 자신과 사귀기 전에 계획했던 것이었다. 다리아는 자신이 부당한 요구를 하며 그에게 부담을 주고 의존적으로 굴었던 점을 후회했다.

다리아의 반응

☐ 안정적　　　　　　☐ 비안정적

다리아의 행동 중 비안정적인 전략

____

____

다리아에게 도움이 될 안정형의 원칙

▶ **정답: 비안정적** 다리아는 무엇을 걱정했던 것일까? 연애한 지 6개월이나 지났는데도 마커스가 브라질행 싱글 전용 크루즈 여행을 가겠다고 한 것이 걱정이었을까? 다리아 역시 자신의 실망감을 분명히 표현해야 했다. 하지만 다리아는 솔직하게 자신의 걱정을 털어놓는 대신 자기 의견을 굽히고 말았다. 자신이 괜히 문제를 입에 올린 탓에 마커스와 헤어지게 될까 봐 두려워진 그녀는 애초에 말을 꺼냈던 것 자체를 사과함으로써 손상된 관계를 복구하려고 했던 것이다. 하지만 그럼으로써 다리아는 마커스와의 관계에서 자신이 느끼는 감정과 불안은 그리 중요한 것이 아니라는 새로운 암묵적 약속을 한 것이 되고 말았다.

▶ **다리아에게 도움이 될 안정적 전략** 자신의 욕구를 효과적으로 의사소통해야 한다. 마커스에게 자신이 걱정하는 이유를 이야기해야 한다. 다가올 크루즈 여행 때문에 마커스와 멀어질까 봐 불안하다고 털어놓아야 한다. 이러한 식으로 그녀가 효과적인 의사소통을 시도했을 때 마커스가 어떤 반응을 보이는지는 매우 중요하다. 그가 계속해서 다리아를 무시하며 그녀의 감정을 하찮게 여긴다면, 다리아는 그런 남자와 장기적으로 만나고

싶은지 스스로에게 물어봐야 한다.

3. 차를 타고 가는 동안 루스는 남편 존에게 딸이 수학을 못해서 걱정이라고 말했다. 존은 그녀의 말에 내내 고개를 끄덕였지만 입은 거의 열지 않았다. 그렇게 몇 분이 흐르자 루스가 벌컥 화를 냈다. "이게 지금 나 혼자만의 문제야? 당신 딸이기도 하잖아. 당신도 신경 써야 할 문제야. 애가 걱정도 안 돼?" 존은 그녀의 갑작스러운 공격에 놀랐다. 잠시 후 그는 이렇게 말했다. "너무 지쳐서 운전 말고 다른 데 신경 쓸 여력이 없어서 그랬어. 나도 걱정되지. 근데 지금은 운전에 집중하는 것만으로도 벅차서 그랬어."

존의 반응

□ 안정적   □ 비안정적

존의 행동 중 비안정적인 전략

____

____

존에게 도움이 될 안정형의 원칙

____

____

▶ **정답: 안정적** 안정형이 성인군자는 아니다. 그들도 가끔은 지치거나 성급해질 수 있다. 그럴 때는 안정형도 마음이 오락가락한다. 중요한 것은 실제로 싸움이 일어났을 때 어떻게 반응하느냐다. 앞에서 보았듯이 루스가 존을 공격했을 때에도 그는 보복하려고 하거나 방어적으로 행동하지 않았다. 그는 앞에 놓인 문제에만 솔직하게 대답했다(“너무 지쳐서”). 그리고 아내의 걱정에 동의함으로써 그녀의 행복을 진심으로 염려하고 있다는 마음을 표시했다(“나도 걱정되지”).

▶ **존에게 도움이 될 안정적 전략** 존은 지금도 충분히 잘하고 있다. 그는 불필요하게 갈등이 악화되지 않도록 미리 파트너를 안심시켜 주었다. 만약 그가 “망할! 내가 얼마나 피곤한 상태인지 모르겠어? 사고라도 당하고 싶은 거야 뭐야?”라고 말했더라면 어땠을지 상상해 보자. 다행히도 존은 아내가 화난 이유가 자신을 비난하고 싶어서가 아니라 스트레스가 심해서라는 것을 알아차렸기에 진짜 문제를 직시할 수 있었다. 그리고 자신과 루스는 함께 딸의 행복을 걱정하는 부부 사이가 아니냐며 아내를 안심시켜 주었다.

4. 지난 몇 주간 미아에게 데이트를 신청해 온 스티브는 이번 주 금요일에도 친구들과 모이는 술자리에 그녀를 초대했다. 미아는 짜증이 났다. 스티브와 만나는 자리에는 꼭 그의 친구들

도 함께 있었다. 미아가 원하는 것은 둘만의 데이트였다. "나랑 단둘이 있는 게 무서운 거지, 응? 나 너 안 잡아먹어." 미아는 반쯤 농담처럼 이야기했다. 어색한 침묵이 흐른 뒤 스티브는 "혹시 마음이 바뀌면 연락해"라며 전화를 끊었다.

스티브의 반응

□ 안정적　　　　　　□ 비안정적

스티브의 행동 중 비안정적인 전략

____

____

스티브에게 도움이 될 안정형의 원칙

____

____

미아의 반응

□ 안정적　　　　　　□ 비안정적

미아의 행동 중 비안정적인 전략

____

____

미아에게 도움이 될 안정형의 원칙

▶ **정답: 스티브, 비안정적** 스티브는 문제를 직시하는 대신 미아와 거리를 두며 미아와 정면으로 맞서거나 친밀한 대화를 나누는 것을 피하려고 노력한다. 미아가 무슨 생각을 하는지에 대해서는 관심이 없다. 그저 자리를 피할 뿐이다.

▶ **스티브에게 도움이 될 안정형의 원칙** 먼저 스티브는 진지한 관계를 원하지는 않는 것 같다. 그렇지 않다면 데이트할 때마다 주변 친구들을 데리고 나올 이유가 없다. 하지만 만약 그가 미아와의 관계를 발전시키고 싶다면 문제를 직시하고 그녀가 한 말의 의미를 물어봐야 한다. 미아가 좀 냉소적으로 반응한 것은 맞지만 스티브에게도 센스가 있었다면(그리고 안정형이었더라면), 그녀의 말을 기분 나쁘게 받아들이지 않았을 것이다. 오히려 그녀가 무슨 생각을 하고 있는지, 그리고 그녀의 말을 토대로 어떻게 하면 관계를 한 단계 더 발전시킬 수 있을지 고민했을 것이다.

▶ **정답: 미아, 비안정적** 그렇다면 미아는 어땠을까? 그녀의 반응도 안정형의 전략과는 거리가 멀었다. 효과적인 의사소통으로 자신의 욕구를 전달하려 했던 그녀는 거의 공격적으로 이

야기했다. 그러고 나면 고민에 빠질 수밖에 없다. 내가 그를 화나게 했나? 내가 자기를 비난했다고 생각하는 것은 아닐까?

▶ **미아에게 도움이 될 안정형의 원칙** 미아는 "알잖아, 항상 다른 사람들이랑 여럿이서 만나는 건 이제 싫어. 너랑 단둘이 있고 싶어. 우리 둘만 만나는 건 어때?"라고 말할 수도 있었다(자신의 욕구를 효과적으로 의사소통하기). 이때 스티브의 반응을 보면 그가 파트너의 이야기에 귀 기울이며 그녀의 욕구를 채워줄 수 있는 사람인지 알 수 있다.

5. 남자 친구 토드와 노천 카페에 앉아 있던 엠마는 그가 지나가는 다른 여자들을 훑어보고 있다는 사실을 알아챘다. 그래서 엠마는 이렇게 말했다. "너 그럴 때 진짜 싫어. 너무 민망해." "무슨 말이야?" 토드는 천진난만하게 대답했다. "모르는 척하지 마. 조금 전에도 또 여자들 훑어보고 있었잖아." "말도 안 돼! 그럼 어디를 보란 말이야? 그리고 좀 훑어볼 수도 있잖아. 예쁜 여자가 지나가는데 안 쳐다볼 남자는 없어. 아무 의미 없이 그냥 무의식적으로 쳐다보는 거야."

토드의 반응

□ 안정적   □ 비안정적

토드의 행동 중 비안정적인 전략

토드에게 도움이 될 안정형의 원칙

엠마의 반응

□ 안정적   □ 비안정적

엠마의 행동 중 비안정적인 전략

엠마에게 도움이 될 안정형의 원칙

▶ **정답: 토드, 비안정적** 엠마는 토드가 다른 여자를 훑어볼 때마다 자신에게 매력이나 가치가 없다고 느꼈다. 하지만 토드는 엠마의 말에 내포된 그녀의 근심을 교묘히 무시했다. 대신 그

는 말다툼에 휘말리기 싫다는 듯 뒤로 물러났다. 그리고 처음에는 엠마에게 "무슨 말인지 모르겠다"고 말했다가 나중에는 그러한 행동이 단순히 남자의 본능이라고 말하면서 그녀의 말을 별로 중요하지 않은 것처럼 만들어 버렸다. 이는 효과적이지 못한 의사소통 중에서도 최악의 경우다. 그렇게 해서는 어떤 문제도 해결할 수 없다. 토드의 그러한 행동으로 엠마는 앞으로 토드가 취하는 행동에 매번 기분이 나빠질 것이고 그는 그 행동을 계속함으로써 자신이 옳고 정당하다고 생각할 것이다.

▶ **토드에게 도움이 될 안정형의 원칙** 안정적인 접근 방식을 따랐다면 그는 자신이 얼마나 엠마의 행복을 중요하게 여기는지 표현할 수 있었을 것이다. 여자들을 훑어보는 자신 때문에 그녀가 얼마나 기분이 안 좋았을지 이제 알았다고 하면서 말이다. 또한 그는 엠마가 자신의 행동을 싫어하는 진짜 이유를 알고자 노력했을 것이다. 아마 자신의 눈에는 그녀가 제일 아름다워 보인다며 그녀를 안심시켜 주었을 것이다(눈앞에 닥친 문제에 계속 집중하기). 또한 그는 엠마에게 자신이 그러한 습관을 버릴 수 있도록 앞으로 지적해 달라고 했을 수도 있다. "미안해. 습관이야. 하지만 네가 내 이런 행동 때문에 얼마나 기분이 나빴고 무시당했다고 느꼈는지 알겠어. 사실 눈치 못 챘겠지만 나도 다른 남자가 널 훑어보면 기분이 나빠. 바꾸려고 노력할게. 그래도 만약 내가 또 그러면 지적해 줘."

▶ **정답: 엠마, 안정적**　엠마는 자신의 욕구를 효과적으로 전달했다. 그녀는 토드의 행동에 어떤 느낌을 받았는지 그녀가 할 수 있는 최대한으로 그를 비난하지 않으며 솔직하게 이야기했다.

▶ **엠마에게 도움이 될 안정형의 원칙**　엠마는 지금도 충분히 잘하고 있다.

6. 댄은 아내 섀넌과 그동안 못 가졌던 오붓한 시간을 즐기기 위해 외출하는 동안 그의 여동생에게 자기 집으로 와 아이들을 좀 돌봐달라고 했다. 외식을 끝내고 집으로 돌아온 섀넌은 곧장 잠자리에 들었고 댄은 여동생과 잠시 이야기를 나누었다. 뒤늦게 방에 들어온 댄은 씩씩대며 "내 여동생이 애들을 봐달라는 쉽지 않은 부탁까지 들어줬는데 적어도 인사 정도는 해야지!"라며 화를 냈다. 그 말에 섀넌은 이렇게 말했다. "진짜 내가 제대로 인사도 안 했었나? 너무 멍한 상태였나 보네. 의도적으로 그런 건 아냐. 미안해."

섀넌의 반응

☐ 안정적　　　　　　☐ 비안정적

섀넌의 행동 중 비안정적인 전략

섀넌에게 도움이 될 안정형의 원칙

▶ **정답: 섀넌, 안정적**   섀넌은 위험하기 짝이 없는 비안정적 전략을 잘 피해 갔다. 그녀는 문제를 일반화하지 않았다. 방어적으로 행동하거나 반격하지도 않았다. "이에는 이, 눈에는 눈"이라는 식으로 행동하지도 않았다. 눈앞에 닥친 문제에만, 오직 그 문제에만 집중했다. 물론 그렇다고 댄이 화를 풀리라는 보장은 없다. 실제로 아마 댄은 계속 화가 난 상태를 유지했을 것이다. 하지만 섀넌은 그의 화를 누그러뜨리며 갈등이 고조되는 상황을 막았다. 섀넌의 행동을 보면 갈등에 안정적으로 대응하는 데 반드시 고도의 지능이 필요한 것은 아님을 알 수 있다. 대단한 화술이나 심리학적 지식이 필요한 일도 아니다. 짧지만 진심이 담긴 사과로도 충분하다.

Epilogue

사랑을 부르는 행운의 '포춘 쿠키'는 없다

우리 두 사람이 생각하는 이 책의 가장 중요한 메시지는 사랑을 운에 맡기지 말라는 것이다. 사랑은 인간이 얻을 수 있는 가장 값진 경험이고, 삶이 가져다줄 수 있는 어떤 축복보다도 값진 존재다. 어느 연구에 따르면 대학생 300여 명을 대상으로 한 조사에서 73퍼센트가 사랑하는 사람과의 관계를 위해 다른 목표를 포기할 수 있다고 답했다고 한다. 하지만 많은 사람이 친밀감을 중요하게 생각하기만 할 뿐 아직 연인 관계의 과학적 원리는 잘 모르고 있으며 여전히 잘못된 통념이나 신화를 그대로 믿고 있다.

성인 애착 유형의 과학적 원리를 치밀하게 연구한 우리 둘마저도 누군가의 사랑 이야기를 듣거나 오래된 감수성을 자극하는 로맨스 영화를 볼 때면 종종 과거의 익숙했던 사고방식으로 퇴행한다. 한때 흥행했던 전형적인 로맨스 영화를 봤을 때도 그랬다.

한 젊은 남자가 아름답고 지적인 여자를 만나 사랑에 빠졌다. 곧 그는 자신의 남은 인생을 그녀와 함께 보내고 싶은 욕망에 사로잡혔다. 하지만 처음부터 여자는 어느 한 남자에게 얽매이지 않고 계속 자유롭게 살아가고 싶다고 말했다. 이야기가 진행될수록 여자는 계속 남자에게 헷갈리는 메시지를 보냈으며, 그를 끌어당기고 유혹하면서 그가 행복한 결말을 꿈꾸게 만들었다. 하지만 할리우드 영화로서는 이례적으로 마지막에 여자는 남자를 차버렸다. 나중에 남자는 그녀가 이상형과 결혼해 행복하게 살고 있다는 사실을 알게 된다(영화가 그렇게 끝나버리기 때문에 영화 속 남자나 관객이나 그 뒷이야기를 더는 알 수 없지만 말이다).

다른 관객들과 마찬가지로 처음에 우리는 영화 속 여자 주인공에 매료되었다. 그녀는 강인하고 열정적이며 독립적인, 진정으로 자유로운 영혼이었다. 그리고 솔직했다. 처음부터 그에게 자신은 진지한 관계는 원하지 않는다고 경고했다. 그런 그녀를 비난할 이유는 없었다. 거기다 남자는 딱 봐도 그녀에게 어울리는 "운명의 상대"는 아니었다(결국 그녀는 다른 곳에서 "운명의 상대"를 찾았으니 말이다). 하지만 영화이니만큼 충분히 둘이 이루어질 가능성이 있을지도 모르겠다는 생각을 지울 수가 없었다. 여자가 남자에게 마음을 열고 결국 둘이 잘 될지도 모른다는 기대감이 생겼다. 영화는 아예 시작 전부터 이 이야기는 러브 스토리가 아니라고 관객들에게 일러주었지만, 두 주인공이 함께 저녁노을 속으로 사라지는 모습을 보고 싶은 마음은 사라지지 않았다.

하지만 다시 생각해 보니 우리는 연애에 관한 잘못된 관념이란 관념은 모조리 끌어들이고 있었다. 연인 관계의 과학적 원리를 전문적으로 연구한 우리조차 아무 쓸모없는 오래된 통념에 여전히 빠져 있었다. 깊이 뿌리박힌 그릇된 통념에 이성까지 마비되었던 것이다.

첫 번째 그릇된 통념은 모든 사람은 친밀감에 대한 수용도가 동일하다는 생각이다. 자라면서 우리는 누구나 뜨거운 사랑에 빠질 수 있다고 믿게 된다(이는 맞는 말일 수도 있다). 그리고 그런 사랑에 빠지면 누구라도 전혀 다른 사람처럼 변할 수 있다고 믿게 된다(이는 틀린 말일 수도 있다!). 전에는 어땠든지 간에 "운명의 상대"를 만난 사람은 일말의 망설임도 없이 그 상대를 사랑하며, 다른 이에게 한눈팔지 않고, 든든한 연인이 되어줄 것처럼 보인다. 그만큼 친밀감에 대한 수용도는 사람마다 다르다는 사실을 망각하기란 매우 쉬운 것이다. 하지만 자신의 친밀감에 대한 욕구가 상대방의 독립성과 거리감에 대한 욕구와 조화를 이루어야만 행복해질 수 있다. 이 사실을 명심해야 한다. 그래야만 아직 파트너를 찾고 있는 사람들은 자신과 친밀감을 원하는 정도가 비슷한 사람을 만날 수 있을 것이고, 이미 파트너가 있는 사람들은 자신과 파트너의 욕구가 얼마나 비슷하거나 다른지를 새로운 시각에서 이해할 수 있을 것이다. 이것이 관계를 좀 더 안정적인 방향으로 이끌어 나가는 첫 번째이자 필수적인 단계다.

우리를 굴복시킨 두 번째 그릇된 통념은 결혼이 인생의 전부라는 생각이다. 낭만적인 이야기의 결말은 대부분 두 주인공의 결혼으로 끝난다. 그리고 주변에서 누군가가 결혼하면 그 결혼이야말로 어떤 사람도 변화시킬 수 있는 사랑의 위대한 힘을 보여주는 명백한 증거라고 생각한다. 결혼하겠다고 결심한 것 자체가 진정한 친밀감을 쌓아나갈, 그리고 감정적 동반자가 될 준비가 되었다는 뜻이라고 생각하는 것이다. 그런 결심 없이도 얼마든지 그냥 결혼할 수 있다는 사실에 수긍할 사람은 거의 없다. 그것은 그런 결심을 실현할 능력이 있는 사람이든 없는 사람이든 마찬가지다. 우리가 영화를 보며 희망을 품었던 것처럼, 사람들은 누구나 결혼을 하면 변할 수 있고 배우자를 왕족처럼 떠받들어 주며 살 수 있으리라 믿고 싶어 한다(특히 두 사람이 사랑에 푹 빠져 있는 사이라면 말이다).

그러나 아무리 열렬히 사랑하는 사이라도 서로 맞지 않는 애착 유형을 가진 사람끼리의 관계는 매우 불행한 결혼 생활로 이어질 수 있다는 사실을 이미 이 책에서 충분히 살펴보았다. 당신이 지금 그런 관계에 처해 있다면 파트너와의 관계에서 불완전함이나 불만족스러움을 느낀다고 해서 전혀 죄책감을 느낄 필요가 없다. 만약 당신이 이 책을 읽고 자신과 파트너가 각각 어떤 유형인지 이해했다면 이제 같은 문제를 완전히 다른 각도에서 파악할 수 있으리라 생각한다.

마지막으로 가장 벗어나기 어려운 그릇된 통념은 자신의 감정적 욕구는 자기가 알아서 책임져야 하며 파트너는 아무런 책임도 질 필요가 없다는 생각이다. 사귀게 될지도 모르는 사람이 처음부터 자신은 진지한 관계를 맺을 준비가 되지 않았다며 당신에게 '미란다 원칙'을 읊어주고, 그 말로 당신의 행복에 대한 자신의 책임감을 벗어던지려고 한다면, 당신은 어쩔 수 없이 그 조건을 받아들이게 된다. 오랫동안 함께해 온 연인이 당신의 욕구를 전혀 고려하지 않은 채 독단적인 결정을 내릴 때도 마찬가지다.

많은 사람이 이 논리에 익숙해져 있다. 그리고 그런 사람들은 친구들로부터 "그가 미리 자신은 진지한 관계를 원하지 않는다고 이야기했잖아"라거나 "그는 항상 자신이 그런 문제를 어떻게 생각하는지 아주 분명하게 이야기했었잖아. 탓할 사람은 너 자신밖에 없어"라는 말을 듣기도 한다. 하지만 사랑에 빠져 관계를 유지하고 싶을 때는 자신에게 불리한 메시지는 무시해 버리게 된다. 자신의 감정을 뻔뻔하게 무시하는 상대는 좋은 연인이 될 수 없다는 사실을 깨닫는 것이 아니라 그 사람의 그런 행동을 그냥 받아들이게 되는 것이다. 다시 말하지만, 진정한 연인이란 두 사람 모두가 서로를 꼭 행복하게 만들어주고 싶어 하는 사이라는 것을 항상 명심해야 한다.

이런 망상들을 떨쳐버리고 나면 지금까지의 여러 경험이 전혀 다르게 보이기 시작한다. 영화도 마찬가지다. 스토리 전개에 대한 환상이 깨지고 나면 뻔한 이야기처럼 보이게 된다. 그리고 내용 역시 남자와 여자가 만나는 이야기가 아니라 불안형이 회피형을 만나는 이야기로 바뀌어 보인다. 남자는 친밀감을 갈망하고 여자는 친밀감을 회피하는 상황이다. 영화는 시작 전부터 그럴 것이라고 분명히 경고했지만 관객들과 달리 영화 속 남자 주인공은 그 경고를 듣지 못했던 것이다. 반면 그가 사랑했던 여자는 아무리 다른 남자를 만나 결혼까지 했다고는 하지만 회피형임이 분명해 보인다.

영화가 끝나도 그녀(혹은 그녀의 남편)의 결혼 생활이 얼마나 행복했을지는 알 수 없다. 하지만 그녀는 계속 회피형처럼 행동하며 남편으로부터도 거리를 유지했을 가능성이 크다. 그리고 짐작할 수 있겠지만 이후 남자 주인공은 그녀에게 "과거의 유령"이 되었을 것이다.

우리는 위 영화를 보고 나서 평생 믿어왔던 그릇된 통념을 떨쳐버리기가 얼마나 어려운 일인지를 깨달았다. 그것이 아무리 쓸모없는 생각이라고 하더라도 말이다. 하지만 그런 생각들을 내다 버려야 한다. 그 생각들을 붙잡고 있으면 매우 위험하다. 그러다 보면 자신의 가장 근본적인 욕구와 진심을 무시한 나머지 자존감과 행복을 위험에 빠트릴 수 있다.

모든 사람이 안정적인 유대감의 이로움을 누릴 자격이 있다. 파트너가 안전 기지와 정신적 지주가 되어준다면 누구나 기운을 내고 용기를 발휘해 더 넓은 세상으로 나아가 삶을 즐길 수 있다. 당신이 그런 것처럼, 당신의 파트너도 당신이 최고가 될 수 있도록 도와주려고 할 것이다.

♥

다음의 사실을 잊지 말자.

▶ 애착 욕구를 가지는 것은 당연하다.

▶ 가장 가까운 사람에게 의지한다고 해서 자책하지 말자.
그것은 유전적 기질이다.

▶ 애착의 관점에서 보면 연인 관계는 자신감을 북돋아 주
고 안정감을 주는 사이여야 한다. 그렇지 못한 관계라면
이제 꿈에서 깨어나야 한다.

▶ 가장 중요한 사실은 자신에게 솔직해야 한다는 점이다.
밀고 당기기로는 진정한 행복이라는 궁극적인 목표와
멀어지기만 할 뿐이다. 지금 만나고 있는 사람이나 앞으
로 만날 사람에게 솔직해져야 한다.

이 책은 20년 이상에 걸친 연구 결과를 정제하여 담은 것이
다. 책에 담긴 연애에 대한 지혜를 활용해 연인과의 행복을 찾고
삶의 모든 영역에서 높이 날아오를 수 있길 바란다. 이 책에 요
약된 애착 원칙을 따르다 보면 가슴 벅찬 사랑을 만나기 위해,
혹은 그런 사랑을 지키기 위해 더 적극적으로 노력하게 될 것이
다. 인생의 가장 중요한 부분을 절대 운에 맡기지 말자!

그들이 그렇게 연애하는 까닭

1판 1쇄 인쇄 2026년 1월 30일
1판 1쇄 발행 2026년 2월 11일

지은이 아미르 레빈, 레이첼 헬러
옮긴이 이후경

발행인 양원석 **편집장** 차선화 **책임편집** 차지혜
디자인 최자윤, 김미선 **영업마케팅** 윤송, 김지현, 최현윤, 유민경, 김수윤
해외저작권 임이안, 이은지, 안효주

펴낸 곳 ㈜알에이치코리아
주소 서울시 금천구 가산디지털2로 53, 20층 (가산동, 한라시그마밸리)
편집문의 02-6443-8862   **도서문의** 02-6443-8800
홈페이지 http://rhk.co.kr
등록 2004년 1월 15일 제2-3726호

ISBN 978-89-255-6968-0 (03180)

※ 이 책은 ㈜알에이치코리아가 저작권자와의 계약에 따라 발행한 것이므로
　본사의 서면 허락 없이는 어떠한 형태나 수단으로도 이 책의 내용을 이용하지 못합니다.

※ 잘못된 책은 구입하신 서점에서 바꾸어 드립니다.

※ 책값은 뒤표지에 있습니다.

※ 이 책은 2011년 출간된 《그들이 그렇게 연애하는 까닭》의 개정판입니다.